나를 성장하게 한 것은
오로지 사람이었다

나를 성장하게 한 것은
오로지 사람이었다

문윤수 지음

나비의 활주로

프롤로그

"남만 살리지 말고,
선생님 꼭 건강하세요"라고 전한
그 아이를 추억하며

"또 달려도 될까요?"

외래진료 중 한 환자가 이렇게 묻는다. 입원 전 그는 건강을 위해 매일 5킬로미터를 달렸다고 했다. 하지만 안타깝게도 사고 당일, 수술하며 7리터 가깝게 수혈받았다. 그 환자를 수술했던 그날은 나와 환자, 보호자 모두에게 힘들고 두려운 하루였다. 그런데 시간이 흘러 잘 회복하여 퇴원하게 된 것이었다.

"이제는 천천히 걷는 것부터 시작하세요. 그런 다음에는 뛰어도 됩니다."

이렇게 답하면서 자연스럽게 환자, 보호자에게 나도 작

년에 처음으로 풀코스 마라톤을 뛰었다고 전하였다. 그러자 그분들은 외상센터 일을 하면서 바쁜데 언제 그렇게 뛸 시간이 있었느냐면서 깜짝 놀라셨다.

"제가 건강해지려고 뛰는 것이지만, 결국 환자분들을 살리기 위해, 의사로서 체력을 유지하기 위해서이지요."

이렇게 말하는 나를 보며 다시 한번 환자와 그분의 아내는 "감사합니다!"라는 인사와 함께 "더 열심히 뛰세요!"라면서 응원해 주셨다.

사실 외상외과 의사인 내가 시간을 내어 달리는 이유는 한 가지 더 있다. 달리면서 생각하며 머리로 글을 쓴다. 펜을 잡거나 키보드를 두드리며 직접 쓰지는 못하지만, 달리면서 마음속으로 무언가를 계속 생각한다. 전날 맛집에서 과식한 것을 반성하거나, 당일 운동화 끈을 다시 질끈 매고 집을 나선 스스로를 칭찬하기도 한다. 물론 가장 많이 차지하는 것은 병원에서 만난 환자들에 관해서다.

억울하게 교통사고를 당해 여러 차례 수술하고 중환자실에서 힘들게 사투를 벌이고 있는 한 환자. 어제오늘 환자들에게 한 처치, 수술, 어떤 말 한마디를 내가 고민하는 기준에 맞게 잘했는지도 돌아본다. 가끔은 내가 환자라면 의사에게 어떤 말을 듣고 어떻게 치료받고 싶은지도 생각해보곤 한다. 이런저런 궁리를 하다 보면 어느새 몸은 땀으로 범벅이 되어 있다. 숨도 가빠지고 갈증이 나면서 힘들어서 더는 뛸 수 없겠다 싶어진다. 하지만 그 짧은 고비를 넘기면 어느 순간 다리가 전혀 아프지도, 무겁지도 않은 일명

'러너스 하이Runner's High'를 경험하게 된다. 그때부터는 여러 가지 감사한 순간들이 떠오르며, 그 감사함을 더해 앞으로 더 잘해야 하는 것들이 자연스럽게 하나씩 머리를 스쳐 지나간다.

바로 이 책은 뛰면서 떠올렸던 단상을 하나씩 모아 쓴 것이다. 달리기 중 너무 힘들면 그 자리에서 멈추고 시원한 물을 마시고 숨을 고르면 된다. 하지만 이곳 권역외상센터에서 죽음을 향해 달려가는 환자는 내 마음대로 그 길을 멈추게 할 수 없다. 대신 조금이라도 그 시기를 늦추고 죽음이 아닌 살아나는 길로 방향을 틀게 도와줘야 한다.

더불어 환자가 이겨낼 힘을 더해주는 것이야말로 바로 외상외과 의사인 내가 하는 일이다. 그 생사生死의 갈림길에서 때로는 기적같이, 멋지게 살아나는 환자들에게 나는 매일매일 배우고 감동한다. 달리면서도, 때로는 병원에서, 새벽 2시에 환자를 진료하면서 고민하고 느꼈던 단상을 이렇게 책으로 엮었다. 힘들게 했던 환자들보다는 나에게 용기와 희망이라는 자체를 알려준 이들이 훨씬 더 많이 떠올랐다. 그분들의 가족까지도 돌아볼 기회였기에 의미가 깊었다.

30년 지기 친구가 어느 날 나에게 "친구야 아직도 외상센터 일하고 있니?"라며 물었다. 친구의 질문에 순간 멍해지면서 뭐라고 말해야 할지 말문이 막혔다. 하지만 이내 그 질문에 명쾌히 답해줄 10여 년 전 어느 초등학생 환자에게 받았던 편지가 떠올랐다. 그 편지에는 이렇게 적혀 있다.

이만큼 다 감사해요. '나를 살려주심. 늘 걱정해 주심 등. 이 모두에요.' 더 많은 생명을 살리실 수 있도록 기도할게요. 하지만 다른 사람들만 살리지 마시고, 선생님도 꼭 건강하세요.

휴대폰에 고이 저장해둔 아이 편지를 친구에게 보여주니, 친구는 "네 몸 건강 잘 챙기며 더 많은 사람을 살려주렴"이라면서 응원해 주었다.

'누군가를 살려주고, 그렇게 살아난 아이에게 감사 인사를 받는다'는 인생 최고의 기쁨을 얻게 해준 것은 외상센터 동료들과 사랑하는 가족 덕분이다. 더불어 밤에도 함께 환자 옆을 지켜준 모든 동료에게도 감사드린다. 언제나 힘이 되어주시고 사랑과 격려해 주시는 부모님과 장인어른, 장모님께 감사한 마음이다. 또한, 항상 병원과 환자에 아빠, 남편을 빼앗겨 고생하는 아내와 아들, 딸에게 마음 깊이 사랑을 전한다. 마지막으로 나에게 감동과 용기, 아직도 외상센터에 내 몸과 마음을 있게 해준 '그 아이'에게 감사의 인사와 함께 이 책을 선물하고 싶다.

문윤수

CONTENTS

프롤로그
"남만 살리지 말고, 선생님 꼭 건강하세요"라고 전한 그 아이를 추억하며 *04*

I | 대한민국에서 외상외과 의사로 살아가다

01 내가 외상외과 의사로 살아가는 것의 의미 *14*
02 지금껏 너무 바이탈 뽕에 취해 살고 있는 것은 아닐까? *25*
03 내력과 외력의 싸움터, 권역외상센터 *38*
04 나는 발암물질과 온몸으로 싸운다 *47*
05 내가 〈중증외상센터〉 드라마를 볼 수 없는 이유 *60*
06 '합리적인 개인주의자' 의사의 소소한 행복 *70*
07 '어쩌다 25년의 인연' 병원 밖 환자들 *80*

II | 나를 성장하게 한 것은 오로지 사람이었다

01 고추 심던 아들, 고춧가루 같은 사람이 되다 *92*
02 환자가 이겼다! 위닝의 또 다른 의미 *102*
03 수학 문제 풀 듯 다양한 접근법, 환자 문제 풀이 *114*
04 다른 곳 말고 바보의사 병원으로 가주세요 *122*
05 안도감과 함께 들린 한 마디, "큰어머니 배 잘 닫아드려라." *131*
06 오래전 선배 의사의 단호한 조언, '환자는 기다려주지 않는다' *142*
07 "포기하면 그 순간이 바로 시합 종료에요." *151*

III | 우리는 조금 더 위로받아도 된다

01 나는 외상센터 개똥벌레다 *164*
02 내 가족이라면 바로 수술하겠습니다 *175*

03 요리하는 정성, 환자를 치료하는 진심　　*186*
04 내 인생의 첫 팬 사인회　　*195*
05 손톱은 반드시 다시 자란다　　*204*
06 내가 정신건강의학과를 싫어하는 이유　　*214*
07 일하다 죽지 않는 사회를 꿈꾸다　　*224*

IV | 일상은 나에게 삶과 죽음을 넘나드는 기적의 하루다

01 사망진단서 속 그녀가 살아나다　　*236*
02 아버지께서는 선생님의 따뜻한 손을 무척 좋아하셨습니다　　*248*
03 배 안에 거즈 아홉 장 넣었습니다　　*257*
04 여섯 명을 살리고 떠난 감사한 청년 이야기　　*269*
05 인생에서 여러 의미로 다가오는 시각, 자정　　*280*
06 환자 가족의 애틋한 마지막 인사　　*290*
07 나란히 붙어있는 그것, 삶의 시작과 끝　　*301*

V | 그런데도 인생은 살 만하다

01 치료의 반은 보호자 몫이다　　*314*
02 명품 보다 값진 11년산 참기름 선물　　*325*
03 새벽 2시, 동기가 건넨 믹스커피 한 잔　　*337*
04 외상외과 의사는 오케스트라 지휘자와 닮아 있다　　*348*
05 우리 인생은 완벽이 아니라 완벽함을 찾아가는 과정이다　　*358*
06 포기하지 않았기에 느끼는 희열　　*372*
07 우울의 반대말은 바로 '살아있다는 것'　　*388*

에필로그
한 명이라도 더 살리고 싶은 외상외과 의사의 간절한 소망을 담아　　*398*

＃ I

대한민국에서
외상외과 의사로 산다는 것

01

내가 외상외과 의사로 살아가는 것의 의미

수술실 시계의 작은 바늘이 1과 2 중간에 있다. 피가 뿜어 나오는 혈관을 잡고 터진 장을 꿰매고 나니 다행히 한시름 마음을 놓을 수 있게 되었다. 수술은 큰 고비를 넘겼으니 잘 마무리만 하면 된다. '한 생명을 살렸다'는 안도감에 잠시 긴 한숨을 내쉰다. 솟구치는 출혈을 잡아 큰 위기는 넘겼지만, 아직도 환자 상태는 안정적이지 않다. 불안정한 혈압 등을 잘 살펴봐야 하며 추가적인 수술은 또 해야 한다.

오늘은 환자 상태가 불안정할 때 진행하는 '손상통제 수술'을 했다. 심각한 혈관 손상 부위, 심한 장천공 부위만 수술한 것이다. 이 환자는 수술실에서 중환자실로 옮겨 또 다른 집중 치료를 이어간다. 언제든지 추가 수술을 하게 될지도 모르며, 시시각각 변하는 상태를 예의주시해야 한다. 그리고 환자가 안정을 찾아갈 때 즈음 두 번째 수술을 진행하게 된다.

중환자실로 옮긴 후 환자 얼굴과 안정된 모니터 숫자를 확인하였다. 그제야 응급실로 환자가 실려 온 상황이 떠오른다. 주말 심야에 혈압이 뚝뚝 떨어지는 환자를 119 구급대원들이 신속하게 권역외상센터로 이송하였다. 열 명 가까운 응급실 의료진들, 간호사, 응급구조사 선생님들과 외상센터 선생님들 모두 하나 된 마음으로 초기 처치를 했다. 다친 부위를 알 수 있도록 CT 및 신속하게 엑스레이 검사를 해주시는 영상의학과 선생님들의 도움으로 빠르게 수술을 결정할 수 있었다. 수술실 안에 있었던 단 일곱 명뿐만 아니라 수십 명의 권역외상센터 관계자들이 있기에 이 환자는 살 기회를 얻은 것이다.

밤을 넘기고 다음 날이 되어 해가 뜰 시간이 가까워질수록 두 자리 숫자를 벗어나지 못하던 환자의 혈압이 조금씩 안정화되기 시작하였다. 하지만 내 마음은 그리 밝지 않다. 밤사이 수술, 중환자실에서 보던 환자 상태를 다시 확인한 후 한 잔의 커피로 좀 더 정신을 차린다. 순간 내일모레가 명절이라는 사실이 떠올랐다. 부랴부랴 전화기를 들고 어머니께 전화를 걸었다.

"내일, 설이지만 집에 못 가요."

역시나 아들의 말을 예상이나 하신 듯, "그런 건 걱정하지 말고 네 몸 잘 챙겨라" 하고 말씀하신다. 위로와 격려의 따스함이 전해졌다. 말씀은 안 하셨지만 이번에 치료 중인 환자도 열심히 수술, 치료해서 꼭 살리라는 마음도 함께 전하신 것이 분명하다. 한 해 두 번 반복되는 설과 추석은 나에게는 휴식이나 가족과 함께 하는 게 아니라, 환자들과 병원에서 보내는 시간으로 이미 자리 잡았다. 고향에 계신 부모님도 이제 아들 마음을 아들보다 더 잘 이해해 주신다.

※ ※ ※

아직 88서울 올림픽의 열기가 남아 있었던 1989년, 당시 나는 시골 들판을 뛰어놀며 친구들과 딱지치기나 야구, 구슬치기에 신나 하는 어린아이에 불과했다. 너무 어려서 '죽음'이라는 것을 정확히 알지 못하였다. 하지만, 그해 죽음이 무엇인지 가슴 깊숙이 자리 잡는 일이 생겼다.

바로 교통사고였다. 시골 언덕 위에 세워진 초등학교에는 등·하교하는 넓은 길이 있었다. 아스팔트를 깐 지 얼마 안 되어 다니는 차나 그 길로 다니는 어린아이들 모두 서툴고 서두르던 시기였다. 지금처럼 어린이 보호구역 제한속도는커녕 건널목, 신호등조차 전혀 없었다. 길을 가로지르는 아이들, 속도제한도 없는 시기라 무제한으로 빨리 달리는 차들, 모두 다 위험 요소였다.

길을 넘나드는 사람이나 빨리 달리는 차나 모두 다 그 위험을 모르고 있던 때였다. 매번 부모님께서는 길 조심, 차 조심하라고 당부하셨다. 나 또한 매번 그 길을 지나다니며 아슬아슬했던 몇 차례의 기억이 있다.

소문은 빠르다. 슬픈 소식은 더 빠르게 가슴속을 쿵 때리면서 찾아온다. 내가 매일 다니는 그 아스팔트 길에서 같은 마을에 사는 한 동생이 사고를 당했다. 기억은 희미하지만, 동생이 길을 가로질러 간 것인지, 커다란 트럭이 달리는 와중에 그 아이를 못 본 것인지는 알 수 없었다.

사고 후 '한 큰 병원으로 실려 갔다'는 소식이 들려왔다. '사고, 큰 병원'이라는 말을 듣는 자체도 어린 나에게는 충격이었다. 지금처럼 119 구급대나 구급 차량이 있는 것도 아니었기에 아마도 어느 차, 아니면 택시에 실어 동생 목숨이 간당간당한 상태로 큰 병원을 찾아 헤매고 달렸을 것이다.

학교 선생님을 통해 그 동생의 죽음을 알게 되었다. 그 동생의 형을 비롯한 가족들도 잘 알고 지내던 터였다. 함께 해수욕장에 놀러 가서 찍은 사진도 있을 정도로 그는 아주 가까운 동네의 친한 동생이었다.

멀리 한걸음에 뛰어갈 수 있는 거리, 동생네 집이 보였다. 내 기억이 맞는다면 아직 초등학교 입학 전 어느 비 오는 날 그 동생 집에서 함께 인생 라면을 먹었다. 이렇듯 가까운 사이였기에 충격은 클 수밖에 없었다. 그렇게 나는 열

살이라는 어린 나이에 죽음을 알아버렸다.

오랜 시간이 지난 다음 시골 고향마을을 떠나 지금은 광역시에 주민등록을 둔, 외상외과 의사가 되었다. 어느 날 갑자기 그 동생이 떠올라, 서랍 깊숙이 있던 열 살 무렵 써 놓았던 일기장을 들춰보았다.

'내가 그때 ○○의 형이라면 죽을 것 같았을 것이다.
○○가 죽어서도 편안히 잘 잠들게 명복을 빌겠다.'

어린 나의 충격과 슬픔이 문장, 글자 하나하나에 묻어있었다. 당시 사고가 난 장소도 여전히 또렷이 기억난다. 35년 전에는 그 단어, 사건 자체를 듣는 것조차 무섭고 두려웠다. 죽음도 마찬가지다.

그 시절, 어린 나에게 충격은 지금 나의 일상이 되었다. 그로부터 20여 년이 지나서 메스를 잡는 외과 의사가 되었고, 시간이 더 지나 '권역외상센터 외상외과'라는 직업으로 하루하루 살아가고 있다. 매일, 하루에도 많은 교통사고, 산재 사고 등으로 다치고 피나는 수많은 환자를 본다.

하지만 달라진 것이 있다. 그때는 슬픔으로 끝이 났지만, 이제는 생명을 살린다는 기쁨, 희망이 더 커졌다. 남들이 잘 때, 남들이 쉬는 시간에도 예상치 않은 사건 사고로 이곳 병원으로 환자들은 밀려온다. 이렇듯 누군가 도움이 절실한 환자들을 치료하며 지내는 중이다.

어느 추석날, 교통사고로 인해 심정지 상태로 온 환자가 있었다. 가슴과 배에 가해진 심한 충격으로 인해 열 개가 넘는 갈비뼈 골절, 횡격막 파열, 소장 천공과 복강 내 출혈로 자칫 생명이 위험한 상황이었다. 열 명 가까운 의료진들이 모여 심폐소생술을 진행했고, 몸에 여러 관을 삽입하여 우선 심장을 다시 뛰게 한 다음 한 시간 만에 수술실로 올라갔다. 가슴과 배를 동시에 수술하였는데, 다행히 환자는 그 과정을 잘 이겨냈다.

수술 이후 일주일이 지나 그 환자와 농담을 주고받았다. 그로부터 몇 주가 지나 그분은 병실에서 순대와 족발을 먹을 수 있을 만큼 회복하였고, 그 옆을 지켜주는 그분의 어머니는 함께 그 상황을 보며 흐뭇해하셨다.

수술실 시계의 작은 바늘이 1과 2 중간에 있다. 피가 뿜어 나오는 혈관을 잡고 터진 장을 꿰매어 다행히 한시름 덜었다. 수술은 큰 고비를 넘겼으니 잘 마무리만 하면 된다. '한 생명을 살렸다'는 안도감에 잠시 긴 한숨을 내쉰다.

이처럼 절대로 1989년에는 상상조차 하지 못했던 일이 이 세상에 이루어지고 있고, 내가 그 역할의 중심이라는 사실에 나도 간혹 놀라곤 한다.

* * *

"아빠는 왜 휴일에 또 일해요?"
"우리 아빠는 매번 왜 연휴에 일해요?"
"아빠! 우리도 연휴에 쭉 놀러 가고 싶어요."

어린 딸아이가 아빠 마음을 흔들어놓는다. 아이들의 이런 말을 들으면 내 가슴이 뛴다. 뭐라고 대답해야 할지 모르겠다. 나 역시 연휴에 편하게 늦잠을 자고 싶어 하는 평범한 가장이자 중년의 아저씨다. 하지만 해가 거듭되면서 아이들은 어느 순간 이런 나를 이해하게 되었다. 큰아이는 이제는 이런 질문을 하지 않는다. 초등학생인 둘째도 서서히 상황을 알아가는 눈치다. 외상외과 의사의 숙명이라고 말할 수 있지만, 언젠가 두 아이 모두 아빠가 당시 왜 연휴에 매번 당직하였는지 진심으로 받아들이게 되리라 믿는다.

1989년, 당시에는 나도 세상이 어떻게 돌아가는지, 안타까운 죽음이 있다는 것을 몰랐다. 내 아들과 딸도 시간이 지나 무언가를 정확하게 이해하게 될 나이가 되면 말해줄 수 있을 것이다.

"딸아, 네가 열 살 때, 아빠가 가족과 함께 추석날을 못 보내주어서 미안하다. 그날 외상외과 의사인 아빠는 한 생명과 동시에 한 가족을 살려주었단다."

이렇게 말해줄 것이다. 그때는 아이들도 아빠가 어느 한 생명과 그 가족을 모두 살려주는 일을 하였다는 것을 알게 될 것이다.

어느 정치인이 연설 중 새벽 4시에 출발하는 6411번 버스에 대해 언급한 적이 있다. 그 버스는 아들딸 같은 수많은 직장인이 다니는 빌딩을 청소해 주시는 분들이 대부분 타신다고 한다. 그래서 보통 사람들처럼 8~9시가 아니라 새벽 4시 첫차를 타고 출근하는 것이다. 하지만 아쉽게도 아직 사회는 이런 분들의 존재를 잘 모르거나 당연하게 여기고 있는 것만 같다. 세상에는 누군가 잠든 시간, 잠에서 깨려고 준비하는 시간에 남을 위해 일하는 분들이 많다. 6411 버스 안의 청소 노동자분들, 전국의 권역외상센터 의료진들, 또 우리가 모르는 어느 곳에도 많이 계신다. 이런 많은 분들이 있기에 우리 사회가 아직은 살만하다. 이렇듯 묵묵히 자신의 자리를 지키고 애쓰는 이들의 노고에 감사하는 마음, 기억해 주고 격려하는 그런 마음이 정말 소중하게 느껴진다.

02

지금껏 너무 바이탈 뽕에 취해 살고 있는 것은 아닐까?

"학생! 오늘 당직이지? 빨리 응급실로 오세요! 중증외상환자 복부 수술 곧 들어갑니다!"

내 전화를 받고 부리나케 달려온 학생은 나와 응급실부터 수술실, 환자의 마지막 순간까지 함께 하였다. 배가 불러 오고 혈압도 안 잡히는 환자를 위해 할 수 있는 최선의 치료를 하였다. 학생은 응급실에서부터 환자 혈액 봉지를 잡고 짜주면서 나와 함께 수술실로 들어갔지만, 안타깝게도 수술실에서 환자의 심장은 멈추었다.

환자 뱃속에서 피가 나는 것은 도저히 감당이 안 되었다. 이미 침대, 수술실 바닥까지 피로 흥건했다. 내 수술복과 신발까지 붉은색으로 범벅이 되었다. 복부 대동맥의 가장 가까운 부위의 큰 동맥과 그 옆 정맥이 터져 혈액이 솟구쳤다. 1년이면 한 번 있을까 싶은 환자의 몸 상태였다.

엄청난 피를 쏟아낸 환자를 마주한 날은 온종일 마음이 울적하다. 내 몸속의 모든 에너지를 쏟아 부음과 동시에 주위 도움을 받을 수 있는 병원의 모든 의료진, 구할 수 있는 혈액을 모조리 수혈해도 불가항력적이기에 신의 영역에 도전하였다는 허무함에 빠져든다. 하지만 이런 최소한의 치료, 수술 시도조차 해보지 못하고 세상을 떠나는 중증외상환자들도 있으므로 언제나 그 순간 내가 할 수 있는 모든 것을 다한다.

그러나 이건 내 입장이었고, 함께 수술에 참여한 학생은 어떨까 하는 걱정이 되었다. 그 학생은 멋모르고 나를 따라 수술실로 들어왔다가 환자 배 안에서 엄청난 양의 피가 쏟아지는 것과 마주하게 되었다. 아마도 그날 이전과 이후로도 그런 경험을 다시 하기는 힘들지 싶었다.

의과대학 실습 기간 여러 과목의 실습 과정이 있다. 그 필수 과정 중 외과도 있으나 딱히 정해진 외상외과 과정은 없다. 그러므로 외과 실습 과정 중 외상외과 응급수술이 있는 경우 당일 당직 학생을 수술에 함께 참여할 기회를 준다. 요즘 학생 중 이렇게 힘들고 늘 응급 상황에 출혈 환자를 경험하는 외상외과에 관심 있는 학생은 극히 드물 것이다.

그날 나와 함께 한 학생이 어떤 생각으로 수술에 참여했는지는 잘 모른다. 단지 대학병원에 근무 중인 의사로서 그날 수술에 학생 참관으로 그에게는 수술 참여하는 기회를 줌과 동시에, 수술 과정에 두 손을 더하여 어떻게든 환자에게 도움 되는 방법을 찾기 위함이었다.

참으로 허탈하고 기운도 빠지면서 슬프기도 한 상황이다. 땅이 꺼지라 푹 한숨을 쉬면서 붉게 물든 수술복과 수술실 신발을 보고 있으면, 마지막 남아 있는 기운도 모조리 빠져나가 버리는 느낌이다. 하지만 옆에 있는 학생이 보고 있기에 애써 태연한 표정으로 말한다.

"학생도 옆에서 수고 많았네. 우리는 환자에게 온 힘을 다했네."

 이렇게 말한 게 인연이 되었는지는 모르겠으나, 한 주가 지나 이 학생과 또 다른 응급환자 수술을 함께 하게 되었다. 지난 환자보다 상태가 조금 낫긴 했지만 심각한 상황이긴 마찬가지였다. 지난번처럼 엄청난 출혈을 일으키고 있었고, 쇼크 상태인 채로 급하게 수술에 들어갔다.
 하지만 무사히 수술을 마쳤고 환자는 순조롭게 잘 회복하였다. 이렇게 이 학생은 외과, 외상외과 실습을 마치고 다른 과 실습을 떠났다. 하지만, 한번 엄청난 출혈과 함께 이어진 인연은 그것이 끝이 아니었다. 이후 한 달이 지난 어느 날, 그 학생과 다시 만날 기회가 생겼다. 묻지는 않았지만 그 학생은 그날 수술실에서의 너무 인상 깊은 나머지 그날 바로 엄마에게 연락하였다고 한다.
 "엄마! 나 외상외과 실습하였는데, 외상환자 진료하는 것, 외상환자 수술하는 것 너무 흥미진진해요!"
 학생은 외상외과를 실습하면서 중증외상 환자의 생과 사를 직접 보고 경험하며 외상외과란 무엇인가를 스스로 깨달았다.

***

시간을 거꾸로 돌려 강산이 변하기 전 십수 년 전, 나도 외과 전문의가 된 후 외과의 분과 중 유방 외과로 진로를 선택할지 고민하였다. 혼자 이런저런 고민하던 중 아내에게 슬그머니 다시 물어본다. 오래전에 한 번 물어봤지만, 용기를 내어 본다. 당시 나도 정확히 나의 진로를 결정하지 못한 상황이었고 이리저리 고민이 많은 시기였다.

"이제 슬슬 세부 전공을 정해야 할 시기인데, 외과 분야 중 유방 외과에 조금 관심을 가져보고 앞으로 내가 해보려 하는 것에 대해, 아내 의견은 어떠신가요?"

하지만 이번에도 아내는 나를 한번 쩌려보고 같은 대답을 한다.

"어떻게 다른 여자 가슴을!"

(말에 숨은 더 정확한 표현은 '어떻게 다른 여자의 유방을'일

것이다)

확실한 신념, 믿음이 없었기에 결정에 앞서 여러 사람 의견, 그중에서도 가족 의견이 가장 중요하기에 아내에게 다시 한번 물어보았다. 지난번과 다른 반응을 내심 기대했지만 같은 반응, 이번에는 조금 더 단호하게 반대 의견을 표시한다. 일말의 여지, 상의할 수 없이 내 선택지에서 하나 엑스표가 그려지게 되었다.

당시 나는 상반된 외과 분과, 다시 말해 바이탈에 가까운 쪽과 그 반대쪽에 가까운 곳에서 고민하였던 중이었다. 바이탈이란 생명에 직접적으로 중요한 상황에 좀 더 근접하게 치료하는 것을 말한다. 대부분의 유방외과 환자들에서 혈압이 불안정한 상황은 없는 것과 반대로 외상외과 환자들에게서 혈압이 안정된 환자들은 극소수다.

인턴과 외과 전공의 과정 5년을 거치면서 내가 가진 의사면허는 생명과 혈압이 불안정한 환자들을 살리는 바이탈을 다루는 분야에 더 가깝다는 것을 스스로 알고 있었.

그렇기에 아내에게 고민을 말하고 선택에 대해 질문한 것은 어찌 보면 모순이다. 질문이 아니라 앞으로 바이탈을 다루는 의사 아내로서 잘 부탁하며 양해를 구하는 것에 더 가까운 질문이었다.

***

매번 자주, 20년 넘게 응급실에서만 만나는 응급의학과 동기 형이 있다. 학창 시절부터 같이 수업, 실습하면서 서로가 눈빛만 봐도 마음이 통하는 사이가 되었다. 하지만 지금처럼 점점 혼란스럽고 안타까운 대한민국 의료 현실에서 실상은 이제 서로 응원하고 격려해 주는 사이가 되어간다. 어느 날 그 응급의학과 교수와 이런 대화를 나누었다.

"형, 우리는 지금껏 너무 바이탈뽕에 취해 살고 있는 것 아닌가?"
"우리는 바이탈뽕 때문에 20년째 이러고 있는 건가?"

'바이탈 뽕'이란 말에서 나온 '뽕'이란 단어는 무언가에 애착이나 깊게 몰입하고 감동 상태를 말하기도 한다. '뽕'이란 단어는 '메스암페타민Methamphetamine'이라는 마약의 상품명인 필로폰Philopon에서 유래하였다. 필로폰은 일본식으로 히로뽕이라고 말하며, 마지막 뽕 글자를 이용한 속어를 말한다. 여기서 나온 뽕이란 말은 무언가 기분 좋게 취하여 즐기고, 깊게 몰입해서 감동한 상태이기도 하다. 더 확장되어 자신이 애착을 가지고 과하게 몰입한 상태를 말한다. 예를 들어 '국뽕'이라면 국가에 대한 애착, 애국심을 과하게 국뽕이라고 표현한다. 자랑스러운 상황에서 'ㅇㅇ뽕에 취한다'라는 말을 쓴다.

영어 단어 바이탈Vital은 매우 중요한, 치명적인, 살아있는 등을 뜻하는 단어다. 의료에서는 활력 징후Vital Sign라고 환자의 혈압, 호흡, 맥박, 체온을 말한다. 이는 살아가는 데 가장 중요한, 생명에서 직접적으로 중요한 요소를 의미한다. 다른 상황이 제아무리 잘 처치 및 치료가 된다고 하더라고 이런 바이탈 사인이 흔들리거나 문제가 발생하면 아무런 소용이 없다. 여기서 파생된 말이 '바이탈과'인데 이러한 활력 징후와 직접 관련된 과목인 내과, 외과, 소아청소년과, 응급의학과, 흉부외과, 신경외과 등을 일컫는다.

의사 면허가 있다면 환자 치료를 기본적으로 해야 하나

의료도 세분화되어 각각 잘하는 분야, 특성이 있다. 환자 피부 질환은 피부과 전문의가 잘 치료하는 것이며 반대로 심장 문제, 심근경색 문제는 내과 전문의, 그중 심장내과 전문의가 잘 치료한다.

한 단어, 한 문장으로 설명하기는 힘들지만 죽어가는 사람, 심장이 멎었던 사람이 며칠 뒤 언제 그런 일이 있었는지 모르게 멀쩡하게 살아서 말하는 상황을 보고 느끼는 감정을 말한다. 이러한 바이탈뽕을 나에게 한가득 안겨준 환자가 회복한 뒤 슬쩍 그에게 말을 건넨다.

"환자분! 저승사자 잘 만나고 오셨죠? 아직 순서가 안 되어 인생을 더 재미있고 멋지게 사시려고 다시 오셨죠?"

이렇게 말하는 나와 환자 모두 흐뭇한 미소로 서로에 대한 감사를 전한다. 이런 희열이 있기에 외상외과 의사는 하루하루를 살아간다.

매년 삼천여 명의 의사가 배출되어 왔지만, 2024년을 기점으로 우리나라 의료는 대혼란 상황에 빠져버렸고 멈추어버렸다. 매년 배출되는 의사 숫자보다 어떤 일을 하려는 의사가 나오는지 중요한 시점이다. 내가 면허를 처음 받은 20여 년 전만 하더라도 많은 동기가 소위 바이탈 과라고 하는 내과, 외과, 산부인과, 소아과에 지원하였다. 사람들의 사소한 불편함부터 생명까지 함께 치료해야 하는 의사들의 역할 분담이 되어야 하기에 바이탈과 의사부터 다른 모든 과도 각각 중요한 역할을 한다. 그러나 모두가 아는 것처럼 남들 쉴 때 일하고 싶어 하지 않고, 힘든 일을 멀리하는 시대상은 이곳 의료 분야에서도 팽배하게 되었다.

앞서 말한 후배, 제자 의사는 결국 이런 우리나라 현실을 냉정하고 정확히 판단하고 미국으로 떠났다. 이곳 대한민국 국민이 아닌, 미국 국민들을 위한 의사를 하고 싶다며 말이다. 정확히는 대한민국 의료 제도 아래에서 일하기 싫다는 마음이다.

이 후배도 4년 전 의대생으로 외상외과에서 실습할 때 수술실에서 처음 만났다. 내가 교통사고로 복부에 피가 가득한 환자를 수술하는 동안 후배는 옆에서 지켜봤다. '평생 볼 피를 그날 수술실에서 다 봐버려서 충격받지 않았을까?' 하는 걱정이 있었지만, 오히려 후배는 그날 이후 외상외과에 매우 관심을 가졌다. 후배는 나와 자주 만나면서 몇 년 뒤 외상외과 의사가 될 꿈을 키워갔다.

대다수의 사람들이 인지하는 것처럼, 2024년부터 2025년까지 보건복지부 등 정부는 이 후배 의사의 꿈과 진로를 바꾸는 다수의 정책을 남발하였다. 이를 계기로 당시 학생이었던 후배는 본인이 의사면허를 취득하고 의사가 되어 일할 나라를 바꾸기로 하였다. 지난해 '의료 개혁'이라는 거창한 구호로 시작한 국가적 실정으로 후배 의사는 더 열심히 미국 의사 시험을 준비하고 결국 원하는 꿈을 이루었다. 제자이자 후배 의사를 외상외과 의사로 키워 이곳 권역외상센터에서 함께 일하는 꿈은 처참하게 깨져버렸다.

마지막 떠나기 전 만난 후배, 제자 의사는 미국에서도 나와 같은 '외상외과 의사를 하겠다'는 포부를 말하였다. 후배는 나와 함께 처음 그 수술에 들어간 날을 잊지 못하고 외상외과 의사라는 꿈을 품게 된 것이다. 미국으로 떠나는 후배를 바라보는 나는 쓰리고 아픈 마음이었지만, 미국에서도 외상외과 의사를 할 것이라 굳게 믿는 후배를 진심으로 응원하고 축하해 주었다.

현실에서는 아직 이루지 못하였지만 여전히 언젠가 외상외과 의사가 된 후배와 함께 환자를 살리는 짜릿한 상상을 해본다. 어지러운 나라가 조금이라도 정상화되어 외상외과 의사를 꿈꾸는 또 다른 후배가 있기를 진심으로 소망한다.

"환자분! 저승사자 잘 만나고 오셨죠? 아직 순서가 안 되어 인생을 더 재미있고 멋지게 사시려고 다시 오셨죠?"

이렇게 말하는 나와 환자 모두 흐뭇한 미소로 서로에 대한 감사를 전한다. 이런 것이 있기에 외상외과 의사는 하루하루를 살아간다.

03

내력과 외력의 싸움터,
권역외상센터

두어 시간 전 환자 보호자에게 자신 있게 한 시간이면 끝날 것이라 말하였던 수술이 세 시간이 넘어도 끝나지 않고 있다. 수술을 집도하는 내 마음도 힘들지만, 내 앞에서 수술을 도와주는 동료와 수술실 앞에서 기다리는 보호자들의 심정은 더 타들어 갈 것이다. 간단한 수술이라 여기고 시작하였지만, 예상하지 못했던 환자의 상태에, 해부학적 구조 이상으로 수술이 어렵게 진행되고 있다. 그렇다고 눈에 보이는 환자 몸의 구조물들을 모른 채 진행할 수는 없다. 정상적인 환자 조직, 기관들을 최대한 보존한 채 문제 되는 곳만 수술해야 한다. 수술실 앞에서 대기하고 있는 보호자들도 나를 믿고 기다리리라 여기며 마지막까지 온 힘을 다해 수술하였다.

이처럼 내가 예상하지 못하는 수많은 외력外力(외부에서 작용하는 힘)이 우리에게는 항상 있다. 누구나 다 어떤 일을 할 때면 순조롭게 아무런 장애물이 없기를 바란다. 하지만 삶에서는 내가 원하지 않고, 절대 일어나지 않기를 바라는 수많은 일이 일어난다. 그것을 우리는 '바라지 않는 외력'이라고 말한다. 그런 외력은 이곳 권역외상센터에도 언제든지 있고 누구나의 인생에 걸쳐 생길 수 있다.

*＊＊

"2톤 철근에 몸, 골반이 깔렸습니다."
"수축기 혈압이 70에서 잡힙니다."

한 구급 대원의 단 두 마디를 듣는 순간, 내 심장은 타들어 간다. 곧바로 내 심장박동 수는 이미 분당 세 자리 숫자가 되어버렸고 입이 바짝 마르기 시작한다. 그러나 최대한 침착하게 대처해야 한다. 더불어 환자가 오면 어느 처치부터 먼저 해야 할지를 재빠르게 떠올려야 한다. 아직 내 머릿속 시뮬레이션이 끝나지 않았는데 벌써 거친 사이렌 소리가 들려온다.

환자를 처음 본 순간, 이미 환자의 눈빛은 두려움에 떨고 있었다. 2톤 철근 바로 옆에서 일하던 노동자였기에 매일 그 차디차고 무서운 물체를 보고 또 보았을 것이다. 그 철근이 몸을 깔아뭉갰을 순간, 환자는 스스로 저세상 사람이 되어버렸다고 여겼을지도 모른다.

너무나 무겁고 큰 외력에 골반이 처참하게 무너져버렸다. 무시무시한 철근이 내리꽂는 그 순간, 힘이 가해지고 동시에 '죽을 수도 있겠다' 싶은 두려움이 밀려왔을 것이다. 하지만 그 엄청난 외력을 환자는 이겨냈다. 가장 처음 맞이하는 외력의 무서움을 환자는 온몸으로, 특히 골반으로 버텨낸 것이다. 사실 단순 상식으로도 제아무리 강골이라 하더라도 '2톤 철근을 골반으로 버텨낸다는 것'은 사실 불가능에 가깝다. 목숨이 붙어있고 혈압이 잡혀서 병원으로 도착한 것만으로 기적이다. 하지만 우리는 기적을 거기서 끝내면 안 되었다. 기적을 현실로 만들고 기적 같은 하루하루를 계속 이어 나가게 해야 한다. 그 기적을 생존과 삶이라는 행복으로 다시 만들어주는 것이 바로 권역외상센터와 나의 일이다.

2톤 철근 무게가 아무리 무겁다고 하더라도 꼭 살려는 환자의 의지, 치료해서 살려주려는 의료진의 다짐이 크면 이겨낼 수 있다. 이에 더해 옆에서 환자와 의료진을 믿고 격려해 주는 가족들이 있다면 그것을 이겨내는 힘은 더 커진다.

엄청난 무게는 환자 몸의 단순 뼈만 짓누르지 않았다. 뼈를 포함하여 살점과 핏줄까지 여기저기 갈기갈기 짓눌리게 하였다. 예를 들어 손가락 하나가 짓눌릴 때 극단적으로 손가락 하나가 없더라도 나머지 아홉 개의 손가락이 없어진 하나를 대신하여 기능을 얼마든지 해줄 수 있다.

하지만 이 환자의 경우는 골반 정중앙이 앞뒤로 심하게 짓눌러서 어느 기능을 생각하기보다 오로지 생존을 위한 치료부터 시작하였다. 동그란 타원형의 골반은 우리 몸 중심을 지지해 주며 몸통과 하체를 연결해 준다. 골반의 내부에는 중요한 기관들이 있다. 이 환자에게 정상적인 골반의 기능은 처음부터 0퍼센트라고 가정하고 치료를 시작하였다. 출혈되는 혈관을 잡고 으스러진 근육과 피부를 하나씩 봉합하며, 정상적 기능을 하지 못하는 항문을 대신하여 인공항문 수술을 하였다. 하지만 이것으로 끝나지 않는 치료 과정은 계속되었다. 폐렴과 신부전, 감염 등 각종 합병증이 연달아서 진행되었기에, 여기저기 부러진 뼈를 맞춰주는 수술은 계속하여 지연되었다.

어느 순간부터 환자 옆을 한시도 떠나지 않고 지켜주는 그의 아내가 보였다. 환자와 담당 주치의인 나, 둘만의 힘으로는 도저히 감당하기 힘든 버거운 싸움이었지만, 아내와 함께 모두 힘을 합쳐 두려움, 고통과 싸움을 하나씩 이겨내기 시작하였다.

사고 순간부터 환자는 2톤 무게에 이미 모든 것을 포기한 상태로 나와 마주하였다. 첫 만남부터 두려움과 죽음의 공포에 떠는 눈빛을 보았다. 하지만 상상조차 하지 못하는 2톤이란 외력을 이겨내는 것은 오로지 환자 자신이었다. 나와 보호자인 아내는 옆에서 거들었을 뿐이다. 그렇게 처참하게 으스러진 환자 골반과 살점들은 조금씩 회복되었고, 기적적이라 표현해도 과하지 않게 그분은 몇 달 뒤 걸어서 병원을 나서게 되었다.

드라마 〈나의 아저씨〉에서 내력을 말하는 대화는 아직도 기억에 남는다.

"모든 건물은 외력과 내력의 싸움이야. 바람, 하중, 진동. 있을 수 있는 모든 외력을 계산하고 따져서 그보다 세게 내력을 설계하는 거야. 항상 외력보다 내력이 세게. 인생도 어떻게 보면 외력과 내력의 싸움이고, 무슨 일이 있어도 내력이 세면 버티는 거야."

환자가 가지고 있는 마지막 내력을 같이 버텨주는 것이야말로 외상외과 의사의 역할이다. 이 환자가 그 수많은 외력으로부터 힘이 빠지지 않게 도와주고 함께 버텨주는 존재! 어떻게 보면 결국 환자가 살아나는 과정도 외력을 이겨내는 싸움이라고 할 수 있다. 한번 무너져버린 내력도 다시 일어날 수 있게, 더불어 버텨주고 도와주는 누군가가 있으면 내력은 다시 살아나는 것이다.

안타깝지만 권역외상센터로 오는 환자들의 대부분은 노동자로 남들이 하기 힘든 일을 하는 분들이다. 이 사회를 정상적으로 유지하기 위해 꼭 필요한 분들이기도 하다. 그런 분들을 지켜드리기 위해 이곳 권역외상센터와 의료진들이 존재한다.

＊＊＊

6년 후 어느 날, 그 보호자를 중환자실 앞에서 만났다. 2톤이란 무게의 고통과 슬픔은 나에게도 보호자에게서도 모두 사라졌다. 나와 보호자는 너무 반갑게 인사하며 서로 안부를 물었다. 보호자는 지인 가족이 중환자실에 있어 함께 병원에 온 것이었다. 오래전 남편이 오랫동안 있었던 그 중환자실 앞이다. 나와 그분의 보호자는 분명히 알고 있다. 그 무겁고 차디찬 죽음의 문턱에서 철근 무게만큼 큰 외력을 이겨낸 내력이 본인과 환자인 남편에게 있었다는 사실을. 그 엄청나고 사랑 가득한 내력을 지인에게 전해주려 이곳 중환자실 앞을 다시 찾으셨겠지 싶었다. 지인 가족

환자는 내 담당 환자는 아니지만, 일부러 중환자실에서 그 환자를 찾아 '이겨낼 수 있다'고 격려했다.

외상외과 의사는 수많은 외력과 매일 마주 선다. 충분히 사고 이전부터 막을 수 있는 것들. 아울러, 조금 더 빠르고, 신속한 초기 처치, 이송 등이 아쉬운 순간들. 또한 환자를 마주할 때마다 아쉬운 자세, 태도가 있는 모습들. '이번에 발생한 합병증은 조금 빨리 처치하였다면 막을 수 있지 않았을까?' 하는 아쉬움도 늘 있다.

하나하나 다 손에 꼽을 수는 없으나 안타까운 순간, 혹은 도저히 손이 닿을 수 없는 엄청난 외력도 존재하고, 또 그런 외력과 수없이 마주 선다. 때로는 외상외과 의사인 나도 두렵다. 한꺼번에 쏟아지는 외력. 내 능력으로 버거운 외력이 밀어닥치면 환자도, 나도 같이 두려워진다. 하지만 이겨내야 한다. 그래야 환자와 나도 함께 살아나는 것이다.

수술 동의서에는 수많은 합병증, 예기치 않은 상황에 대해 기재되어 있다. 물론 나도 수술 전 환자와 보호자에게 설명하면서 이러한 수많은 합병증에 대해 설명한다. 모든 것들을 다 말하지 못하지만, 끝에는 항상 다음과 같이 말한다.

"예측할 수 없는 상황이 생길 가능성은 늘 있지만, 그 상황에서 최선의 대처를 하겠습니다."

이처럼 병원에서뿐 아니라 우리 삶 여기저기에서는 우리가 원하지 않는 많은 상황이 생길 수 있다. 가끔 정말 답답하고 해결할 방법이 떠오르지 않은 환자 앞에서 다음과 같은 드라마 대사가 다시 생각난다.

'바람, 하중, 진동. 있을 수 있는 모든 외력을 계산하고 따져서 그보다 세게 내력을 설계하는 거야. 항상 외력보다 내력이 세게.'

이렇듯 환자에게 내력이 외력을 이길 수 있도록 도와주면서 함께 버티곤 한다. 그것이 바로 외상외과 의사인 나의 역할이기에.

04

나는 발암물질과 온몸으로 싸운다

소위 '중학교에서 한 손가락에 드는 학생들만 모아놓았다'는 비평준화 고등학교에 다녔다. 그런 집단에서 중간, 기말고사 시험 기간은 치열한 싸움이라 표현해도 부족할 정도다. 내신 점수를 남들보다 더 높게 받기 위한 시험이기에 친구를 타고 올라서야 내가 더 높은 곳, 더 좋은 내신 성적을 받는 것이니까.

결국 시험 기간에 한 일주일, 길게는 이 주일 가까이 밤샘을 하면서 보이지 않는 싸움이 이루어진다. 거창하게 써놓았지만 정말 초능력을 발휘에 일주일 넘게 밤새는 친구들을 보았다. 하지만 아쉽게도 나는 그러지 못했다. 아니

안타깝게도 그렇게 밤을 새울 수 있는 체력은 안 되었는지, 아니면 의지가 부족해서였는지 자정이 넘어가면 서서히 졸린 눈을 비벼대곤 했고, 새벽 1시쯤 살짝 책상에 머리 대고 5분만 잔다는 것이 눈을 떠보면 아침 6시였다. 깜짝 놀라서 부랴부랴 서두르면서, 애꿎은 내 머리만 내가 한 대 쥐어박기 일쑤였다. 그러면서도 스스로 위안과 심호흡을 하면서 마음속으로 주문을 걸었다.

'나는 수업 시간에 열심히 잘 들었으니까 평소 실력만 충분히 발휘하면 시험을 잘 볼 거야!'

그렇게 밤새우기를 잘하지 못했고, 특히 새벽이면 졸음에 맥을 못 추며 10대를 보냈지만, 의사가 된 이후 어언 20년 가까이 피가 뿜어 나오며, 혈압이 떨어지는 환자 옆에 서면 시곗바늘이 2 이건 3 이건 에너지가 불쑥 더 솟아나곤 한다. 참 아이러니하다. 그럴 때면 당장 눈앞에 떨어진 내신 점수가 달린 시험 전날에도 꾸벅꾸벅 조는 수면병에 걸렸던 내가 맞나 싶다.

＊＊＊

'인구의 3분의 1이 평생 살면서 암에 걸린다'는 조사 결과가 있다. 이제 암은 두려워만 하는 것이 아니라, 만약 그 암이 자신에게 찾아온다고 하더라도 담대히 받아들이고 치료해야 한다. 그전에 할 수 있는 것이라면 암이 자신에게 찾아오지 않게 평상시 생활 습관 등을 잘 관리하는 것이다.

암을 설명하면서 가장 먼저 나오는 것이 '발암물질'이다. 발암물질은 말 그대로 암 발생에 직접적 원인이 되는 물질, 세균, 바이러스 등을 말한다. 희귀하고 보기 힘든 석면, 카드뮴, 비소 등이 대표적이나 쉽게 우리 주위에서도 쉽게 찾아볼 수 있다. 우연히 '오늘도 못 끊는 발암물질 식품 네 가지'라는 기사를 보았다. 술, 육가공품, 담배, 민물고기회에 있는 간흡충과 관련한 기사였다. 이를 보면서 순간 움찔하였다. 그 전날도 집에서 햄을 이용해 요리하였고, 며칠 전에 거하게 알코올과 함께 회식하였다. 다행히 나는 흡연자가 아니라 이 중 하나는 빼놨다고 안도의 한숨을 쉬었다.

국제 암연구소에서는 발암물질을 분리하여 말한다. 1군

은 발암성이 충분히 입증된 것을 말하고, 2A 군은 발암성이 있다는 개연성이 있는 물질, 2B 군은 발암성 가능성이 있는 것을 의미한다. 그런데 알면서도 또 다른 발암물질을 늘상 맞이한다. 전날도 하였고, 며칠 쉬고 다시 또 맞이한다. 머릿속에서 이미 발암물질이란 것을 알면서도 피하지 못하고 필연적으로 만나는 것이다.

바로 '야간노동'이다. 일주일에 서너 번 정도는 2급 발암물질을 온몸으로 맞이한다. 국제 암연구소에서는 야간노동을 납이나 자외선과 같은 2급 발암물질로 규정하였다. 여러 연구에서 야간 교대 근무를 장기간 시행한 사람에게서 암 발생률이 높게 나타났다. 생체리듬 조절 유전자 중 'HPer2, p53' 등이 암 발병을 막는 역할을 한다.

그런데 야간 근무로 생체시계 리듬이 깨지면서 일주기 생체리듬을 조절하는 유전자의 변형을 가져온다고 알려져 있다. 당직 근무, 밤새워 중증외상 환자들과 함께하는 날이 시작되면, 본격적인 발암물질을 맞이 하기에 그전부터 크게 심호흡한다.

'오늘은 어떻게 무사히 넘길까?' '오늘도 카페인의 힘으로

넘겨야 할까? 아니면 오늘은 환자들이 무사하기를 기원하면서 버텨볼까?'

가장 좋은 것은 내가 근무를 담당하는 이 밤에 환자들이 아프지 않고, 다치지도 말며, 무탈하게 넘어가는 것이다. 언제나 근무하는 밤에는 발암물질이 아닌, 쪽잠이라도 조금 더 자고 싶은 마음이 간절하다. 하지만 그 순간에 예기치 않는 상황에서 다치고 피나는 생명이 위태로운 환자를 치료하고 살리는 것이 나의 임무다.

* * *

'정말 죽을 것 같다'는 느낌을 받거나 경험을 몇 차례 해보았다. 중학생 시절, 친구들과 해수욕장에 놀러 가서 발끝이 모랫바닥에 닿지 않은 적이 있었다. 수영도 제대로 못하면서 발끝에 모랫바닥을 지탱하지 못하고 바다 한가운데서 허우적거리다 보니 '죽음'이라는 글자가 머릿속에 찌릿한 느낌으로 다가왔고, 순간 공포감이 진동하였다. 성인이 되어 한 워터파크에서 한차례 더 같은 경험을 하였다. 그 당시는 이미 병원에서 수많은 죽음을 마주하였던 이후였기에 더더욱 무서웠다.

한 번은 근무하던 중 새벽 3시로 넘어가던 무렵이었다. 갑자기 모니터의 여러 숫자가 흐트러지게 보였다. 모니터에는 환자 상태를 보여주는 혈압, 맥박, 산소포화도, 호흡수 등 중요한 지표가 나타난다. 그러나 당시 나는 그 모든 수치를 한눈에 볼 수 있는 상태가 아니었다. 너무 혼란스럽게 보여 어느 숫자를 먼저 봐야 할지 모르는 상황이 갑자기 눈앞에 펼쳐졌다.

혈압 앞자리 숫자가 5, 6을 반복해서 보여주었다. 환자 몸으로 들어가는 빨간 혈액 속도를 더 높여 들어가면서 7, 8로 잠깐 올라가곤 한다. 환자 몸에 달린 소변 줄로 나오는 소변량도 한 시간 동안 몇 방울 나오질 않는다. 그래도 옆에서 열심히 도와주시는 의료진들, 간호사들에게 더 환자를 위해 뭐라도 해보자고 한 번 더 다독여본다. 하지만 나와 같은 공간에서 환자를 함께 보는 어느 의료진 혼잣말이 마치 나에게 말하는 것처럼 들렸다.

"이 환자 오늘 못 버티겠네요."

차마 나도 그 말에 고개를 끄덕이지 못하고 내 마음속으로 말하였다.

'미투 Me Too'

'환자도 죽을 것 같고 나도 죽을 것 같아요.'

그 순간 멀리 벽시계에 작은 바늘이 3인지 4인지 희미하게 보였다. 어제 낮부터 많은 환자와 정신없이 보낸 24시간이 그려졌다. 눈앞에 보인 환자를 수술하면서 피가 쏟아져 나와 내 수술복 안쪽으로 스며들었던 혈액이 허벅지를 적셨다는 사실이 떠올랐다. 순간 허벅지에 묻은 피가 굳어져 있다고 느껴졌다. 내 허벅지에 묻은 혈액은 흐르는 물에 깨끗이 씻어내면 되지만, 내 몸 깊이 들어있는 피곤함은 도저히 빠져나가지 못하고 있었다. 30여 분 전 커피믹스 두 봉지를 한꺼번에 넣어 마신 커피는 잠깐 각성의 효과가 있었지만, 더는 의미가 없는 것인지 피곤함이 밀려옴과 동시에 판단력도 흐려졌다.

'어린 시절, 그 험난하고 처절하였던 고등학생, 20대 초반 의대생 시절에도 절대로 이 시간에 깨어있지 못하였고 잠에 취해있었을 것이다. 그런데 훌쩍 시간이 지나 40대 외상외과 의사가 된 지금, 이 시각 나는 무엇을 위해 깨어있는 것일까?'

잠깐 혼자만의 푸념, 신세 한탄을 하고 다시 큰 심호흡을 하고 환자 옆으로 다가간다. 처음부터 지금까지의 과정을 다시 복기하고, 환자 머리부터 발끝까지 한 번 더 살펴본다. '지금 들어가는 약물들이 부족하지는 않나? 혹시나 더 필요한 무언가가 있지는 않을까?' 하고 고민해 본다.

한두 가지 빠진 것, 더 해줄 것들이 떠오른다. 해주어야 한다. 그래야 이 환자가 한 걸음 더 삶, 생존을 위한 길로 가는 것이다. 동시에 그것이 나도 살아가는 길이다.

죽음은 누구에게나 찾아온다. 시곗바늘이 12에서 출발하여 열심히 한 바퀴 돌고 돌아 다시 12로 돌아온다. 한 생명이 태어나서 다시 돌고 돌아 누구나 다 죽음을 맞이하는 것은 세상 이치다.

그 이치를 조금이나마 늦추고 되돌리려고 노력하는 직업을 가졌다. 그 일이 내가 할 일이고, 곧 내가 그 일을 통해 나의 경제적 생활이 가능해진다. 다시 말해 사람들을 살리기 위해, 내가 더 나은 삶을 살기 위해 일한다. 그런데 남들 다 자는 이 시간에 발암물질을 맞아가며 일하는 것은 과연 어떤 의미일까?

* * *

그날 밤은 발암물질을 최소한으로만 받고 싶은 나의 바람이 무참히도 깨졌다. 여기저기 출혈이 심하고 상태가 좋지 않은 환자들이 몰려들었다. 시계의 작은 바늘도 12를 훌쩍 넘겨 숫자 2, 3 언저리를 지나가고 있었다.

방금 수술한 환자 상태를 보며, 안도의 한숨과 앞으로 넘어갈 여러 고비를 떠올린다. 아직 갈 길도 많고 여기저기 부러지고 피나는 상황을 해결해야 할 생각에 한숨부터 나온다. 그래도 수술 들어가기 직전보다는 환자의 혈압도 오르고 혈액 검사 결과 등이 좋아져서 잠시나마 눈을 붙일 수 있을 것 같다.

잠깐, 아주 순간 눈을 감으려고 등을 당직실 침대에 붙이려는 순간 나를 찾는 목소리가 들린다. 반대쪽 중환자실에서였다.

무작정 뛰어갔다. 직감적으로 무언가 잘못되었다고 여겨졌다. 이미 심장이 멎은 환자를 가운데 두고 심장마사지하고 있고, 혈관에 주사를 머리맡에 관을 넣는 의사의 모습이 보였다. 가장 중요한 기관 내 삽관*이 안 되는 상황이었다. 시간이 없다. 단 일분일초도 지체할 수 없다. 내가 향해야 할 곳은 저곳이다. 날아가듯 뛰었다. 관을 꽂아 넣는다. 환자에게 산소를 넣어준다. 내가 방금 꽂아 넣은 관을 통해서 기계의 산소가 들어간다. 그러자 거의 멎어가던 환자의 심장이 다시 뛰기 시작한다. 순간 나와 그곳을 함께 지켜주던 모든 의료진은 마음속으로 박수를 치고, 안도의 한숨을 쉬었다.

기관 내 삽관: 기도 유지가 필요하거나 인공호흡기 치료가 필요한 환자에게 기관 내로 튜브를 넣어 기도를 확보하는 시술

***

 아주 잠시 쪽잠을 잔 후 아침 6시 눈을 떴다. 전날 수술한 환자 상태도 확인하고 또 몇 시간 전에 기도 삽관한 환자도 살펴봐야 한다. 내가 수술하고 주치의인 환자가 있는 중환자실이 아니라 다른 중환자실에 있는 환자, 몇 시간 전에 달려가서 기도 삽관한 환자를 향해 가고 있다.

 환자를 보러 가서는 5미터 전방부터 멀리 환자 머리 위에 있는 모니터의 숫자들부터 확인한다. 이어서 환자 얼굴도 바라보고, 가까이 다가서서 다시 한번 살펴본다. 마지막으로 환자를 불러보고, 동공에 불을 비춰본다.

 깜짝 놀라서 소리 지르고 뒤로 넘어질 뻔하였다. 환자 스스로 눈을 뜨고 나와 눈을 마주친다. 비록 입에는 관, 기도 삽관이 되어 말을 못 하지만, 눈도 뜨고 내가 말하는 것에 반응이 있다. 그렇게 오랜 시간 동안 심장마사지를 하고 머리에 산소 공급이 제대로 되지 않은 환자가 이렇게 짧은 시간에 너무 정상적인 반응으로 깨어날 수 있다니! 내가 이 환자 입을 통해 기도삽관을 한 의사이긴 하지만 도무지 믿을 수 없는 상황이다. 희열이 온몸으로 느껴진다. 속칭 이런 상황을 '바이탈뽕'이라 표현한다.

희열, 기쁨, 보람.

어느 단어를 사용하더라도 충분하게 설명이 되지 않는다. 새벽 3시에 내 몸을 갈아 넣은 보람, 결과가 바로 눈앞에 보인다. 분명 기도삽관을 하는 순간에는 말도 못 하고, 이미 동공도 활짝 벌어진 상태로 이삼십 분 이상 심폐소생술을 하였다. 내가 기도 삽관하여, 인공호흡기에 숨 쉴 수 있게 하였지만, 당시 의식도 전혀 없고 너무 불안정한 환자였다. 그런데 이제 이 환자는 살아났다. 죽음이 아니라 삶에 더 가까워진 상태라니!

밤을 지새우며 권역외상센터를 지키는 일은 비록 나에게는 발암물질을 온 몸으로 맞이하는 일이긴 하지만, 적어도 죽음의 문턱에 있는 환자들에게는 반드시 필요하다. 그날 밤 또 온 몸으로 발암물질을 받았다. 아쉽게도 발암물질을 피해 가려는 나의 바람은 그날도 무참히도 깨져버렸다. 다만 그날 밤 거의 밤을 지새웠기에 발암물질이 내 몸 깊숙이 들어오려 했을 것이다. 단지 환자가 살아나는 순간을 확인하면서 느낀 희열과 기쁨의 감정으로 인해, 발암물질이 조금이나마 희석되었기를 바랄 뿐이다.

05

내가 〈중증외상센터〉 드라마를 볼 수 없는 이유

"우리 아버지를 수술할 외과 의사 선생님이 지금 이 병원에 계신가요?"

아버지가 사고로 이곳 권역외상센터로 오셨다는 연락을 받고 한걸음에 아들이 달려왔다. 그에게 환자의 상태, 즉 복강 내 출혈과 뱃속에 출혈이 있고 대장이 천공되어 복막염 상태라고 설명하며 '수술이 시급하다'라고 전했다. 하지만 내 말이 끝나기도 전에 아들이 수술할 의사 선생님에 관해 되물었다. 순간 왜 이런 질문을 그분이 하는지 의아했지만, 얼마 전 뉴스가 떠올랐다. 우리나라에서 가장 큰 대형 병원에서 발생한 일이었다. 뇌출혈 환자를 수술할 신경외과 의사가 없어 타 병원으로 전원하여 수술했지만 안타깝게도 환자가 숨진 사건이 있었으니까. 아들의 첫마디가 아버지 상태 걱정이 아니라 외과 의사를 찾는다는 것이 이상하였지만, 당시 상황에서는 당연히 그럴 수 있겠다 싶었다.

"제가 집도합니다. 외과 의사인 제가 환자의 주치의이기도 합니다."

이 한마디에 아들은 안도의 한숨을 내쉬었다. 그러면서 수술 동의서에 믿음을 담아 또박또박 서명했다.

이런 일이 일어나기 한 시간이 채 되기 전 이 환자는 이곳 권역외상센터에 도착했다. 시간은 한 시간이지만 이미 모든 의료진이 달려들어 이 환자 치료를 시작하고 있고 곧 수술에 들어간다.

"무거운 철 구조물에 몸통 부위를 부딪친 60대 환자입니다. 혈압도 낮고 극심한 흉복부 통증을 호소하고 있습니다."

119 구급 대원의 사전 연락을 받고 권역외상센터 의료진은 만반의 준비를 하고 환자를 맞았다. 환자는 너무 심한 통증에 신음만 간신히 낼 뿐 제대로 말은 못 했다. 낮은 혈압과 심한 통증의 원인은 복부 대장 천공과 십이지장 손상, 간 손상. 가슴에도 다발성 늑골 골절*과 폐 타박상이 있다. 굵은 정맥관을 삽입하고 혈액과 수액을 주입해 혈압이 어느 정도 안정되어 장 천공과 출혈 부위 수술을 해야 한다.

권역외상센터는 환자 내원 즉시 해당 분야 전문의들이 직접 진료한다. 초기 처치, 수술 결정과 중환자실 치료까지 신속하게 이뤄진다. 이 환자의 경우 생명을 위협할 수 있는 심각한 사고였지만, 권역외상센터와 20여 분 거리에서 사고가 났고, 그나마 바로 이송된 게 불행 중 다행이었다.

신속한 권역외상센터로 이송 및 초기 처치, 빠른 수술, 믿음을 담은 아들 서명까지 더해져서 환자는 잘 회복했다. 이런 상황을 운이 좋아서 환자가 잘 치료되었고, 회복하였다고 말하는 자체가 아이러니다. 운에 맡기는 것이 아니라

다발성 골절: 동시에 여러 부위에서 골절이 발생한 것

모든 환자, 사회 여기저기서 예기치 않은 사건·사고로 발생하는 중증외상 환자 모두가 제때 치료받고 살아나야 한다. 하지만 모든 환자들이 적기에 제대로 처치, 치료 받는다는 말은 너무나 먼 이상향이라는 것을 우리는 잘 알고 있다.

그런데 앞서 언급했던 것처럼, 우리나라에서 최고로 인정받는 초대형 병원에서 발생했던 안타까운 의료인 뇌출혈 환자의 에피소드는 중증외상 환자의 대처 문제뿐만 아니라 우리나라 의료 현실의 단면을 너무나 잘 보여준다.

그 안타까운 일이 벌어진 지 벌써 수년이 지났지만, 지금 '의료 개혁'이라는 거창한 미명 하에 벌어진 2024년부터 시작한 의료 사태로 인해 현장은 혼란스럽고, 안타까운 환자들은 여전히 많이 있다.

* * *

"그 드라마 2편까지 보다가 짜증 나서 더는 못 보겠어요! 모든 것들을 혼자 다 해버리잖아요! 현실에서 절대 하지 못할 것도 한 사람이 다 해요!"

화젯거리였던 〈중증외상센터〉라는 드라마를 본 이곳 의료진이 나에게 말했다. 쓴웃음으로 대답을 대신하였지만, '판타지 외상센터'라고 제목을 바꾸는 편이 낫다고 여겨진다. 물론 그 드라마에 관한 기사, 예고편만 살짝 보고 이미 내용이 상상되어 '절대 보지 말아야겠다'고 다짐한 터였다. 이 드라마와 정반대 상황은 내 눈앞에서 실제로 빈번하게 일어난다. 인력과 시설의 한계로 내가 있는 이곳에도 능력 밖 환자들이 간혹 생긴다. 언론 영향인지 이러한 부족한 의료 현실을 평범한 환자의 보호자들도 미리 인지하고 있다.

"우리 아버지 수술할 외과 의사 선생님이 지금 병원에 계신가요?"

앞서 한 번 언급했듯, 환자의 상태가 위독하고 응급수술이 필요하다는 말에 보호자인 아들이 처음 내뱉은 말이다. 이런 말을 가장 먼저 한다는 것이 정상적인 반응인지 이해하기 어렵다. 하지만 우리나라 의료 현실을 제대로 알고 있는 아들의 지금 질문이 가장 현명할 수 있다. 당시 환자에게나 아들에게나 모두 운이 좋아 이곳 권역외상센터로 바로 이송, 수술할 수 있게 된 것이 천운이라고 말할 수밖에 없다. 너무나 안타깝고 불가항력인 많은 상황과 지금의 의료 현실이 내 눈앞에 매일 같이 펼쳐지는 것이 그 드라마를 보지 못하는 이유다. 이곳 권역외상센터에 있는 환자들이 모두 다 판타지처럼 살아나기를 바라지만, 그것은 언제나 나 혼자만의 상상으로 끝난다.

* * *

12월 31일에 시작한 수술을 1월 1일에 마무리하였다. 어김없이 권역외상센터에도 새해가 밝았다. 2025년 새해는 수술실에서 이곳 의료진들과 함께 맞이하였다. 다행히 한 생명을 살렸다는 희열과 보람도 있지만, 기대가 전혀 없는 2025년을 맞이하였다는 암울함이 더 크게 느껴졌다.

갑자기 2024년 초, 병원을 떠난 외과 전공의 K 선생님이 떠올랐다. K 선생님은 전문의 시험을 본 후 너무나도 외상외과를 하고 싶어 했던 후배였지만, 자의가 전혀 아닌, 나라가 그 모든 길을 막아버렸기에 병원을 떠난 것이다. 1월부터 권역외상센터에서 근무할 예정이었다.

든든한 후배 외과 의사인 K 선생님이 이곳 권역외상센터에 합류하면 더 큰 힘이 되어줌과 동시에, 인근 지역 예방 가능 외상 사망률은 더 낮아질 것이 분명하다. 골든타임 내 신속하고 적절한 치료를 받지 못해 사망하는 비율을 예방 가능 외상 사망률이라고 말한다. 이 수치가 낮아진다는 것은 더 많은 외상환자를 살린다는 의미이기도 하다.

2024년 초 시작한 의료 대란은 해가 바뀐 지금, 표면상 해결되었다지만 절대 해결하지 못한 상태다. 그 의료대란이 최정점이었던 2025년 초, 용산과 여의도에 모든 기자, 언론이 집중하였다. 국운이 달린 초유의 사태였지만 그 집중이 당연하였다. 하지만 일개 외상외과 의사, 권역외상센터에도 그러한 관심의 단 일부라도 가져주는 것이 정상적인 나라가 아닐까 싶다.

평생 살아가면서 본인 자신이나 가족, 지인이 중증외상 환자가 될 확률이 높을지, 평생 계엄이란 사태를 맞이할 확률이 높을지는 누가 봐도 명확하다. 권역외상센터 핫

라인, 중앙응급의료센터를 통해 시도를 두 개나 건너뛰어 150~20킬로미터 떨어진 병원에서 중증외상환자 이송 문의가 하루에도 여러 번 반복되는 현실은 자율주행이 가능한 지금 시대와 전혀 어울리지 않는다.

할 수 있는데 해보지 않으려 하는 모두의 문제다. 외양간은 이미 무너져가고 있지만, 아직 그 안에 얼마 남지 않은 듬직한 소 같은 외상외과 의사들만이 버텨주고 있다. 드라마가 아닌 현재, 2025년 대한민국 권역외상센터, 의료 현실을 모두가 제대로 알아야 한다. 아울러 보건복지부는 책상 위에서 서류에 씌여 있는 환자의 리스트가 아니라, 실제 현장의 환자들과 더불어 제대로 치료받지 못하고 안타까운 죽음을 맞이하는 중증외상 환자를 염두에 두며 일했으면 한다.

우리는 판타지 소설이나 드라마, 영화를 보고 대리 만족하며 때로는 환호한다. 그것은 현실에서 절대 이뤄질 수 없는 그 무언가에 대한 열망이기도 하다. 때로는 상상 속에만 있던 일들이 기적같이 현실로 나올 수 있지만, 그런 허무한 상상을 바라기보다 현실을 어떻게든 더 좋아지게 만드는 노력을 해야 하지 않을까.

드라마에 나오는 초능력적인 외상외과 의사는 현실에서는 절대 존재할 수 없다. 그러므로 나와 같은 평범한 외상외과 의사들이 마음 편하게 환자를 살릴 수 있는 여건이 더 시급한 과제다. 아마도 전 국민이 〈중증외상센터〉라는 드라마를 보고 외상센터, 외상외과 의사에 대해 어느 정도 알게 될 것이다. 이를 넘어서 이곳 권역외상센터와 외상외과 의사가 이 사회에 필요한 존재라는 사실도 알게 되길 바란다.

밤늦게 외과 전문의 홀로 중증외상 환자를 진료 및 수술하는 것보다 또 다른 외과 전문의와 함께하면 환자를 살릴 가능성이 커지는 것은 누가 봐도 당연하다. 현장의 목소리, 현실을 단 하나도 모른 채 마구잡이 정책만 남발하여 외과 전공의 한 분의 꿈을 짓밟아버리는 것은 동시에 환자들, 선량한 국민에게 피해가 간다. 내가 근무하는 이곳에서도 간신히 명맥만 유지할 정도의 최소한 인력만으로 권역외상센터가 유지된다. 그러므로 동시다발적으로 발생하는 중증외상 환자들을 모두 수용 및 진료하지 못하는 안타까운 경우도 빈번하다.

현장 의료진들만의 발버둥으로 중증외상 환자 한 명을 더 살릴 수 있으나, 국가의 외상센터 시스템을 계속 유지할 수 없다. 절대적으로 나라 전체의 관심과 지원이 절실하다. 《나라를 위해 일한다는 거짓말》에서 저자는 공직사회의 역설을 말하면서 예를 들어 설명한다. 현장과 갈수록 멀어지면서도 술자리에서 '우문현답(우리의 문제는 현장에 답이 있다)'을 외친다며 공직사회를 비판했다. 권역외상센터가 제 기능을 할 때 나 그리고 우리 가족, 더 나아가 국가 공동체가 보다 안심하고 살아갈 수 있음을 기억했으면 한다.

06

'합리적인 개인주의자' 의사의 소소한 행복

1년에 네 번만 일터에서 집으로 돌아가면서 사는 사람, 의사가 실제로 있을까? 우리나라 권역외상센터, 외상외과에 관해 말하자면 누구나 다 아는 유명한 외상외과 의사 선생님이 계신다. 그분께서는 자주 언급하신 제자를 소개하면서 "일 년에 네 번 집에 갑니다"라고 하셨다. 그 말을 들으면서 혼자서 쓴웃음을 지었다. 그 말씀에 공감이 되면서도 동시에 쓸쓸한 마음을 감출 수가 없었기 때문이다.

나는 그 제자인 외상외과 선생님보다 몇 년 후 외과 전공의, 외상외과 수련을 받았다. 사람을 살리는 외상외과 의사라는 직업도 자기 자신이 먼저 살아야 가능한 일이다. 의사

자신의 건강과 행복이 없다면 환자의 안전과 건강도 보장할 수가 없다.

절대로 '1년에 네 번'이라는 말을 깎아내릴 의도는 없으나, 정말 그렇게 제자를 수련하고 함께 일한 것이 맞을까 싶어진다. 그런 상황에서 일한 제자분들, 지금도 외상외과 의사로 훌륭하게 일하시는 그분이 '당시에는 과연 행복하였을까?' 하는 의문이 드는 것은 어쩔 수 없다.

나는 소소한 행복을 즐기면서 소박하게 살고 싶은 꿈이 있다. 거창하게 크루즈를 타고 세계 일주하는 것보다 사랑하는 가족과 햇살이 잔잔하게 비추는 창가에서 여유롭게 브런치 즐기기를 더 원한다. 가끔 그 자리에서 바로 노트북을 꺼내 그 충만한 느낌을 키보드에 듬뿍 담아 적어내는 것도 나만의 즐거움으로 여긴다. 의사도 사람이다. 마찬가지로 외상외과 의사도 가운을 벗고 권역외상센터 밖으로 나가면 행복을 가장 우선시한다.

'행복은 아이스크림'이라는, 서은국 작가의 《행복의 기원》에 나온 표현을 좋아한다. 무더운 날에 시원하고 달콤한 아이스크림은 더위를 날려버리고 머릿속 뇌세포를 즐겁게 해줄 포도당 공급을 위한 최고의 음식이다. 하지만 자칫 외부 온도를 잊은 채 먹는 타이밍을 잠시 놓치면 주르륵하고 흘러내린다. 그때 가서는 아이스크림이 아니라 묵묵한 시원함도 남아 있지 않은 찐득한 액체로 변해버린다.

이렇듯 모든 것에는 적절한 시기가 있듯이, 그 시기를 놓쳐버리면 맛도 못 보고 흘러내리는 아이스크림처럼 될 수 있다. 순간 지난 40년 넘게 살아오면서 제대로 행복을 맛보지 못하고 녹아버려 버릴 수밖에 없었던 나의 안타까운 수많은 아이스크림이 떠오른다. 그렇지만 후회하기보다 여전히 내 앞에는 수많은 달콤하고 부드러운 아이스크림이 무궁무진하게 남아 있다는 생각만으로도 즐거워진다.

'행복하다'는 것은 내 몸속에 들어있는 도파민을 스스로 꺼내는 과정이라고 여긴다. 가만히 있으면 존재도 모르고 지나버릴 도파민을 꺼내 행복으로 바꾸어주려 노력해야 한다. 그것이 나 스스로 행복한 삶을 찾아가는 길이다. 이왕이면 행복함을 얻기 위한 도파민을 주위에서 찾기로 하였다. 중증외상 환자를 매일 만나는 외상외과 의사이기에 안

전한 것을 통해 도파민을 끌어내기로 하였다. 그래서 찾은 것이 '마라톤'이다. 누구나 그렇듯이 처음 시작은 체중계에 올라선 순간, 그 숫자에 깜짝 놀라서 그것을 줄이기 위함이 목적이었다. 이처럼 처음에는 단순히 체중 감량과 건강을 위해 시작하였으나 마라톤을 통한 얻는 도파민은 결국 인생의 소소한 행복이 되어주었다.

30대에 시작한 마라톤은, 가만히 있어도 근육이 저절로 감소하는 40대가 되고 보니, 도파민을 주는 것을 넘어 건강을 지키는 데 매우 중추적인 역할을 하고 있다. 타인의 목숨을 책임지는 일을 하기 위해서는 나의 체력 확보가 우선이기 때문이다. 더욱이 남들 쉬는 시간, 주로 휴일이나 야간에 더 많아지는 환자들을 진료, 수술하기 위해서는 내 근육을 유지하는 것이 필수다. 뛰면서 한번 쭉 땀을 빼면 몸속 깊숙이 들어있는 도파민이 저절로 샘솟는다. 누군가 힘을 들이고 땀 흘리며 뛰는지 의아해하면서 그 이유를 묻는다. 그럴 때면 이렇게 대답한다.

"개인주의자인 저와 같은 의사에게 가장 맞는 운동이거

든요. 저 혼자서도 얼마든지 저만을 위한 도파민을 만들어 줍니다. 뛰는 시간 단 몇십 분, 한두 시간 동안 저를 돌아볼 수 있습니다. 무거운 몸을 이끌고 운동화 끈을 매고 뛰러 나가는 그 순간만 어렵지, 막상 뛰기 시작하면 몸속 깊숙이 자리한 도파민은 저절로 나오게 됩니다."

땀이 흐르기 시작하면서 '발이 무겁다'는 생각을 넘어 오히려 몸이 가벼워지기 시작한다. 뛴 거리가 늘어나면서 내가 치료한 환자들, 지금 치료 중인 환자들의 상태가 하나씩 정리된다. 몸에 땀이 흠뻑 젖는 순간에는 앞으로 그 환자들의 치료를 어떻게 할지도 하나씩 떠오른다.

기승 전 환자 생각일지도 모르지만, 뛰면서 나를 한 번 더 돌아 보기도 한다. 어제 내가 한 행동이 다른 사람들 입장에서 어떻게 여겨졌을지, 그 반대 관점에서 내가 상대방이 되었다면 어떻게 반응하였을지도 되돌아본다. 이처럼 뛰는 그 시간 동안 별의별 생각을 다 한다. 물론 뛰는 거리가 늘어날수록 힘들기도 하지만, 그날 내가 목표로 한 거리를 다 완주한 후에는 스스로 대견하게 여기며 한 뼘 더 건강해진 나를 느끼게 된다.

  땀을 흠뻑 흘리고 나서는 뛰면서 떠올랐던 것들을 적어본다. 이는 뛰고 난 후에 하는 나만의 루틴이다. 뛰면서 머릿속에 그려진 것을 하얀 모니터 화면에 하나씩 쓰다 보면 하나의 글이 완성된다. 거기에 때로는 마음속 응어리 가득한 우울함이 묻어 나올 수도 있지만, 대부분은 부족한 나에게 감사와 응원을 전해주는 환자들과 그 보호자들의 이야기로 가득 채워진다. 감사하게도 이런 글들을 읽어주고 공감해주시는 분들이 있어 계속해서 글을 쓰게 된다. 작가 무라카미 하루키村上春樹가 매일 같이 '달리고 글 쓰는 것'을 루틴으로 삼은 이유를 조금이나마 이해할 것 같다.

* * *

  병원에서는 사소한 실수가 때로는 치명적인 결과를 가져온다. 그렇기에 한 명이 아닌 여러 명이 여러 번 체크해야 하고 또한 교육에서는 체계적이고 명확하게 배워야 한다. 따라서 오래전부터 병원 내 교육 시스템은 도제식 교육과 전체주의를 강조하는 것이 당연하였다. 하나씩 옆에서 가르쳐 주고 배우며, 모두가 공통적인 시스템과 기준을 갖춘 전체주의 시스템 같은 모습이 예전부터 내려온 병원의 전형적인 형태였다. 나 또한 20여 년 전, 처음 의사면허를 받고 병원에 들어와 바짝 긴장한 상태로 환자를 보면서 선배님, 교수님들로부터 하나씩 차근차근 배웠다. 그 배움은 내가 있는 조직 모두가 합당하다고 여기는 그것을 기준으로 여기고 모두가 동일시하며 해야 했다.

하지만 지금은 개인이 원하는 것을 전체보다 더 중요시하는 시대로 변하였다. 같은 환자, 같은 질병은 계속되지만, 그 환자를 치료하는 사람들은 점점 변하고 있다. 하지만 각종 기계가 발달하고 의료기술이 좋아지는 것이 개개인의 치료 방향과 진료 원칙에 영향을 주면 안 된다. 직접 가서 환자를 보라는 말을, 현재 새롭게 의사면허를 취득한 의사들에게는 모니터로 환자를 보라는 말로 해석되는 안타까운 결과가 요즘의 현실이다.

나는 군부정권, 독재 시대의 잔재가 남아 있는 90년대에 중·고등학교를 다녔다. 당연히 단체 기합 같은 모두가 함께 해야만 하는 전체주의를 온몸으로 체험하였다. 그래서 소속된 집단에서 튀는 행동은 절대 안 되는 것으로 여기며 커나갔다. 그 모습은 내가 수련을 받았던 20여 년 전 대학병원에도 그대로 남아 있었다. 당연히 개인의 인권이나 사생활을 위해서는 그 전체주의 잔재와 억압적인 도제식 교육은 그리 합리적이지 않다. 하지만 환자들 목숨이 달린 병원에서는 정신을 바짝 차리고 한시도 실수를 용납하지 않는 것이 당연하였다.

하지만 내 몸에 남아 있는 전체주의와 도제식 교육의 잔재와 생각은 최근 90년대 생과 2000년대생을 병원에서 함께 일하는 의료인으로 만나면서 혼란에 빠지기 시작하였다. 사실 혈압이 떨어지고 목숨이 경각에 달린 환자를 위해서는 절대적 복종과 전체주의적 시스템이 필수적이다. 환자 한 명 한 명 모두에게 공통된 기준과 한 치의 실수도 용납하지 않는 곳이 병원이라는 시스템이다. 그래서 그 순간에 일사불란하게 움직이지 않는 단 한 명의 누군가가 보이면 순간 참지 못하는 경우도 있었다.

그렇지만 이런 것은 '시대에 맞춰 변하는 것도 필요하다'

는 사실을 어느 순간 깨닫게 되었다. 매번 느끼지만, '세대가 다른 사람들이 한 공간에서 같은 목표를 가지고 일한다'는 것이 쉽지만은 않다. 그렇지만 그것을 하나로 만들어가야 하는 것이 인생이고 사회다.

현재 나는 '합리적인 개인주의자'로 바뀌었다. 그 변화 속에서도 매 순간 환자 앞에서는 촌철과 같은 냉정함은 잊지 않으려 한다. 다만, 인간관계나 사람들 사이에서는 개인주의자로 살아간다. 더불어 나만의 방법으로 행복을 찾아가기로 결심했다. 그것은 혼자 블루투스 이어폰을 끼고 수십 킬로미터를 달리는 것이 될 수도 있고, 어딘가 훌쩍 떠나는 여행을 통해 충족할 수도 있다.

외과 의사 20년, 외상외과 의사로 15년을 살아가고 있다. 내 안에서 솟아나는 마음으로 지금 이것을 업으로 살고 있고, 앞으로 천재지변이 없는 한 다음 강산이 변하는 시점까지 하지 않을까 조심스럽게 예측해 본다.

우리나라에서 '권역외상센터'라는 개념이 처음 도입된 시점부터 자의 반 타의 반으로 이 일을 시작하였다. 어느 길이든지 남들이 가지 않은 길을 선택한 것은 많은 고난이 있을 수 있다. 로버트 프로스트의 시 〈더 로드 낫 테이큰The Road Not Taken, 가지 않은 길〉에서는 두 갈래 길 중 하나를 선택하는 부분이 나온다. 다시 말해 둘 중 하나를 선택하는 것으로 자신의 모든 것이 바뀌었다는 것을 말한다. 나 또한 나의 선택으로 외상외과 의사의 길을 걷는 중이며, 이 선택이 올바르다는 것을 믿는다.

07

'어쩌다 25년의 인연' 병원 밖 환자들

'너무나 지독한 소독약 냄새.'

이것이 태어나서 처음 경험했던 병원에 관한 기억이다. 어린 시절, 시골에서 자랐기에 가벼운 감기 정도는 차가운 물수건을 이마에 올려놓고, 간단한 시럽 약을 먹고 밤새 끙끙대면서 이겨내곤 하였다.

일곱 살 무렵으로 기억한다. 2~3일간 계속되는 감기, 고열로 집에서는 도저히 안되어 어머니 등에 업혀 읍내 의원에 갔다. 의원 문을 여는 순간부터 어린 내 코를 찌르는 알코올 냄새가 진동하였다. 진료와 주사, 종이에 싼 약은 이내 나의 감기를 좋아지게 해주었다. 감기가 낫는 것은 다행이었지만, 병원이란 곳은 무서운 주삿바늘과 소독약 냄새로 절대 가지 말아야 할 곳으로 각인되었다. 그랬던 탓에 어린 시절에는 병원과 관련된, 특히 의사라는 직업은 내 꿈 목록에 전혀 없었다.

아픈 기억과 더불어 맛있는 음식, 특히 과자에 대한 어린 시절 추억도 선명하다. 수많은 과자 중 직사각형 밀가루 조각, 언뜻 보아서는 무채색 맛이지만 고소하고 담백함이 듬뿍 느껴지는 건빵 맛은 잊을 수 없다. 건빵은 뭐니 뭐니 해도 슈퍼에서 파는 것이 아닌, 군대에서 나오는 것이 제대로 된 건빵 맛을 느끼게 해준다. 내가 군대 건빵 맛을 알게 된 것은 바로 아버지께서 군대에서 받아오신 것이 계기였다. 군대 관련 일을 하시지는 않으셨지만, 자주 군대에 가서 봉사활동을 하셨던 것이다.

어느 날 잠시 어디 다녀온다고 하시고는 머리카락을 자르는 가위 등을 챙겨가셨다. 이용사 일을 부업으로 하시면서 시간 날 때마다 군대 장병들 이발을 해주시고 오신 것이다. 주로 늦은 저녁 시간에 가셨는데, 그날이면 잠을 안자고 아버지보다 군대에서 받아오시는 건빵을 더 반갑게 기다리곤 했다.

시간이 흘러, 내가 성인에 가깝게 나이가 들고 건빵보다 햄버거가 더 익숙해질 시점이 되어보니 어린 시절, 아버지께서 늦은 저녁에 하셨던 군대에서의 이발은 돈을 버는 일이 아니라 봉사라는 것을 알게 되었다. 낮에 일하시고 피곤하신 와중에 왜 다른 사람들을 위해 그런 일을 하셨는지 아직 여쭈어보지 못하였지만, 지금 그 마음만은 어렴풋이 알 듯하다.

***

대학에 들어가서 맞이하는 첫 방학이었다. 1990년대에는 지금처럼 스마트폰, 영상통화는 상상 못 하고 오로지 삐삐 하나로 통하는 아날로그 시대였다. 거창하게 대학생이 되어 맞이하는 첫 방학을 보낼 계획을 이것저것 세워보았다. 그중 하나가 '대학병원에서 하는 농촌 의료봉사 학생 모집'이었다. '봉사'라는 말에 번쩍 손을 들었다. 의예과 1학년, 단 한 학기만 수업하였기에 아직 의학의 '의'도 시작하지 않은 스무 살 대학생이었다. 그래도 뭔가 의미 있는 시간이겠지 싶어 단 하루짜리 의료봉사였지만 가기로 마음먹었다.

방학 중반, 한 무더운 여름날, 의료봉사를 가게 되었다. 태어나서 처음 가는 의료봉사, 내가 가서 할 수 있는 역할이 무엇일지 걱정도 되었지만 무언가를 한다는 것에 내심 기대가 되었다. 무엇보다 실험실에서만 잠시 입었던 가운을 외부에서 처음 입는다는 사실에 더 설레었다.

아침 일찍 병원 의사 선생님들, 선배님들, 학우들과 함께 한 시골 마을로 출발하였다. 한 시간 남짓하여 그곳의 면사무소라는 조그만 건물에 도착하였다. 도착하자마자 우리를 맞이한 것은 그 앞에 죽 늘어서 있는 '긴 줄'이었다. 대부분 할머니, 할아버지들로 구성된 긴 줄이었는데 그것을 보니 처음부터 약간 긴장도 되었고, 그제서야 비로소 의료봉사를 한다는 실감도 나기 시작했다. 아마도 큰 도시, 대학 병원에서 '의사들이 온다'는 말에 다들 새벽부터 나오신 것이라 추측되었다.

도착한 즉시 짐 정리를 하고 각각 할 일을 나누었다. 난 실제 진료하는 곳 옆에서 일하고 싶었지만, 결국 함께 간 선배와 동료에 밀려 출입구에서 접수하고 안내하는 일을 하게 되었다. 아침 일찍부터 오래 기다리셨는지 할머니, 할아버지들께서는 바쁘게 진료받는 곳으로 들어오셨다. 그래서 처음부터 접수하는 곳은 혼잡하였다. 그날은 날씨 또한 무척 더웠는데, 더군다나 긴 팔 가운까지 입고 있어 나뿐만이 아니라 긴 줄을 기다리고 있는 분까지 땀 범벅이 되어버렸다.

사실 내가 한 일을 접수하는 것을 옆에서 도와드리고, 접수를 마치신 분들을 진료하는 곳까지 안내하는 일이었다. 지금이야 온라인 사전 예약, 키오스크가 즐비하여 접수가 쉽지만, 1990년대 시골로 나선 수백 명이 몰리는 의료 봉사 상황에서는 꽤나 중요한 일이었다.

하지만, 온종일 출입구에서 서성이는 내 역할이 내심 탐탁하지는 않았다. 나도 안쪽 테이블에서 진료하는 의사 선생님들 옆에서 돕고 싶었다. 아니면 약봉지를 척척 기계로 찍어내는 약국 쪽 일도 좋아 보였다.

그러나 어찌할 수 없는 운명으로 계속하여 새치기하는 사람들이 없도록 순조롭게 육백여 명의 환자분들의 줄을 세우고 들어가게 하는 일을 담당하였다. 한참 해가 내 머리 위 어디쯤 있을 시간, 진료를 마치고 약봉지를 들고 나서는 어느 할머니와 눈이 마주쳤다.

"선생님, 감사합니다!"

그분은 행복한 웃음을 지으며 이렇게 말씀하시면서 정중하게 머리 숙여 인사하셨다. 그 말을 듣는 순간, 처음에는 어떻게 해야 할지 몰라서 그 할머니께 안녕히 가시라는 말과 함께 꾸벅 고개를 숙였다. 그리고 그 잠깐 머릿속에서는 많은 생각이 교차했다. 의사가 아닌 가운만 입은 의대생에 불과한 내가 이런 인사를 받아도 되는가 싶기도 했다. 그 할머니를 보니 몇 해 전에 돌아가신 친할머니 생각도 났다. 생전에 할머니도 여기저기 편찮으시면 먼 곳 병원에 한 번 가시려고 고생하셨던 모습이 머릿속을 스쳐 지나갔다.

의료봉사가 모두 끝나고 집으로 돌아오는 동안에 나의 머릿속에는 계속 그 할머니의 미소가 그려졌다. 지금이야 조금이라도 아프면 시골이라도 자차로 1시간 이내로 진료를 받을 수 있는 세상이 되었다. 일부 섬마을이나 오지에는 지금도 의료봉사를 갈지 모르겠으나, 1990년대였기에 가능하였던 나에게 소중한 추억이자 경험이었다.

대학교 1학년, 스무 살에 가운을 입고 처음으로 받은 행복한 인사, 어린 시절 건빵을 기다리며 조금씩 알아가는 아버지의 마음을 알아가는 그것. 그 모든 것이 모여 지금의 나를 있게 했다. 무엇이든지 시작이 중요한 것처럼, 누군가에게 베풀고 감사함을 몸으로 느낀 그러한 기억은 내 마음 깊숙이 자리 잡았다. 그래서인지 내가 주로 있는 곳의 환자들뿐 아니라 병원 밖 환자들도 바라보는 일을 여전히 하고 있다.

* * *

내가 살아온 길지 않은 시간 중 절반 넘게 이어진 인연이 있다. 나 스스로 선택한 '어쩌다 25년' 인연인 곳을 다녀왔다. 바로 '희망진료소'라는 곳이다. '의료 서비스 사각지대에 놓여 있는 대전역 인근의 노숙인과 쪽방 생활인 등 의료 소외계층'을 위한 공간이다. 처음 시작한 1999년에는 지하 공간에서 바구니와 간이 책상 몇 개로 시작하였지만, 지금은 어엿한 진료실 책상, 약 조제실까지 갖춘 공간으로 변했다. 번듯한 도심의 의료기관 만은 못하지만, 열정을 가진 봉사자들과 늘 정성을 다하는 상주 직원들의 마음만은 어느 의료기관에 견주어도 손색이 없다. 물론 이 공간에 내가 직접 가더라도 아주 작은 도움밖에 드리지 못한다. 두세 달에 한 번씩 직접 가서 진료를 하는데, 여러 선생님들과 자원봉사자들, 내가 오래전 했던 것 같이 학생들이 함께 힘을 더해 잘 운영되는 중이다.

멋모르던 의과대학 시절, 처음 시작했던 기억이 지금도 생생하다. 약통이 가지런히 담긴 바구니가 놓인 책상 주위로 나와 몇몇 학생들이 모여 있고, 거기서부터 몇 미터 떨어진 곳에는 의학과 선배가 예진하고 있다. 청진기를 귀에 꽂고 수은혈압계로 능숙하게 혈압 재는 모습을 지켜보면서 '과연 몇 년 뒤 내가 할 수 있을까?' 싶기도 했다. 차트에 각종 의학용어를 술술 적어 예진하는 모습이 너무나 멋있어 보이기까지 했다. 본과 학생이 예진하고, 이어서 선생님께서 본 진료를 하신다. 마지막은 나와 같은 1~2학년 학생이 약을 지었다. 이 모든 진료 과정을 총괄하시는 선생님의 지도, 감독 하에 이루어진다. 최근 약사 선생님들까지 이곳 희망진료소에 참여하여 보다 체계적이고 효율적인 의료를 제공하고 있다.

그날도 미약하지만 내 능력을 나누러 갔다가 더 큰 것들을 감사히 배우고 왔다. 평일 저녁 시간 편히 집에서 쉬고 싶기도 했지만, 역시나 '남을 위해 무언가 해줄 수 있다'는 것만으로도 보람이고 나 자신이 살아있다고 느낀다. 언제나 이곳에 들러 몇 시간이 지나고 나면 책에 나오지 않는 무언가를 많이 배우고 돌아온다.

내가 한 것은 "감기에 따뜻한 물 많이 드세요." "혈당, 혈압이 잘 조절됩니다." "안녕히 잘 들어가세요"라고 말씀해 드리며 전과 동일한 약을 처방하는 것이 전부다. 그런데도 진료를 받으시고는 항상 감사의 말과 함께 나를 향해 92도 각도로 인사해 주시곤 한다.

20년이면 강산이 두 번이 변하고 대통령도 서너 번 바뀌었다. 처음 이곳에 발 내디딘 후 대전역 인근도 많은 변화가 있다. 대전역사가 더 크고 웅장하게 변했지만, 오히려 주변 쪽방촌은 더 열악해졌다. 하지만 이제 세금이 제대로 쓰이게 된다는 반가운 소식이 들린다. 바로 대전역 쪽방촌 도시재생뉴딜 사업이다. 이전 희망진료소 자리를 포함한 인근 건물이 허물어지고, 새로운 건물이 들어설 예정이다. 다음 강산이 변해도 내가 하는 이 활동은 계속 이어지지 않을까 조심스레 예측해 본다.

　나야 조그마한 도움밖에 드리지 못 하지만, 사회 모두가 한 번쯤 이곳에 찾아오는 이들을 줄이는 대안을 함께 고민했으면 좋겠다. 대전역 인근 도시재생뉴딜 사업이 건물 짓는 것에서 끝나지 말고, 의료 서비스 사각지대에 있는 의료 소외계층까지 줄여주기를 기대하게 된다. 정상적인 사회, 사회 지도층이라면 본인들만의 이익을 먼저 찾으려 하지 말고, 오늘 내가 다녀온 이곳같이 도움이 필요한 사람이 없기 위한 대안을 먼저 찾아야 한다. 나는 언제나 병원 밖 환자가 없는 세상을 꿈꾼다.

II

나를 성장하게 한 것은
오로지 사람이었다

01

고추 심던 아들,
고춧가루 같은 사람이 되다

"그 아이, 아들이 치료했지?"

"… 어, 아들이… 잘 치료하고 있어."

오랜만에 어머니와 통화하는데 첫마디에 말문이 막혔다. 마음 같아서는 자신 있게, 구체적으로 무용담처럼 이야기해 드리고 싶었다. 하지만 아직 이곳에 온 지 2~3일밖에 되지 않은 어린아이, 중환자실에서 인공호흡기에 의존하여 치료 중인 불안정한 상태의 일곱 살 아이를 잘 치료하고 있다고 확신에 찬 대답을 할 수는 없었다.

외상외과 일을 하면서 나름의 철칙은 '절대로 환자에 대한 자신, 자만을 하지 말 것'이다. 더불어 다른 사람에게 환자 이야기를 섣불리 하지 않는다. 보호자에게도 자신감을 보이기보다는 조심스럽게 단지 '최선을 다하겠다'고만 말을 더한다. 특히 치료 초기 며칠 사이에 갑자기 어떤 상황이 일어날지 모르기에 더더욱 그러하다.

물론 외상외과 의사 아들을 두셨기에 어머니는 뉴스에 나오는 큰 사건, 사고에 나만큼 민감하셨다. 그런 사고로 환자가 발생한 뉴스가 나올 경우, 어머니께서는 사고 발생 지역이 아들이 일하는 반경을 따져보셨을 것이다. 그 안에 아들이 일하는 권역외상센터가 있으면, 이곳으로 이송되어 아들이 고생하면서 치료한다고 아신다. 그런 환자를 치료하는 아들이 대견한 것과 동시에 고생할 것이라는 사실에 안타까워하셨을 것이다. 이처럼 어린 시절이나 지금이나 부모님은 사랑과 걱정으로 나를 대하시지만, 점점 걱정보다는 대견한 마음이 커지시리라 여긴다.

***

오랜만에 함께 병원서 근무하는 25년 지기 친구와 점심을 먹게 되었다. 비도 오는 날이라 둘 다 짬뽕을 시켜서 맛있게 먹으면서 이런저런 지난 일에 관해 이야기했다. 얼큰한 짬뽕 국물을 먹다 보니 칼칼한 맛을 내는 고춧가루가 눈에 들어왔다. 이를 보고 있으니 어렸을 적 집 안 구석구석, 비닐하우스 등에서 코를 찌르는 고추 말리는 냄새가 그리 좋게만 느껴지지는 않았던 기억이 머릿속을 스쳤다.

벌써 30여 년 전의 일이다. 한여름에서 가을로 넘어가던 때, 고추밭에서 딴 고추를 말리기 위해 햇볕이 잘 드는 곳에 펼쳐 놓곤 했다. 비가 오면 집 안 여기저기에서 고추를 말리는 냄새가 났다. 그 아릿한 냄새는 나의 코와 눈을 자극하여 찔끔 눈물이 나고 코끝이 시큰해지곤 했다. 지금도 시골에서 이런저런 농사를 지으시는 부모님을 떠올리면, 농사를 거들던 지나간 어릴 적 기억이 새삼 떠오른다.

부모님은 벼농사를 비롯하여 여름에는 고추를 비롯하여 다양한 밭농사를 주로 하셨다. 늦가을에서 겨울 동안은 마늘을 심고, 이어서 바로 비닐하우스에서 달래를 키우며 힘들게 일하셨다. 이 중에서 고추 농사는 초등학교, 중학교에 다니던 시기의 어린 딸과 아들에게 손을 빌릴 수 있는 농사 중 하나였다.

고추 농사는 마치 자식을 키우는 것과 흡사하다. 처음에 고추 씨앗을 따뜻한 비닐하우스에서 싹을 틔워서, 모종이 어느 정도 크면 넓은 바깥세상인 밭으로 옮겨서 키운다. 이는 마치 엄마 품에 있는 아이를 키워 본격적으로 학교나 사회로 나아가는 과정과 닮았다고 여겨지곤 한다. 이어 무럭무럭 자라나는 고추 모종이 커서 꽃을 피우고 열매인 고추가 열려 초록색의 고추가 어느덧 빨간 고추로 변해가는 것은, 지금의 나처럼 사회의 한 축으로서 커가는 과정과도 같다. 빨간 고추를 따서 말리는 과정을 거치고 그것이 결국 고춧가루가 되어 음식에 감초 역할을 하는 것은, 어찌 보면 역경을 거쳐서 자신만의 자리에서 확고한 자리를 잡고 인생의 황금기에 사회의 핵심 역할을 하는 모습과도 닮아 있다.

어린 시절, 나에게 비친 매년 반복되는 고추 농사는 힘들게 다가오는 노동의 시간이었지만, 부모님에게는 자식들을 키우기 위한 하나의 디딤돌이었다. 초봄 비닐하우스

한구석에 고추 모종을 키우기 시작하고, 그 모종이 어느 정도 자라나는 5월 초면 그것을 본격적으로 자라날 밭으로 옮겨 심는 과정이 시작된다. 이때가 어린 아들의 작은 손을 빌릴 수 있는 가장 좋은 시점이다. 기계를 이용하여 밭을 고르고 이랑을 만든 다음 여름 한 철 고추가 잘 자랄 수 있는 비닐을 씌우기 시작한다. 지금이야 비닐 씌우는 기계까지 나와서 쉽게 한다지만, 당시에는 비닐이 감긴 통을 막대에 끼고 이랑 위에서 멀찌감치 당긴 다음 양쪽에서 고랑의 흙을 쌓아 덮는 것을 반복하였다. 길고 긴 고랑의 일을 어렵게 끝내고 나면, 다시 또 옆에 또 다른 긴 고랑이 있고…. 길고 긴 일이 늘 끝없이 이어지는 느낌이었다.

비닐하우스 안에서 튼튼히 자란 고추 모종을 본격적으로 바깥세상의 넓은 밭으로 옮겨 심어야 한다. 고추가 심어질 예정인 넓은 밭을 고른 후, 효율적으로 고추를 키우기 위해 비닐로 흙을 덮어준다. 비닐 위로 아버지께서 고추 모종이 자리 잡고 자라나갈 자리에 구멍을 일정한 간격으로 하나둘씩 뚫어 놓으시면, 그다음이 나의 본격적인 차례다.

어린아이에게 힘에 부칠만한 커다란 물뿌리개에 물을 가득 담아 그 구멍 하나하나에 일정량의 물을 넣어주어 어린 고추 모종들이 처음에 뿌리를 쉽게 내리도록 도와준다. 모종판을 조심스레 들고 모종 하나하나를 물을 흠뻑 주고 난 다음, 구멍마다 사뿐히 넣어준다. 물을 넣어줄 때나 모종을 하나씩 구멍에 넣어줄 때마다 허리를 굽혔다가 다시 세우기를 반복하는 일이야말로 어린 나에게는 어지간히 고역이 아닐 수 없었다.

다음은 어머니 차례였다. 고추 모종이 구멍 속의 밭에 잘 자리 잡게 흙을 듬뿍 덮어주는 '북주 것'을 마지막으로 고추 모종 하나하나가 한 해를 커나갈 자리를 완전히 자리 잡게 되었다. 어린 나의 허리와 팔과 다리가 아파질 때쯤 어머니가 가져오시는 새참은 다시금 일할 힘을 다시 북돋게 해주었다. 힘들지만 밭에서 온 가족이 모여앉아 먹는 새참의 맛은 지금도 아련하고 따뜻한 기억으로 가슴에 남아 있다.

어린 딸과 아들의 손들이 모여 조금이라도 도움이 되어 넓은 밭에 고추 모종이 하나둘씩 심어져 해가 뉘어질 때면,

어느덧 온 밭 가득 모종들이 각자 제자리를 꼿꼿이 자리를 잡았다. 무럭무럭 자라는 고추들은 한여름을 지나면서 쑥쑥 크고 꽃을 피우며 열매를 하나둘씩 맺어간다. 때로는 비료가 힘을 보태주고 나쁜 병균이 자라면 농약도 뿌려준다. 그때마다 나의 어린 손으로 작지만 부모님께 도움을 드렸다.

커가는 고추나무가 비바람에 쓰러지지 않게 고춧대를 세우고 줄을 얼기설기 엮어준다. 멀리 타지로 고등학교 때부터 유학을 보낸 부모님이 나를 사랑과 걱정으로 감싸주시던 기억은 방황하던 나에게 이러한 고춧대와도 같았다.

빨갛게 익은 고추를 하나하나 정성스레 따서 말리는 마지막 과정이 남았다. 어머니께서는 허리를 굽히고 큰 고추나무 사이사이를 다니며 하나씩 따서 모아 여기저기 고추를 말리셨다. 그렇게 만들어진 고추는 곱게 빻아서 우리네 식탁으로 올라갔고 대부분은 어디론가 팔게 되어, 그렇게 얻은 돈은 내 성장의 거름이 되어 주었다.

중학교에 입학하여 첫 중간고사를 앞둔 일요일이었다. 건강하게 자란 고추 모종, 미리 전날 부모님께서 비닐을 다

씌워놓은 고추밭. 나도 마음속으로는 중간고사가 걱정되었지만, 고추 모종을 심는 나의 역할이 있었기에 밭으로 가야 할 마음의 준비를 하였다. 하지만 부모님께서는 이렇게 말씀하셨다.

"아들아, 내일이 시험이니 오늘 고추는 엄마, 아빠가 알아서 심을 거야. 그러니 너는 집에서 내일 시험공부 열심히 하렴."

집에 고추를 심은 다음 날부터 삼 일에 걸쳐 중학교 첫 중간고사를 봤다. 나는 시골 조그마한 초등학교에서 읍내의 한 학년이 삼백 명이 넘는 중학교로 진학한 이후 첫 중간고사에서 전교 1등을 했다. 그해 우리 집 고추 농사는 어느 때보다 풍년이 들었다.

친구와 점심 식사 이후 계속 '고춧가루'가 나의 머릿속에 맴돌았다. 오후 회진에 며칠 전 수술하고 많이 좋아진 환자의 이 사이로 고춧가루 하나가 눈에 들어왔다. 마음속으로

'저 고춧가루는 우리 부모님이 작년에 농사지은 고추에서 나온 고춧가루일지도 모른다'는 생각이 들었다.

외상외과 의사는 이 사회에 고춧가루 같은 존재가 아닐까 싶다. 그날 내가 먹은 짬뽕처럼 빨갛고 매콤한 고춧가루가 들어가야 짬뽕 맛이 두 배가 된다. 아울러 요리 여기저기에도 고춧가루를 팍팍 넣어줘야 음식 맛이 살아난다. 이 사회는 고춧가루 같은 외상외과 의사라는 존재를 잊지 않았으면 한다.

평상시 누구든지 모르고 필요성을 못 느낀 채 단지 드라마에서만 보는 존재로 여기는 외상외과 의사. 음식에 고춧가루가 없다는 상상만으로도 아찔하지만, 정말 필요한 순간 못 만나는 외상외과 의사는 하나뿐인 목숨이 달린 문제인지라 이에 비할 수 있을 것이다. 부모님의 사랑은 고춧가루처럼 이 사회에 꼭 필요한 외상외과 의사로 나를 성장하게 했다.

"어머니 아버지, 아니 엄마, 아빠! 고춧가루처럼 필요한 사람으로 아들을 키워주서서 진심으로 감사합니다."

무럭무럭 자라나는 고추 모종이 커서 꽃을 피우고 열매인 고추가 열려 초록색의 고추가 어느덧 빨간 고추로 변해가는 것은 지금의 나처럼 사회의 한 축으로서 커가는 과정과도 같다. 빨간 고추를 따서 말리는 과정을 거치고 고춧가루로서 음식에 감초 역할을 하는 것은 어찌 보면 역경을 거쳐서 자신만의 자리에서 확고한 자리를 잡고 인생의 황금기에 사회의 핵심 역할을 하는 모습처럼 느껴진다.

02

환자가 이겼다!
위닝의 또 다른 의미

"위닝합시다!"

교수님께서 옆에 있는 전공의 선생님에게 말씀하신다. 호흡기 내과 회진이다. 20년도 더 지난 의대생 시절, 의학의 ㅇ 밖에 모르던 터라 졸린 눈을 간신히 크게 뜨고 교수님을 졸졸 따라다니는 아침 회진을 하고 있다. 이른 아침 출근이라고는 하지만 아침 7시에 다들 모여 콘퍼런스를 하고 차트, 엑스레이 등을 보며 환자에 대한 브리핑과 토의를 한다. 학생 신분이기에 이른 아침 출근, 회진이 익숙하지 않다. 전날 혹시 술이라도 한 잔한 날이면 회진이 너무 힘들다. 당시는 환자의 상태가 한 장 한 장 필름 사진으로 있을 시기였다. 이런 환자의 흉부 사진을 보고 난 후 본격적인 회진이 시작된다.

이제 중환자실 회진 차례다. 인공호흡에 의존한 채 입안에는 기도삽관이 되어있는 환자들이다. 여기 중환자실에는 다양한 질환의 환자가 여러 명 있다. 방금 콘퍼런스에서 본 사진들이 어느 환자였는지 당시의 나는 당연히 분간되지 않는다. 환자, 엑스레이 사진, 혈액 검사를 모두 각각 환자에 매칭하여 환자 앞에서 상의하는 모습이 신기하기만 하였다. 교수님을 비롯하여 전공의 선생님들 여러 명, 주위에 나를 포함한 의대생까지 예닐곱 명이 한 환자를 바라보고 있다. 그나마 가장 상태가 나아 보이는 환자다. 의식도 있어 보이고, 눈도 뜨며 앞에 우르르 있는 의료진들을 또렷이 보고 있다. 인공호흡기 상태, 모니터, 청진까지 마친 후 교수님께서 옆에 전공의 선생님께 말씀하신다.

"위닝합시다!"

이렇게 말씀하시고 다음 환자로 잽싸게 회진을 이동하신다. 조금 전 이 환자 청진기를 통해 들린 환자 호흡음 소리가 어땠는지는커녕, 현재 인공호흡기가 어떤 산소 농도, 어떤 단계인지도 정확히 모른다. 나는 그저 실습하는 학생에 불과했었으니까. 하나씩 알아가면서 보고 배우기 위한 실습 과정이니까 말이다. 이른 아침 출근하며 몸에 부지런함을 배게 하는 과정이다. 단지 교수님과 전공의 선생님들의 자세, 발걸음, 말한마디 하나라도 더 듣고 배우고자 노력하였다.

그날 회진에서 알게 된 한 가지 단어가 있다. 단어 하나가 정확히 들린다. 그것은 흐릿하지만 귀에 쏙 들어온 한마디, 바로 '위닝'이었다.

강의실 수업과 두꺼운 내과 교과서에 분명히 나와 있는 단어였으나 아직 초짜 의대생, 의사면허도 없는 나였기에 당시의 나는 오판을 하였다. 내 머릿속에 들어있는 영어 사전 검색에 들어간다. 이미 회진하면서 단어 듣기를 하였고, 방금 들은 단어는 분명 '위닝Winning'이 맞다고 확신하였다. 혼자서 추측하고 상상하면서 아마도 교수님과 전공의 선생님들이 서로 말하는 암호라고 단정 지어버렸다.

위닝? 이긴다?

'이제 이 환자는 이긴다. 즉 좋아진다는 말이구나!' '이렇게 병원에서 교수님과 선생님들 사이에 암호 같은 말도 주고받는구나!'라고 생각하며, 마음속으로 웃었다. 동시에 그 환자의 상태가 호전된다는 생각에 나도 덩달아 기분이 좋아졌다. 회진이 끝나고 함께 회진한 친구에게 물었다.

"너도 들었지? 위닝?"
"환자가 이긴 것 맞지?"

친구는 한참을 웃더니 나에게 다시 가르쳐 주었다. "그것은 위닝Winning이 아니라 위닝Weaning이야! 인공호흡기, 기계 환기를 환자에게 벗어나게 해주는 것을 의미해!"

아차 싶었다. 얼마 전 수업 시간에 꾸벅 졸면서 들었던 기억이 난다. 두꺼운 교과서 어딘가에서 본 단어가 떠올랐다.

***

아이를 키우면서 여러 단계의 고난이자 동시에 기쁨, 신비로운 과정을 겪었다. 그중 하나가 이유식을 시작하는 단계였다. 오로지 분유 병으로 액체만을 먹던 아기가 차차 음식이란 것을 먹기 시작한다. 처음에는 아주 고운 죽, 미음 같은 것이지만 차차 이빨도 나면서 고형물, 밥으로 점차 넘어가는 과정인 이유식을 시작한다.

이유식을 만드는 과정은 정말 힘들었다. 모든 재료부터 요리 과정까지 '어린아이가 먹는다'는 생각에 정성을 들였다. 물론 지금 다시 그 이유식 과정을 거치라면 당연히 못한다고 말하겠다. 대신 이유식 배달을 당당히 선택하겠다. 여기서 이유, 위닝Weaning이 나온다. 쉽게 말해 젖을 떼고 음식으로 영양물을 공급해 주는 단계 변화를 말한다. 이러한 의학용어가 또 다른 의미인 위닝Weaning인 인공호흡기, 기계 환기에서 벗어나게 하는 과정을 말한다. 어린아이가 이유식을 시작할 때 갑작스럽게 모든 분유를 중단하는 것이 아니라, 분유와 이유식을 점차 줄이며 늘리는 과정을 거치는 것과 같다.

이렇게 의과대학 6년간 책과 씨름하고, 병원 실습을 하면서 실제 몸으로 위닝Weaning을 배우고 커나가면서 의사가 될 준비를 한 것이다. 그날 나는 단지 인공호흡기를 환자에게 떼어내는 과정과 더불어, '어떻게 하면 환자가 이겨낼 수 있다는 것'도 함께 배웠다. 그것은 마치 갓난아기가 커나가면서 스스로 젖병을 떼어내고 이유식을 먹기 시작하는 것과 같은 이치라고 할 수 있다.

* * *

외과전공의 과정은 고난의 연속이었다. 물론 외과전문의라는 자격을 가지고 일하며 환자를 책임질 능력을 키워주신 그 과정과 더불어 스승님의 도움은 지금의 나를 있게 했다. 2000년대 중반 내가 겪은 4년간 외과전공의 과정은 도제식 교육으로 선배 전공의 선생님들, 교수님들께 하나씩 배우면서 성장하였다. 그중에서도 가장 중요한 시기는 외과 4년 차 전공의, 치프라고 부르는 과정이다. 교수님 바로 아래서 모든 수술의 전반적인 수술 제1 조수, 즉 교수님을 도와 수술을 모두 담당한다. 또한 아래 연 차 전공의 선생님들과 함께 병동의 백여 명의 환자 모두를 관리하며 야간, 주말 응급수술을 해야 한다. 힘들지만 보람도 컸고 마지막 외과전문의가 되는 과정이라 여기며 그 기간을 보냈다.

의대 4년 차 어느 여름날, 교수님과 함께 수술실에서 대장암 수술을 하고 있었다. 치프의 역할은 사전에 환자 상태, 수술 전 검사를 다시 체크하고 수술 중간에 빠지는 부분이 없게 교수님을 지원하는 것이다. 가상으로 내가 이 환자 수술 집도의라면 어떻게 수술할 것인가에 관해 시뮬레이션도 한번 해본다.

오후 늦은 시간까지 수술은 이어지고 있었기에, '빨리 이 수술을 마무리하고 병동 환자들 회진을 하고 허기진 배를 채우고, 미처 마무리하지 못한 논문까지 써야 한다'는 생각에 머리가 복잡한 상황이었다.

45세 환자, 대장암으로 복강경을 이용하여 우측 대장 절제 수술을 하고 있으며, 암이 있는 대장 절제와 남은 소장과 대장 문합을 무사히 마쳤다. 다음 과정은 교수님은 나가시고 치프인 내가 남은 수술 과정을 마무리하며 환자가 마취가 잘 깨어나는지 확인하면 된다. 물론 이 환자가 회복실을 거쳐 병실로 이동하면 한 번 더 상태를 살펴봐야 한다.

"환자 자세를 바꾸고, 복강경 카메라는 우상복부로 비추세요."

순간 얼어버리면서 기운도 확 빠져버렸다. 도저히 이해가 되지 않았다. 내가 예측한 수술 과정과 전혀 다른 상황이 펼쳐지고 있었기 때문이었다. 치프인 나는 외부 일들과 전날 야간 수술부터 그때까지 이어진 강행군으로 몸은 천근만근이었다.

이 환자는 수술 전 CT 검사에서 대장암과 동시에 간에 다발성 전이가 의심되었다. 실제 카메라로 보이는 환자 간 표면에는 간에 전이된 수많은 암덩어리가 보였다. 이론적으로 간을 다 없애버릴 수 없기에 간 표면에 작은 덩어리들을 어찌할 방법은 없다. 정말 운이 좋아 아주 작게, 절제가 가능한 간 일부에만 전이가 된 경우에는 대장암 수술과 동시에 간절제를 함께 하기도 한다.

이미 환자 우상복부, 간을 비추는 복강경 카메라를 따라 교수님은 부지런히 수많은 간 종양들을 어떻게든 떼어내고 있다. 복강경 기구를 이용하여 떼어낼 수 있는 것은 떼어내고, 너무 작은 것들은 전기소작을 하여 없애버리려 노력하신다. 그 모든 과정이 끝난 후, 교수님의 마지막 한마디.

"내가 할 수 있는 것은 다 했다."

이렇게 말씀하시고 수술실을 나가신다. 남은 마무리는 치프인 내가 한다. 그러나 실제 그날 너무나 피곤한 나머지 아쉽게도 도무지 수술이 왜 길어진 것인지는 정확히 이해하지 못하였다.

수술을 진행하고 수년이 흐르고 내가 전문의로서 이런저런 환자들의 수술 집도의도 하며, 최종 책임지는 역할을 하는 과정에서 갑자기 그날 수술실 상황이 떠올랐다. 어렴풋이 기억나는 복강경 수술 모니터로 보이는 환자 간 표면은 마치 총알을 여기저기 맞은 과녁과도 같았다. 그것이 무엇을 의미하는지 이제는 어느 정도 알 수 있다. 더불어 환자에게 할 수 있는 모든 것을 하신 교수님의 진심을 그제야 알게 되었다.

오래전 졸린 눈을 비비며, 위닝이라는 단어 뜻도 가물가물하던 학생에서 시간이 흘러 지금은 환자를 책임지고 치료, 수술하는 외과 의사, 외상외과 의사가 되었다.

* * *

나를 지난 2~3주 동안 애태우고 고생시켰던 중환자실 환자 상태가 아주 좋아졌다. 인공호흡기를 언제 제거할지 고민할 시점이다. 오래전 스승님들께 배웠던 그 자세, 환자를 위해 더 무언가를 해줄 것이 있는지를 한 번 더 고민한다. 중환자실 환자 침대 바로 옆에서 환자 몸을 머리부터 발끝까지 또 살펴본다. 마치 그날 수술실에서 간 표면에 모든 것을 없애려고 노력하시던 교수님의 마음도 한 번 더 떠올려본다. 지금도 중환자실에서 인공호흡기를 통해 오랫동안 치료하던 환자가 호전되어 마음속으로 인공호흡기의 제거 시점을 생각하면 언제나 그날의 기억이 떠오른다.

'이제 이 환자는 위닝하니까 이기는 것이다.'

'환자가 이겼다! 환자가 인공호흡기를 이겨내서 살아나는 것이다.'

언제나 내 마음속에는 두 단어가 하나로 붙어있다.

Weaning위닝 = Winning위닝

그렇다고 항상 환자와 내가 모든 것을 꼭 이겨낸다고 믿지 않는다. 단지 이기는 길을 함께 찾아간다고 여긴다. 그런 마음으로 오늘도 환자 옆을 지켜준다. 환자가 인공호흡기를 떼고 스스로 기침을 시작하면 환자에게 기쁜 마음으로 말한다.

"저희가 위닝(인공호흡기를 떼어냄)한 것이 아니라, 환자 스스로 상황을 이겨내신 것입니다!"

"환자가 이기셨어요!"

그날 나는 단지 인공호흡기를 환자에게 떼어내는 과정과 더불어, '어떻게 하면 환자가 이겨낼 수 있다는 것'도 함께 배웠다. 그것은 마치 갓난아기가 커나가면서 스스로 젖병을 떼어내고 이유식을 먹기 시작하는 것과 같은 이치라고 할 수 있다.

03

수학문제 풀 듯 다양한 접근법, 환자 문제 풀이

고3 수학 수업 시간 때의 일이다. 수능 준비에 빠듯한 진도와 획일적인 풀이법을 설명하기에도 시간은 늘 부족한 상황이었다. 수험생에게는 잘 어울리지 않는 수업 방법일 수도 있다. 하지만 수학 선생님께서는 학생들에게 항상 또 다른 풀이법에 관해 교단 앞으로 나가서 직접 설명할 기회를 주셨다.

"이 문제를 다른 방법으로 풀 사람, 나와서 칠판에 풀어보세요!"

그날 머릿속에 번뜻 떠오르는 아이디어가 있어서 칠판 앞으로 당당히 나갔다. 옆에서 나와 같이 또 다른 방법으로 고민하던 짝꿍인 광수도 같이 말이다. 분필을 들고 문제에 나온 그림과 다른 방향에서 바라보는 그림, 또 다른 직선을 그려 나만의 방법으로 문제를 풀었다. 선생님께서는 우리 둘의 풀이법을 칭찬하셨고, 여기에 더해 더 쉽게 푸는 법을 알려주셨다. 정확히 28년 전 수업 시간이지만 나의 뇌리에 정확히 뿌듯하고 행복했던 기억으로 남아 있다.

***

매일 보는, 머리부터 몸속 여기저기에 피가 나고 팔다리가 부러진 중증외상 환자가 여기 있다. 이 환자는 단순히 출혈 부위만 해결하고 뼈만 고정해선 안 된다. 바로 뒤따라오는 여러 합병증, 즉 폐렴, 패혈증 등을 해결해야 비로소 건강을 되찾게 된다. 역시나 문제 하나를 해결하면 또 다른 문제가 발생한다. 교과서에 나와 있는 모든 합병증이 생기고 있다. 불현듯 25년 전 고3 시절, 어려운 수학 문제를 두고 고민하다 새로운 풀이 방법을 생각해 내 칠판 앞으로 걸어 나가던 심정이 떠올랐다. 혼자서는 도저히 어려운 문제가 안 풀릴 때는 짝꿍 광수와 머리를 맞대고 더 좋은 방법을 찾아내곤 했다.

의학에서도 마찬가지로 두꺼운 교과서에는 치료 방법, 약, 검사 등 누구나 다 아는, 혹은 의료진들이 생각하는 데에 모범 정답은 있다. 하지만 이런 방법으로는 도저히 환자의 문제가 해결되지 않고 상태가 미궁으로 빠지는 경우도 생긴다.

선생님께서 알려주신 방법을 떠올린다. 새로운 선을 하나 그리거나 도형을 거꾸로 바라보는 심정으로 이 환자를 다시 바라본다. 수학 문제 풀이 시작은 기본 공식, 개념이라는 것처럼, 내 앞에 있는 이 환자에게 생긴 처음 문제부터 하나씩 다시 되돌아보고 지금 상태에 맞는 약물이나 또 다른 치료법을 고민하기 시작한다.

이제는 수학 문제를 풀었던 마음으로 지금 환자 문제를 풀어내려고 노력한다. 환자 몸에는 수학 문제가 여기저기 쓰여 있다. 중환자실에서 일주일째, 몸 이곳저곳 관을 달고 인공호흡기에 의지한 채 있는 환자가 있다. 들쑥날쑥한 혈압, 간 수치와 신장 수치도 정상치를 훌쩍 벗어난다. 가슴과 배의 큰 수술이 마무리되었으나 아직 팔다리 수술은 남겨져 있다. 모니터에 보이는 환자의 폐 사진에는 지저분하게 뿌연 색이 몇몇 군데 보인다. 여기까지가 환자에 대한 기본 정보, 즉 수학 문제가 종이에 적힌 것과 같다. 이것만으로 문제를 풀어낼 수 있다면 대단한 실력자가 될 수 있겠지만, 나는 아직 그 정도의 실력이 안 된다고 여기기에 한 시간 전에도 직접 환자를 진료하러 중환자실에 갔다. 하지만 다시 한번 보러 간다.

중환자실 침대에 누워있는 환자 다리 끝자리에 선다. 환자 머리 위에 있는 모니터 위에 초록, 노란, 파란색 숫자, 그래프 모양부터 신중하게 바라본다. 왜 이 환자에게서 저 숫자가 나오는지 한 번 더 궁리한다. 이제는 환자 몸을 또 보고, 몸 여기저기에 내 손과 청진기를 가져가 본다. 몸에 달린 관에서 나오는 액체의 양, 색깔도 한 번 더 확인한다. 차디찬 중환자실 문을 들어서기 전에는 답답하고 도무지 해결 방법이 떠오르지 않았다. 무겁고 속이 타들어 가는 마음을 간신히 다잡고 중환자실 문을 열고 이곳에서 환자를 삼십여 분간 보고 또 보며 고민하였다.

그제야 수학 문제가 풀리듯, 이 환자 문제의 실타래가 하나씩 풀리는 느낌이다. 추가적인 약이나 혹은 미처 생각하지 못하였던 상처 부위도 한번 드레싱한다. 인공호흡기 기계의 숫자도 바꾸어 환자가 더 편하게 숨을 쉬고 폐가 빨리 좋아지게 도와준다. 약 하나, 드레싱 한 번으로 환자의 완쾌를 바랄 수는 없지만, 엉킨 실타래를 풀어가는 데 분명 도움이 된다.

지금이야 대학병원이 전문의 중심 병원을 다들 지향하기에 전문의들이 주말, 야간에도 진료를 본다. 하지만 2000년대 중반 무렵의 휴일에는 전공의들만 병원을 지키곤 했다. 당시 일요일 오전이면 항상 청바지 차림의 편한 복장을 하시고 병원에 조용히 나타나시는 교수님이 계셨다. 일요일에도 환자들 상태를 직접 보시고 회진하시는 교수님의 모습이 지금도 기억에 생생하게 남아 있다. 전공의들도 휴일에는 당직자들만 남아 있고 환자들도 의사도 조금 여유를 즐기고픈 시간이다.

하지만 일부러 병원에 오시는 교수님은 환자를 한 번 더 회진하시면서 다시 한번 환자의 질문도 받아주시고 상태를 챙기신다. 직접 한 번 더 보면서 환자 문제를 풀어주시려는 모습이다. 일요일에 청바지 입은 교수님과 환자들 사이에서는 평일에 풀지 못한 더 많은 문제가 풀려버린다. 이를 통해 환자와 담당 교수 사이의 신뢰가 커지고 동시에 그 환자들은 더 빨리 회복하는 모습을 보였다.

시간이 흘러 나는 당시의 그 교수님 나이가 되었다. 시간이 정말 빨리 흐른다는 느낌도 있지만, 나도 모르게 그 교수님에게 보고 듣고 배운 그 모습이 내가 지금 환자를 진료하는 데 스며들어 있다.

***

중환자실, 일주일째 상태가 호전과 악화를 반복하는 환자가 있다. 환자 상태가 불안정하여 도저히 이 환자 곁을 떠나지 못할 지경이다. 다시 마음을 가다듬고 환자를 처음부터 다시 살펴보기 시작한다. 머리부터 발끝까지 직접 손으로 만져보고 작은 상처까지 하나씩 다 확인해 본다. 기본적인 혈액검사, 각종 영상 검사도 다 처음부터 점검하고 청진기를 지긋이 환자 가슴과 배에 가져다 댄다. 그 옛날 광수와 머리를 맞대었던 것처럼, 나를 도와 환자를 봐주는 주변 의료진들과 함께 이 환자의 치료에 대해 고민한다. 갑자기 번뜩 해결안이 생각났다. 이 환자에 대한 추가적인 치료와 더 주어야 할 약물에 대한 것이 떠오른 것이다.

어둠 속에서 죽음과 삶의 경계에서 헤매고 있는 환자는 새롭고 현명한 치료의 방향을 찾은 덕분에 건강을 회복하기 시작했다. 마치 환자는 난해한 수학 문제가 풀리는 것처럼 건강을 되찾는 길을 올바르게 찾아간다.

수학 분야의 노벨상이라고 하는 필즈상을 수상한 허준이 교수는 1970년, 필즈상을 수상한 히로나카 헤이스케^{広中}^{平祐} 교수의 수업을 듣게 되었다. 그와 많은 대화를 나누며, 수학에 대한 싹이 굵어지고 아울러 더 발전, 성장하는 계기가 되어 필즈상까지 수상했다. 허준이 교수의 스승인 히로나카 헤이스케 교수가 쓴 《학문의 즐거움》에서 그는 학교

에서 수많은 것을 배우는 이유에 대해 '지혜를 얻기 위해서'라고 말한다. 배워나가는 과정에서 지혜라고 하는, 눈에 보이지 않지만 살아가는 데 있어 매우 중요한 것이 만들어진다는 것이다. 이는 더 나아가 대상을 깊이 살펴볼 수 있고 결단력을 유도하는 힘도 갖게 해준다.

환자를 보며 막막하고 답답할 때면, 28년 전 수학 선생님을 통해 배웠던 '지혜'를 다시 한번 떠올린다. 이 환자를 살리고 다시 건강한 모습으로 가족 품에 돌려보내기 위해 며칠 동안 고민하며 어려운 수학 문제를 풀어가는 과정에서 얻었던 지혜를 되살린다.

환자가 건강을 온전히 회복하기 위해서는 나뿐만 아니라 병원 내에 수많은 의료진 모두의 힘이 합쳐져야 한다. 더불어 지금의 나는 선생님께서 가르쳐 주신 지혜를 힌트로 삼는다. 몸속에 있는 혈액의 두 배가 넘는 10리터 이상 수혈을 받고, 팔다리 네 개 중 세 개가 부러진 환자. 그러한 환자가 다시 살아나고 건강을 회복하는 이유는 수많은 의료진이 지혜와 함께 힘을 보탰고, 더불어 28년 전 선생님이 나에게 가르쳐 주신 지혜가 한몫한 것이 분명하다.

04

다른 곳 말고
바보의사 병원으로 가주세요

"그 의사 선생님, 바보처럼 머리 흔드는 의사 선생님, 지금 어디 계신지 아세요?"
"꼭 그 의사 선생님께 진료받고 싶어요!"
"어디로 가면 만날 수 있어요?"

환자가 애타게 한 의사 선생님을 찾는다. 환자는 그 의사 선생님의 이름은 기억하지 못한 채 특이한 행동과 모습만을 기억한다. 그러한 특별함이 중요한 것이 아니라 그 의사 선생님만이 오로지 본인이 믿고 몸을 맡길 수 있는 의사라고 믿는 그 마음이 소중하다.

'20년 전 기억이지만 아직도 꼭 그 의사를 만나고 싶다'는 환자의 간절한 눈빛은 잊히지 않는다. '바보'라는 단어는 단지 수식어에 불과할 뿐이다. 본인을 꼭 치료해 줄 본인만의 명의를 찾는 환자의 절실한 목소리가 지금도 들리는 듯하다.

　그 당시나 지금이나 묵묵히 자기의 일에 온 힘을 다하는 의사들이 있다. 자꾸만 사명감을 잊는 의사가 늘어가고, 의사와 환자와의 관계도 서로 불신하는 사회로 변해가는 지금, '바보 의사'라는 소리도 들으면서 묵묵히 일하시는 선배 의사 선생님의 얼굴이 떠오른다. 그분이 환자 진료하는 모습을 옆에서 지켜본 적이 있다. 그리 특별한 것 없어 보이기도 하지만, 자세히 한 번 더 지켜보면 환자 한 명 한 명에게 진심으로 대하며 진료하고 계셨다. 시대 현실이 어떤 의사를 만드는 것이 아니다. 작고 낮은 곳에서라도 의사라는 본분을 잊지 않는 의사가 이 세상에는 아직 필요하다.

　《바보 의사 선생님》은 장기려 선생님에 관한 이야기를 담고 있다. 책에서 사람들은 의사 장기려를 '바보'라고 불렀다고 한다. 그 이유는 보장된 좋은 직장과 안정적인 사회적 혜택을 거부하고 고통과 가난 속에서 살아가는 이들과 함께 무료로 진료하였기 때문이었다. 지금도 언론을 통해 아프리카 등 의료 취약지에서 더 낮은 곳을 위해 일하는 의사분들에 관한 소식을 접하게 된다.

앞서 환자에게 들은 '바보 의사'와 장기려 선생님을 지칭하는 '바보 의사'는 같은 단어이지만 다른 의미로 느껴진다. 일반인과 다른 행동을 보이는 것을 일컫는 '바보'라는 단어로 쓰이기도 한다. 하지만 남들과 다르게 더 낮은 곳을 찾아가서 베푸는 삶을 '바보 의사'라고 말한다. 다른 의미지만 두 바보 의사는 이 시대에 모두 꼭 필요한 존재다.

환자와 의사 사이에 믿음이 있어야 하고 동시에 환자에게 베풀 줄 아는 의사가 바로 그것이다. 마음 같아서 두 의사의 모든 장점을 내가 갖추고 싶지만, 실상 나는 아직도 그러한 모든 것을 갖추기에 부족한 점이 느껴지곤 한다.

* * *

아마도 대여섯 살쯤이었을 것이다. 시골 읍내 작은 의원에 간 기억이 또렷이 난다. 그 시절 콧물은 언제나 코에서 자연스럽게 흐르는 것이라 알고 있었고, 감기는 매달 지나가는 행사 같은 것이었다. 며칠 동안 열이 안 떨어지는 심한 감기로 어머니 등에 업혀 읍내 의원에 도착하였다. 의원 문에 들어서는 순간, 코를 찌르는 소독약 냄새는 어린 나를 되레 겁먹게 하였다. 청진기의 차가움은 진료를 보는 내내 두렵게 하였지만, 엉덩이에 주사를 맞고 종이로 접은 약봉지를 받아들고 집으로 향하곤 했다.

소독약 냄새부터 무서운 감정을 일으켰었지만, 이상하게도 집에 돌아와 약을 먹은 후 몸이 좋아진 것을 알게 되면 오히려 그 의원과 의사 선생님에게 고마운 마음이 들었다. 어떻게 진료, 주사와 약을 봉지에 담아주셨는지는 모르지만, 나를 진료하고 치료해 주셔서 너무 감사했다. 전혀 어떤 약 성분인지, 주사인지도 몰랐지만, 오로지 어린 나를 말끔하게 낫도록 치료해 준다는 믿음이 있었다. 그 의사 선생님 덕분에 그렇게 코를 찌르는 소독약에 대한 기억은, 병을 낫게 해주셨다는 감사한 마음으로 남아 있다.

나도 간혹 아픈 상황이 생기면 나를 치료해 줄 또 다른 의사를 찾아간다. 물론 대부분은 동료나 선·후배 중에서 선택한다. 하지만 나뿐 아니라 요즘 세상은 약봉지에 하나하나에 어느 약, 성분을 또렷하게 적어준다. 소독약 냄새와 진료 자체로 믿음을 주는 것이 아니라 주사, 약봉지에 쓰인 약 이름으로 의사와 환자 관계의 신뢰를 일부러 만들어주기 위함이다. 기본적으로 서로 간에 불신이 팽배한 세상에서 전적으로 믿고 따라가는 의사가 아닌, 신뢰를 만들어주는 약봉지 설명서가 더 유용하기도 하다. 이렇게 변해버린 세상이 안타깝고 답답할 때도 있지만, 또 그렇게 변한 세상에 우리는 적응해야 한다.

* * *

3월에 대학병원 방문은 되도록 피하라고들 한다. 이는 대학병원의 불문율이다. 새로 입사한 의료진들, 인턴 선생님과 간호사로 인해 환자가 조금 고생할 수 있는 상황이 다른 시기보다 더 생길 수 있기 때문이다. 예를 들어 한 번에 꽂을 주삿바늘을 두 번 찌르게 되는 등이다. 그런데 3월은 모든 의료진이 긴장하고 한 번 더 고민하며 진료하는 시기이

기도 하다. 몇 해 전 3월, 새로운 인턴 선생님들이 병원 여기저기에서 보이기 시작하였던 무렵의 일이 떠오른다.

갑작스럽게 '무릎이 아프다'는 다섯 살 아이를 안고 아이 엄마가 허겁지겁 응급실로 들어왔다. 응급실에서 처음 아이를 본 의사는 아직 의사면허증에 찍힌 잉크도 채 마르지 않은 인턴 선생님이었다. 3월에 입사해 직접 환자를 본 지 단 2주밖에 되지 않았기에, 아프다며 우는 아이를 처음 마주하고 당황스러워하는 인턴 선생님 모습이 보인다. 그래도 차근차근 아이 엄마 면담, 아이 진찰을 하며 문제점에 관해 하나씩 파악하고 있다.

때마침 응급실에 환자가 잠시 뜸한 시간이라 여유를 가지고 아이 무릎도 세심히 만져주고 아이와 농담도 하며 엄마를 안심시키는 모습이 보인다. 아이 병명은 성장통의 일종으로, 인턴 선생님의 자신감 있고 친절한 진료 덕분인지 아이의 통증은 진료 중간에 시나브로 사라졌다. '아프지 않다'며 태연하게 걸어서 집에 가는 아이에게 인턴 선생님이 손을 흔들며 흐뭇해하는 모습이 보인다. 멀리서 인턴 선생님이 아이를 진료하는 모습, 아이가 유유히 엄마 손을 잡고 걸어가는 모습을 바라보며 '오늘도 후배 의사를 통해 한 수 배웠다'는 마음이 들었다.

나도 인턴 수련 과정을 거쳐 지금처럼 전문의가 되었다. 오랜 기억이지만 처음 대학병원 일을 시작하고 환자들을 대하면서 걱정과 동시에 설렘이 있었다. 내가 환자에게 하는 처치나 시술들이 잘 되는지 한 번 더 되돌아보곤 했다. 지금껏 수많은 선배 동료, 후배 의사들의 장점을 배우려 했고, 진료할 때나 환자를 대하면서 나쁜 것은 절대 답습하지 않으려 노력했다.

이제 한 달도 안 된 인턴 선생님이 앞으로 어떤 의사로 성장할지, 얼마나 많은 환자에 도움이 되는 의사로 성장할지는 미지수다. 그러나 3월, 인턴 선생님으로 처음 환자를 대했던 마음가짐을 잊지 않는다면 환자에 도움이 되는 의사로 성장할 것이라 믿어 의심치 않는다. 한가득 걱정을 품고 아픈 아이를 안고 응급실로 달려왔지만 언제 아팠냐는 듯 아장아장 걸어가는 아이 손을 잡고 집으로 돌아가는 아이 엄마는, 방금 진료해 준 의사를 3월의 인턴 선생님으로 여기지 않을 것이다. 아이 무릎을 따뜻하게 만져준 의사 선생님으로 기억하며 돌아갈 테니까.

 누군가가 나에게 어느 의사, 어떤 병원을 추천해달라고 말한다면 그 바보 의사 선배와 3월의 인턴 선생님이 함께 계시는 병원을 말하겠다. 그 병원에 가면 모든 병이 감쪽같이 다 나을 것 같다. TV에 나오는 인터뷰하는 명의가 아니더라도, 소위 '빅 5'라고 불리는 대형 병원의 스타 교수님은 아니더라도 진실한 마음으로 진료하는 의사를 누구나 만나고 싶다. 몇십 년 진료 실력보다 진심으로 따뜻하게 어린아이 손을 잡아주는, 의사면허를 취득한 지 갓 한 달이 된 인턴 선생님도 우리가 만나고 싶은 의사 중 하나다.

 병원이 아니라 이제 병원이란 간판이 달린 영리를 추구하는 기업이 지금 소위 '빅 5'라고 불리는 대형 병원의 모습이다. 2024년과 2025년, 의료 대란 혼란기를 거쳐 가며 과거보다 의료에 대한 중요성과 관심은 많아졌으나 과연 모두가 원하고 찾고 싶은 병원과 의사가 있는지 의문이다. 병원은 광고에 의해 선택하는 곳이 아니라 진정 아파하는 환자가 믿고 아픈 몸을 전적으로 맡겨 치료해 줄 수 있는 곳이길 바란다.

지난 10여 년 이상 외상외과 의사로 진료 중이지만 누군가가 검색이나 예약하고 찾아오지는 않는다. 안타까운 사고로 환자가 다치고 피나는 그날 내가 당직 근무 날이기에, 그날 이곳 권역외상센터로 이송됐기에 내가 진료하고 치료하기 시작한다. 내가 담당하는 환자는 선택으로 온 것은 아니지만 진심으로 그 환자에 대해 온 힘을 다하는 마음으로 진료한다. 오래전 심각한 중증외상 환자가 수술, 치료받고 오랜 기간 입원해 있다가 퇴원하면서 나에게 다음과 같이 말하였다.

'다음에도 나에게 또 치료받고 싶다'며 감사의 마음을 전한 것이다. 의사로서 나를 다시 만나고 싶어 하는 환자에게 감사하였지만, 다른 한편으로 나와 같은 외상외과 의사, 권역외상센터는 절대 다시 올 곳이 아니라고 말하며 웃어넘겼다. 항상 퇴원하는 중증외상 환자에게 웃으면서 이렇게 말하곤 한다.

"절대로, 평생 살면서 다시는 만나지 맙시다."

05

안도감과 함께 들린 한 마디, "큰어머니 배 잘 닫아드려라."

'내가 수술을 받아야 한다면 어느 외과 의사에게로, 어느 병원으로 가야 하나?'

간혹 이런 고민을 해보곤 한다. 체력장 1등급은 아니지만 부모님 덕분에 지금까지 크게 몸에 칼을 대지 않을 정도로 건강한 몸을 가지고 있어서 실제 수술에 대한 고민이 없었다. 그러나 사람 몸은 언제든지 어떤 일이 발생할지 모르므로 간단한 수술이라도 받을 일이 생길 수 있다. 저마다 다른 방법으로 누군가의 몸에 칼을 대는 수술을 할 의사, 병원을 찾아야 할 때 고민하게 된다. 그 분야의 가장 유명한 의사, 혹은 가장 빠른 병원으로 찾아가는 저마다의 기준이 있을 수도 있다.

* * *

고향 시골 읍내의 병원에서 근무한 적이 있었다. 군 복무를 대신하여 공중보건 의사로 일하던 시절이었다. 퇴근을 앞둔 오후 늦은 시간에 그곳 병원으로 갑자기 어머니께서 찾아오셨다. 무슨 일이 있는지 영문도 모른 채 눈이 마주친 어머니와 나 모두 당황스러웠다. 어머니께서는 휴지로 꽉 누른 손가락을 나에게 쓱 내미셨다. 이미 그 사이로 피가 흥건하게 나오는 상황이라, 어머니 손가락에 무슨 일이 생겼다고 바로 알 수 있었다. 농사일을 하던 중 낫에 손가락을 베여 오신 것이다. 외과 의사 아들이 있는 병원으로 당연히 달려오셔야 하는 상황이었다. 그날 나는 어머니 손가락 상처를 정성껏 한 땀 한 땀 꿰맸다. 그 짧은 십여 분의 시간은 어느 큰 수술만큼 나에게 긴장되고 힘든 순간이었다. 당시 어머니는 보지 못하셨겠지만, 내 이마에는 땀이 몇 방울 송골송골 맺혔었다.

누구나 아프고 다치며 수술받을 일이 언제든지 생길 수

있다. 그때마다 환자 본인만 아니라 가족 모두가 고민에 빠진다. 어느 병원에서 어느 의사에 가서 아픈 몸을 맡기고 진료, 수술할지를 결정해야 한다. 이때 가장 기본이자 중요한 것은 바로 환자와 의사 사이의 신뢰가 아닐까 한다.

* * *

수술실 침대에는 큰어머니가 누워계신다. 간 수술을 하러 외과 전공의 조카가 있는 병원으로 오셨다. 팔순 가까운 나이에 받으시는 수술인지라 걱정하시는 큰어머니셨다. 복강경 수술로 한다고, 배에 구멍 몇 개만 뚫고 한다고 말하는 조카 말만 덥석 믿고 수술 침대에 누워있는 큰어머니 눈에는 두려움이 가득하였다.

수술하기 보름 전, 갑자기 사촌 형의 전화를 받았다. 오랫동안 이유 모를 속앓이를 하셨던 큰어머니께서 간내담석으로 수술이 필요한 상태라고 말씀하셨다. 이미 인근 병원에서 진단을 받으셨고, 수술할 병원을 찾고 계신 상황이었다. 그리고 결국 내가 외과 전공의로 일하는 병원에서 수술하기로 결정되었다. 나중에 전해들었는데, 돌아가신 할아버지께서는 수십 년간 문제의 간내담석으로 속앓이하는 큰 며느리의 사정이 너무 안타까운 나머지, '담배를 피워보면 어떻겠냐'고까지 하셨다고 했다.

"담석이라고 하면 담낭, 즉 쓸개의 담석을 말하는 것이 대부분이나 간 안의 담도에 있는 경우를 '간내 담석'이라고 합니다. 이러한 간내 담석은 담관 안에서 문제를 일으켜 소화불량이 되고, 고열이 자주 발생하며 심하면 황달까지 생기기도 합니다. 만일 더 심한 증상을 만든다면 담관염이나, 간농양, 심한 경우 패혈증까지 일으킬 수 있습니다. 약물만으로 간내 담석을 해결하기는 힘들고 간절제 수술하는 것이 해결책입니다."

흔히들 'VIP 신드롬'이라는 것을 이야기한다. 어느 분야든지, 특히 신경 써야 하는 가족이던지 지인들의 처치, 대우에 있어서 오히려 더 신경을 쓰는 경우 예기치 못한 부작용이나, 상황이 더 생긴다는 것이다. 특히나 메스를 든 외과 의사에게는 VIP 신드롬, 가족의 몸에 메스를 가져간다는 것은 아마도 누구나 피하고 싶은 상황이다.

당시의 나는 아직 배우는 단계인 전공의로서 큰어머니 수술을 내가 근무하고 있는 병원에서 한다는 것, 또 그 수술을 내가 직접 들어가서 해야 한다는 것에 너무 큰 부담을 느꼈다. 하지만 외과에서 정해진 일정대로 그날 그 수술에 들어가야 했다. 조카가 큰어머니를 위해 해드려야 한다는 것을 담대히 받아들이고, 그날 아침 첫 수술로 잡혀있는 큰어머니가 환자로 있는 수술실에 들어갔다.

"메스!"

외과 의사가 수술을 시작하면서 하는 말이다. 경쾌하고 힘차게 말하며 손에 꼭 쥔 메스가 환자 배를 가르기 시작한다. 나 또한 수없이 많은 수술을 시작하면서 메스라는 단어를 힘차게 외쳤다. 이 수술이 시작부터 마지막까지 무사히 잘 끝나기를 바라는 마음을 가득 담아 마음속으로 한 번 더 외친다.

"메스!"

마취과 선생님이 모든 마취를 완료한 후 환자 수술 부위의 소독이 끝나고 수술 부위를 중심으로 소독포를 덮은 다음 수술은 시작된다. 외과 전공의 4년 차였기에 들어오시기 전에 준비를 마친 다음 메스로 개복하는 것이 수술의 평범한 시작이었다. 하지만 그날만큼은 늘 수술 시작 시 하는 말인 "메스 주세요"가 더욱 조심스럽게 나왔다.

건네받은 메스로 큰어머니의 배를 가르기 시작하였다. 수십 년간 고통을 안겨주었던 간내 담석을 없애버리기 위한 여정의 시작이었다. 간에서 담석만을 제거하기는 거의 불가능했다. 큰어머니께서는 이미 수십 년간 앓아온 담석으로 인한 담관염으로 좌측 간이 위축되고 간내 담관이 크게 확장되어 있었다. 개복한 후에는 간절제를 위한 간주위 구조물을 일부 박리하는 과정을 거친 다음 본격적인 간절제가 시작된다. 나의 손으로 큰어머니의 배를 개복한 후 차례대로 간 주위 구조물 박리를 시작하려는 찰나에 집도의 교수님께서 들어오셨다.

속으로 '휴, 다행이다'를 중얼거리며 교수님과 함께 그 다음부터는 수술의 제1 조수로서 본격적인 수술을 시작하였다. 교수님과 함께 큰어머니 배 안의 간 주위 구조물을 조금 박리 후 본격적인 간절제를 시작하려는 찰나, 큰 문제가 발생하였다. 바로 수술 부위를 집중적으로 비추는 수술실 무영등의 고장이었다. 정말 몇 년에 한 번 일어날까 싶은 일이 일어난 것이다. 배 안처럼 깊숙한 부위이며 여러 명의 머리를 맞대고 하는 수술이기에 밝은 빛은 필수여서 무척 당황스러웠다. 하지만 모두 다 마음의 눈을 더 크고 밝게 뜨고 수술을 계속하였다. 역시나 어둠은 수술의 진행을 자꾸만 더디게 하기에, 급하게 임시 이동형 무영등을 비추면서 비지땀을 흘리며 가까스로 수술을 진행했다.

처음 개복의 순간부터 너무나 긴장을 한, 외과 치프였기에 집도의 교수님의 등장으로 잠시 한숨을 돌렸으나 무영등의 고장 순간 머릿속이 하얗게 변해버렸다. 하지만 마음을 가다듬고 곧 제정신을 차리고 수술에 집중하였다. 오랫동안 큰어머니를 고생시켰던 간내 담석은 염증을 수없이 반복하여 간의 왼쪽 부분이 아예 쪼그라들어 있었다. 수 많은 돌을 품은 간 일부가 무사히 잘려 나오는 순간, 나도 조금씩 평온을 찾기 시작하였다. 이제 남은 것은 간 절단면의 지혈이다. 간 지혈이 어느 정도 마무리가 되자 교수님께서는 나에게 말씀하셨다.

"큰어머니 배 잘 닫아드려라."

그러시면서 수술방을 유유히 떠나셨다. 그렇다. 이제 남은 과정은 치프인 나의 몫이었다. 지금 다시 되돌리면 처음 메스로 배를 여는 순간보다 마지막을 내가 진행해야 하는 상황이 더 긴장되었다. 다시 한번 지혈이 잘 되었는지 간절제면을 확인하고 배 안 전체적인 것을 마무리하고 복벽을 닫는 마지막 단계를 진행하였다. 복벽 한 층, 한 층을 정성스럽게 닫아주고 수술을 마무리하였다. 이후 큰 무리 없이 큰어머니는 무사히 회복하셨고 시골 고향으로 내려가셔서 지금도 잘 지내고 계신다.

* * *

"조카, 네가 배 수술 안 했으면 진즉에 죽었을 텐데. 지금도 밥은 잘 먹고 소화도 잘 된다. 이제 허리 아픈 것 좀 고쳐주라."

몇 년 전 명절에 큰어머니 댁에서 차례를 지내고 온 가족이 모였을 때 큰어머니가 나를 보면서 말씀하셨다. 똑같은 멘트를 이미 10년째 하신다. 팔순을 얼마 앞둔 환자인 큰어머니의 수술은 나에게 의사 생활의 가장 큰 부담이자 보람이 아닐 수가 없다. 지금은 구순을 훌쩍 넘기셨고 여전히 건강히 잘 지내신다. 허리가 아프시다는 큰어머니께 방긋 웃는 것으로 대답을 대신한다. 속으로 이렇게 이야기한다.

'사람은 밥심으로 사는 것이에요. 그렇게 수십 년간 속을 아프게 하였던 것이 없으니, 밥도 잘 드시고 너무 좋지 않으세요? 저는 허리 쪽은 잘 모르지만, 밥 잘 드시면 허리도 나으실 겁니다!'

오늘도 누군가의 가족을 수술한다. 내가 수술하는 환자

는 곧 결혼을 앞둔 어여쁜 딸을 가진 아빠일 수도 있고, 아내가 뱃속에 아이를 가진 30대 남편일 수도 있다. 꼭 수술이 아니더라도 중환자실에서 두 달 넘게 몇 번의 죽을 고비를 넘긴 환자 또한 어느 아내의 사랑스러운 남편이다. 지금 내 앞에 있는 한 명의 환자를 치료하는 것이 아니라 언제나 그 환자와 가족을 함께 치료한다고 여긴다.

그날 나는 큰어머니 배, 뱃속 간 자체에만 집중하면서 수술실에 들어갔다. 하지만 그 결과는 수십 년간 괴롭힌 큰어머니 건강을 회복하게 해드린 것과 동시에 사촌 형님, 사촌 누님들과 우리 가족 모두를 치료해 드린 셈이었다. 이는 가족 모두가 당시 초보 의사였던 나를 믿어준 결과라는 것을 잘 안다. 그래서 나는 언제나 누군가의 소중한 가족을 치료하는 마음으로 환자에게 한 번 더 따뜻한 손을 내밀고자 한다.

―――――― 누구나 아프고 다치며 수술을 받을 일이 언제든지 생길 수 있다. 그때마다 환자 본인만 아니라 가족 모두가 고민에 빠진다. 어느 병원에서 어느 의사에 가서 아픈 몸을 맡기고 진료받고 수술할지를 결정해야 한다. 이때 가장 기본이자 중요한 것은 바로 환자와 의사 사이의 신뢰가 아닐까 한다.

06

오래전 선배 의사의 단호한 조언, '환자는 기다려주지 않는다'

"할머니가 만드신 것이란다. 할머니 댁에서 가져온 것이란다."

그 말을 듣는 순간 곶감을 손에서 놓칠 뻔하였다. 할머니가 만든 곶감은 내 손에 있지만 당시 이 세상에 할머니는 안 계셨기 때문이다. 할머니는 그 얘기를 듣기 한 달 전에 돌아가셨다.

할머니가 쓰러지시기 전, 지난가을에 할머니께서 손수 만드신 곶감이었다. 가을에 감을 하나씩 깎아서 정성스레 말려 설날에 손자 손녀들에게 하나씩 주려고 만들어놓으신 것이었다.

할머니의 손길이 담긴 곶감이다. 해마다 늦가을부터 봄까지 할머니 댁에 가면 부엌 어딘가에서 주섬주섬 꺼내서 건네주시던 곶감이 떠오른다. 할머니는 스무 명 넘는 손자 손녀 중 유독 나에게 잘 간직해 놓으셨던 곶감을 주시곤 하였다. 맛있게 곶감을 먹는 손자 모습을 흐뭇하게 바라보던 할머니 모습이 떠오른다.

그 곶감을 입에 넣어 보았다. 모양과 빛깔은 일반 곶감과 매우 다르지만, 내 입에 들어가서 살살 녹는 세상 어느 곶감보다 더 달게 느껴졌다.

저 멀리 어디선가에서 손자를 지켜보고 항상 응원해 주고 있다는 것을 굳게 믿고 있었지만, 곶감을 들고 있던 나는 애써 눈물을 감출 수밖에 없었다. '할머니께서 살아계실 때 한 번 더 찾아뵙고 다정하게 인사드리고 손도 한 번 더 잡아드렸어야 했는데' 하는 후회가 밀려왔다.

고등학생이었던 당시, 처음으로 죽음과 누군가 빈자리가 그렇게 크다는 것을 알게 되었다. 동시에 세상 모든 것은 기다려주지 않는다는 것을.

***

"환자는 기다려주지 않는다."

환자 옆에서 괴로운 표정과 머뭇거리고 있는 나에게 선배 의사가 단호하게 말한다. 전문의가 되어서 첫해의 일이다. 이제는 전공의, 주치의가 아니라 환자의 최종 책임자가 되었다. 환자 침대 위 이름표에는 환자 이름과 내 이름이 나란히 적혀 있다.

중환자실에 있는 환자의 상태가 갑작스럽게 안 좋아지고 있다. 환자 주위를 왔다 갔다 하며 괴로운 표정으로 고민하는 나를 보고 당시 다른 과 전문의 선생님께서 말씀하셨다. 나보다 한 10여 년 한 선배 의사께서 항생제 선택을 바꾸라는 조언을 하면서 동시에 건넨 한마디였다.

초보 전문의에게는 너무나 버거운 환자였다. 스승님, 교수님과 선배님 등 여러 의료진과 함께 환자를 봐주시고 뼈 같은 조언을 해주셨고 수술도 여러 면에서 도와주셨지만, 나에게는 부담스럽고 벅찼다. 전문의 자격증이 있다고 다 같은 전문의가 아니었다. 아직 전문의 자격증에 잉크가 마르지 않은 상태인 당시의 나에게는 모든 것이 어려웠다. 역량에 버거운 환자임이 분명하다. 지금도 그렇지만, 때로는 내 능력에 감당이 안 되는 상황에서는 또 다른 전문가, 동료, 그분이 선배이든 후배이든 모든 분의 조언을 찾아 들어야 한다. 여러 명의 의견과 생각이 모이면 어둠을 헤매던 환자에게도 아주 조그만 길을 찾아 줄 수 있다.

중증외상 환자를 본격적으로 진료하는 첫해이기에 나 스스로 체계적인 치료에 대한 기준과 가치관이 제대로 세워지지 않은 상태였다. 지게차에 골반이 깔려서 혈압이 뚝뚝 떨어지고 죽음 문턱의 신음과 고통을 울부짖으며 나와 처음 마주한 환자였다. 가까스로, 아니 기적적으로 출혈을 잡고 하나씩 헤쳐나가야 하는 상황에서 감염이라는 큰 산을 맞이한 시점이었다. 기본적인 항생제만 알고 있는 나에게 당시 그 선생님께서는 더 광범위하고 고약한 균까지 잡을 수 있는 항생제를 권유해 주셨다. 환자 옆에서 고민하고 감염 부위와 썩어가는 골반 주위 근육을 바라보고 안절부절못하는 나에게 중환자 치료의 선배로서 조언해 주신 것이다.

10년도 훨씬 지난 일이지만 아직도 기억이 생생하다. 처음 손상이 너무 심한 것인지, 처음부터 방광, 소장과 대장이 터져온 환자에게 찾아온 감염이 심각해진 것인지, 이 모든 것이 환자가 살려는 의지와 내가 할 수 있는 능력 범위를 벗어나 버렸다. 결국 가족의 통곡 소리와 함께 환자는 세상을 떠났다.

　그 환자는 비록 내 손과 그 환자 가족을 영영 떠났지만, 아직도 내 가슴속 어딘가를 떠나지 못한다. 그리고 '환자는 절대 그 자리에서 기다려주지 않는다'는 사실을 언제나 알려준다. '기다려주지 않는다'라는 것은 그 순간 한 번의 항생제 주사 하나의 선택이거나, 매의 눈으로 수술을 결정하는 찰나일 수도 있다.

　당시 선배 의사의 단호한 조언은 내 가슴에 깊이 박혀있는 상태로 강산이 한번 훌쩍 변했고, 몇 해 더 지났다. 그동안 나의 손을 거쳐 간 많은 환자 숫자만큼 나의 경험치, 환자를 보는 시야도 많이 넓어졌다. 그렇지만 아직도 환자의 혈압이 떨어지고 상태가 안 좋아지면, 마음이 두근거리고 혼란스러워지는 것은 어쩔 수 없다.

하지만 시시각각 변하는 상황에서 내가 과연 어떤 조치를 해야지 그 환자에게 최선의 선택이 될 것인가에 대한 기준은 명확해졌다. 매번 그 상황에서 어떤 수술 방법, 어떤 약이라고 딱 잘라 말할 수는 없지만 그 기준이라는 것은 '환자는 절대 기다려주지 않는다'는 것이고, '어느 상황에서도 제일 나은 방법을 찾아가야 한다'는 사실이다. 환자가 기다려주지 않는다는 말이, 모든 선택에서 기준이 되었다. 다시 말해 '이 순간이 이 환자에게 마지막일지도 모른다'는 사실을 항상 떠올리게 한다.

* * *

지난겨울 어느 날 새벽 3시경, 중증외상 환자가 다른 병원에서 전원 왔다. 치료의 방향을 결정하기에 참으로 애매하고 고민되는 환자였다. 바로 수술할지, 아니면 다른 치료 방향을 잡아볼지 고민하였다. 때로는 '환자가 딱 레고처럼 조립 설명서가 있어 어느 부분이 문제가 되면 바로 그 부품을 빼어내고 조립하여 고쳐진다면 좋겠다'는 생각도 해본다. 그러나 현실은 절대 그렇지 않다. 환자 몸에 칼을 대는 것, 수술 결정은 무조건 신중해야 하고, 그만큼 신속하면서도 정확하게 결정해야 한다.

새벽 3시. 이 시간은 내 몸에 저장된 글리코겐, 포도당 모두 고갈되어, 판단력도 점차 흐려진다. 환자가 아프다는 것도 걱정이지만 동시에 나의 컨디션과 마음도 함께 염려해야 할 상황이다.

정신이 혼미하다. 순간 눈앞이 어질어질하다. 이러다가 내가 쓰러질지도 모른다는 생각이 스쳐 지나간다. 이런 순간이 가장 서글프고 서럽다. 정말로. 이미 고갈된 내 몸속 포도당을 보충하기 위해 얼른 커피믹스 하나를 타서 벌컥 마신다. 카페인 덕분인지 아니면 커피믹스에 섞인 설탕이 내 뇌를 자극한 것인지는 모르겠지만, 조금 정신을 차리고 다시 환자의 치료 방향 고민을 시작한다. 그 순간 그 오래전 선배 의사의 한 마디가 떠올랐다.

'환자는 기다려주지 않는다'

그렇게 새벽 4시. 수술을 시작하였다. 여느 때처럼 내 손에 쥔 메스로 힘차게 환자의 복부를 갈랐다. 수술이 끝나고 환자를 중환자실로 이동시킨 후 중환자실 창밖을 바라보았다. 벌써 해가 떠오르고 있었다. 그날 밤, 순간 '내 수명 중 이삼 일은 줄었겠구나' 싶었다. '내 몸을 갈아서 환자를 살린다는 것이 이런 것이구나' 하는 마음이 들었다. 수술 후 십여 일 지난 어느 날, 그날 새벽에 수술한 환자가 나에게 다음과 같이 말했다.

"정말 고맙습니다. 그때 정말 고마웠어요! 그날 밤, 너무 아플 때 치료, 수술해 주셨잖아요. 정말 배가 아파서 죽을 것 같은 고통이었어요."

그 환자에게 미소로 답을 대신하였다. '환자가 그 아픔과 고통을 참고 기다려줘서 살아난 것입니다. 저는 그저 그 시간에 수술하였을 뿐입니다'라고 속으로만 중얼거렸다.

내 몸도 중요하지만, 보통 사람이라면 다들 자고 있어야 그 시간에 이곳 외상 소생실 침대에 누워있는 이 환자 또한 소중하다. 밖에는 애타게 환자를 걱정하며 눈물 흘리는 환자 가족이 있다. 방금 그 가족의 눈물을 생각하며 가끔은 나의 피곤을 느끼면서도 이를 다시 꽉 깨문다. 오늘도 나는 '기다리다가 잃어버릴 수 있는 환자의 목숨을 한 명이라도 더 살리기 위해' 다시금 힘차게 뛰어다닌다.

07

"포기하면 그 순간이
바로 시합 종료에요."

 거리에는 사람들이 한 해 마지막 날을 즐기기 위해 시내 여기저기 밝은 표정으로 지나다니고 있다. 그 인파 사이에서 나는 집으로 향하는 중이다. 아직 보신각 종을 치려면 두어 시간 남았다. 몇 시간 전 수술하느라 온몸에 진이 다 빠져버린 상태였기에 뱃속이 너무 허기졌다.

 힘이 빠지고 주린 배를 채우러 눈에 보이는 식당에 들어가려다 멈칫했다. 복잡하고 사람이 많은 식당은 이미 사람들의 술기운에 시끌벅적하다. 그 옆 감자탕 집은 그나마 사람 수가 적어 보인다. 식당 문을 열고 들어가 혼자 조용히 뼈다귀 해장국을 주문한다. 소주도 한 병 시켜 서너 잔 목에 훌쩍 다 털어 넣을 수 있을 것 같은 심정이다. 하지만 다음날, 새해 첫날 오전 7시 출근하는 근무 일정인지라 소주 대신 찬물을 연신 들이켰다. 감자탕 안 돼지 등뼈에 붙어있는 살코기와 시래기 줄기가 내 입으로 어떻게 들어갔는지도 모르겠다.

눈앞에는 국물과 고깃덩어리가 보이지만 머릿속에서는 두어 시간 전 수술 상황이 자꾸 떠오른다. 병원을 나서기 전 마지막으로 본 환자의 두 자리 숫자 혈압이 눈에 아른거린다. 오늘 근무하는 당직 동료들에게 이후의 상황을 잘 부탁하고 퇴근한 길이었다. 몸은 병원에서 나왔지만 내 마음은 병원에 있는 것과 다름없었다.

12월 30일, 당직 근무 중이었다. 자정이 넘어가는 시간에 환자는 세찬 사이렌 소리와 함께 구급차를 타고 병원으로 들어왔다. 진단명은 '복강 내 여러 혈관 손상으로 인한 혈복강'이다. 간단히 설명하자면, 외부 심한 충격으로 복강 내 장기가 터져버리는, 손상은 없으나 혈관 손상으로 혈압이 불안정한 상태였다. 환자는 검사 소견상 동맥 출혈로 개복 수술 대신 혈관색전술 시술을 통해 치료를 시작하였다.

다행히 피가 나는 동맥을 시술로 막은 후로 환자는 안정을 찾아갔다. 그렇지만 고령의 환자였기에, 동맥만 시술을 통해 막은 것으로 모든 치료가 완결되지 않았고 지연성 출혈과 여러 합병증이 발생할 가능성이 있었다. 그렇게 시간은 흘러 그해의 마지막 아침 해가 떠올랐다.

아침이 되자 환자의 혈압은 정상 범위에 들어가게 되었고, 덕분에 나는 집에서 가족과 보신각 종 치는 것을 TV 화면으로 볼 수 있게 되었다. 언제나처럼 무거운 몸을 이끌고 12월 31일 대낮에 집으로 터벅터벅 걸어갔다.

항상 그렇듯이 365일 24시간 권역외상센터는 나와 같은 의료진들이 지켜주기에 그들을 굳건히 믿고 환자를 맡기고 집으로 향할 수 있다. 모처럼 가족과 한 해를 보내는 저녁 식사를 하기 위해 식당 예약을 해두었다. 외식하려 집을 나서려는 순간 불길하게 세찬 전화벨이 울렸다.

"어제 입원한 환자 상태가 안 좋습니다. 수술해야 할 것 같습니다."

그다음 혈압, 혈액 검사 수치 등을 말해주었으나 기억에는 없다. 가족들에게는 '정말 미안하다'는 말을 남긴 채 병원으로 달려갔다. 이미 수술실, 마취과와 연락이 된 상태였고, 나와 동료들은 환자 침대를 빠르게 밀고 수술실 안으로 들어갔다.

"이 혈관, 비장 정맥인 것 같으니 잡아도 될 것 같아."

'잡아도 된다'고 의견을 피력한 것이 아니라 오히려 기구를 이용하여 혈관을 가리키며 나에게 이 수술의 방향을 알려준다. 너무 당황하여 더 고민할 필요도 없이 굵은 정맥 하나는 덥석 잡아 묶어버리고 싹둑 잘랐다. 환자 배 안 가득 고인 피와 이미 굳어버린 핏덩어리들을 걷어내고 피가 나는 부위를 찾아가고 있었다. 마치 갯벌에서 작은 조개껍질을 찾는 것과 같은 그런 심정이다. 이미 환자 배 속의 혈관이나 장기들은 피범벅에 어느 하나 정상적인 해부학적 구조물이 아니었다. 그 순간은 의대생 시절, 해부학 실습을 할 때 포르말린 냄새가 진동하던 해부학용 시체에서 보던 전혀 움직임 없는 혈관이 그리울 뿐이었다.

그렇다고 눈에 보이는 모든 혈관처럼 보이는 구조물을 다 묶어버린다면 자칫 더 치명적인 결과로 이어질 수 있다. 출혈을 막아야 하지만, 살리기 위한 제일 나은 방법으로 출혈을 잡아야 한다. 그 순간 췌장, 위, 소장 중간 어느 부위에서 솟아오르는 핏줄기 사이에 찢어진 혈관 형태의 무언가가 보인다. 그것을 보며 '비장 정맥'이라고 내 바로 앞에서 수술을 도와주시는 선생님이 말씀해 주신다.

나보다 선배 외과 의사이지만 이 수술을 집도의는 나이고, 이 환자의 주치의다. 하지만 '이 환자의 집도의를 바꾸고 내가 건너편 제1 조수의 자리에 있으면 좋겠다'는 마음이 앞섰다. '여기서 더 무엇을 한다'는 것은 환자에게 무리가 되고 해가 될 수 있다. 하지만 할 수 있는 온 힘을 다해야 한다. 환자를 살리기 위해서라면.

머릿속에서 '포기'라는 글자, 환자의 사망진단서 작성, 사인이 무엇인지를 적는다는 생각이 맴돌았다. 하지만 "비장 정맥을 잡아도 될 것 같아!" 이 한마디를 듣는 순간 망치로 머리를 한 대 맞은 것 같았다. 포기, 절망, 암담. 그 많은 단어 사이에서 아주 작은 희망이 보이기 시작했다.

상장간정맥과 비장정맥, 하장간막정맥이 만나서 간문맥을 이루고 이것이 간으로 들어간다. 간문맥은 대정맥을 제외한 우리 몸에서 가장 큰 정맥이 모이는 곳이다. 이론상으로는 쉽고 20여 년 전 해부학 시간부터 배우고 알고 있는 지식이다. 하지만 막상 이 혈관들이 찢겨나가 피가 솟구치는 상황에서는 머릿속이 하얗게 변해버려 도저히 무엇을 어떻게 해야 할지를 모르겠다.

갈기갈기 찢긴 정맥을 보면서 나의 가슴은 타들어 간다. 뚝뚝 떨어지는 혈압을 알려주는 숫자들, 모니터 숫자에 침이 바짝 말라간다. 어떻게, 어떤 방법을 써야 할지 아무리 머리를 굴려도 딱히 정답이 떠오르지 않는다.

'1 더하기 1은 2'처럼 딱 정해진 수학을 가르치는 사람이거나 나사를 조여 맞추는 기계를 다루는 일을 한다면 이런 암담한 상황이 없을지도 모른다. 고장 난 차는 폐차해버리고 돈이 많이 들어간다고 하더라도 새롭게 차를 사는 것이 좋을 수도 있을 것이다. 하지만 지금 상황은 그것과는 전혀 다르다. 환자의 생명은 반드시, 지금 지켜야 한다. 삶은 단 한 번뿐이니까. 수술 집도하는 나, 환자 머리 위에서 환자에게 피와 약을 쏟아붓고 있는 마취과 선생님은 나와 같은 마음이다.

"에피* 두 개 주세요."

마취과 선생님이 아주 큰 소리로 말하는 이 한 문장은 정말 또렷이 들을 수 있었다. 환자를 꼭 살려주리라는 마음으로 하는 말이다. 마취과 선생님 덕분에 가까스로 환자는 버텨주었고, 내가 갈기갈기 찢어진 혈관을 봉합하고 비장정맥을 묶을 시간을 벌었다. 아직도 환자 뱃속에는 주르륵 흐르는 핏자국들이 여기저기 보인다. 모든 출혈 부위를 다 지혈하는 것이 지금 상황에서는 무리다. 이런 경우 손상통

에피네프린('에피'라고 줄여서 부르기도 함): 응급상황에 환자 혈관을 수축시켜 혈압을 상승시키기 위한 약이다. 심장마비가 발생하였을 경우 심장이 다시 뛸 수 있게 강심제로 가장 많이 사용한다.

제 수술*을 해야 한다. 이렇듯 한고비를 넘겼다고 하더라도 환자가 갈 길은 멀다. 심장이 뛰고 혈압이 유지되며 큰 출혈 부위를 잡는다고 하더라도 앞으로 넘어가야 할 산들은 수십 개도 더 된다.

'다음 날이 과연 올까? 해가 바뀌는 첫날은 올까?' 하는 걱정은 쓸데없었다. 평범하게도 다시 새해는 밝게 다가왔다. 물론 해가 떠오르는 시간보다 일찍 나는 병원에 도착하였다. 아주 무거운 마음으로 맞이한 새해 첫 출근이었다.

1월 1일, 이곳 권역외상센터의 하루는 역시나 바쁘게 돌아간다. 많은 환자가 또다시 맞이한 하루를 힘내서 버티고 생명을 연장해 주며 더 빨리 회복시켜주려는 의료진들의 발걸음이 바쁘다. 나를 대신하여 전날 근무, 당직하면서 환자를 봐주신 선생님들 덕분에 그 환자는 아주, 조금씩 안정

손상통제 수술: 최종적인 수술을 한 번에 진행하지 않고 최우선으로 환자 살리는 데 초점을 두는 수술을 말한다. 초기 개복 수술을 통해 급한 부분만 수술하고 복벽을 닫지 않고 임시로 봉합한 후 환자 상태가 호전된 다음 최종 수술과 함께 열려 있는 복벽을 닫는 수술을 함께 진행한다.

을 찾아가고 있었다. 어느 정도 출혈도 멈추는 중이다. 출혈 부위에 넣어놓은 배액관에서 나오던 시뻘건 혈액은 점차 옅어지고 양도 줄어들고 있다. 피가 조금 멈추어간다는 것만으로 회복이라고 단정 지어 말할 수는 없었지만 단지 잘 버텨준 환자에게 감사할 따름이다. 또다시 수술을 거치면서 각종 장기 부전으로 폐렴, 신부전 등 많은 고비가 있었다.

그렇지만 환자는 12월 31일에 넘겼던 그 순간처럼 한고비, 한고비를 무사히 버텨내고 있었다. 그 고비를 넘기는 순간마다 나와 환자 모두 절대 '포기'라는 단어를 떠올리지 않았다. 오로지 이 고비를 잘 넘겨 살아날 것이란 희망에 집중하였다. 그로부터 한 달 뒤, 환자는 가족의 손을 잡고 웃으면서 집으로 돌아갔다.

누군가에게 하루 24시간은 특별한 의미 없이 지나갈 수도 있다. 반복되는 일상은 자칫 지루하게 느껴질 수도 있다. 하지만 그렇게 하루가 마무리되고 잠자리에 드는 순간, 포근함과 동시에 느끼는 행복은 또 다른 내일을 살아갈 희망이 되어준다. 반대로 하루하루가 고통스럽고 힘든 상황은 언제나 누구에게나 일어날 수 있다. 내가 치료하는 이곳 중환자실 침대에 누워있는 환자들이 바로 그런 상황이다. 하지만 간절한 하루가 모인다면 그것은 또 다른 하루가 되고 더 나아가 한 해가 될 수 있다. 살고자 하는 절실한 마음과 그 순간에 온 힘을 다하는 마음이 합쳐진다면 한 생명은 다음 해에도 굳건히 살아나서 삶을 이어갈 수 있게 된다.

하루가 모여 한 달이 되고, 그 한 달이 열두 개 모이면 한 해가 된다. 내가 살아온 몇십 년도 이런 하루하루가 모여 만들어졌다. 지금 내 앞에 심장이 뛰고 있는 이 환자는 이곳 의료진들의 힘만으로 살아난 게 아니다. 환자, 환자 가족과 함께 모두가 간절히 회복되길 바라는 마음으로 치료하여 살아난 것이 분명하다. 만화 〈슬램덩크〉에서 안 감독님이 말씀 하신 명언을 조용히 혼자서 소리 내어 말해본다.

"포기하면 그 순간이 바로 시합 종료에요."

머릿속에서 '포기'라는 글자, 환자의 사망진단서 작성, 사인이 무엇인지를 적는다는 생각이 맴돌았다. 그때 귀에 들어온 "비장 정맥을 잡아도 될 것 같아!" 이 한마디를 듣는 순간 망치로 머리를 한 대 맞은 것 같았다. 포기, 절망, 암담, 그 많은 단어 사이에서 아주 작은 희망을 보았다.

III

우리는 조금 더
위로받아도 된다

01

나는 외상센터 개똥벌레다

개똥벌레와 반딧불이는 전혀 다른 곤충인 줄 알았다. 어린 시절 따라 불렀던 '울다 잠이 든다. 어쩔 수 없네'로 이어지는 가사 속 개똥벌레를 참으로 불쌍한 곤충이라고 여겼다. 지금 다시 그 노래 가사를 찾아보아도, 서글프고 한탄하는 개똥벌레가 떠오른다. 나이가 들어 알게 되었는데, 그렇게 여기고 있었던 개똥벌레가 바로 반딧불이라는 것에 놀랐다. 왜 개똥벌레라고 불리게 되었는지 여러 가지 이유가 있을 것이다. 아마도 흔한 곤충이며 평상시에는 크게 주목받지 못하기 때문에 그런 이름이 붙여진 게 아닐까 한다.

칠흑 같은 어둠 속에서 반짝이는 반딧불이를 보며 흔히

들 감탄하고 박수를 보낸다. 하지만 그 순간만 주목받고 밝은 대낮에는 전혀 그렇지 못하는 것은 당연하다. 인스턴트 음식이나, 쇼츠 같은 반짝이고 자극적인 일회성만 찾아다니는 요즘 사람들에게는 개똥벌레는 전혀 주목할 대상이 아니다. 하지만 우리 사회도 마찬가지로 개똥벌레처럼 그 자리를 묵묵히 지켜가는 평범한 이들이 있기에 정상적이고 조화롭게 살아갈 수 있다.

노래 〈나는 반딧불〉 가사에 나오는 것처럼, 세상 사람들 누구나 다 반짝거리는 별 같은 존재이길 바란다. 어느 사회이든지 언제나 주목받는 별 같은 존재도 있지만, 묵묵히 남들 보지 않는 곳에서 일하는 개똥벌레 같은 이들이 대다수다. 나와 같은 외상외과 의사야말로 이 사회의 개똥벌레 같은 존재라고 여겨진다. 평소에는 누군가에게 존재감이 강하지 않지만, 정작 단 한 사람이라도 꼭 필요한 순간이 찾아오면 환하게 빛나는 반딧불이 같다.

일상에서 평범한 삶을 살아가는 이들에게 외상외과 의사는 존재감도 적고 관심도 받지 못한다. 허구와 현실에서 전혀 이루어질 수 없는 줄거리로 포장된 의학 드라마에서 그 주인공이 나올 때, 유명인이 큰 사고를 당하였을 때만 반짝 관심을 보인다. 그리고 그 관심은 반짝 한 번에 그치고 곧 없어져 버린다. 하지만 만약 본인이나 가족이 중증외상 환자가 되었다면 상황은 급변한다. 외상외과 의사야말로 정말 소중한 존재라는 것을 알게 된다. 일반인들뿐만 아니라 병원 내에서도 마찬가지 존재다. 우리나라 병원은 어디를 가나, 자본주의라는 꼬리를 달고 의사를 평가한다. 제아무리 사명감이나 의술에서 가치가 우선한다고 하더라도 실적, 즉 병원에 수익을 못 내는 외상외과 의사는 찬밥 신세인 것이 현실이다.

오래전 부장판사로 일하는 고등학교 동기와 식사 자리가 있었다. 이야기하던 중 외상외과 의사와 부장판사는 서로서로 필수 의료인, 필수 법조인이라며 자조적인 격려를 해주었다. 친구는 당장 법복을 벗고 나가면 전관예우(前官禮遇)라는 명목의 고액 연봉을 보장받는 부장판사이지만, 본인이 가진 사명감으로 재판장 가운데를 지키고 있다고 말해

주었다. 억울한 피해자들을 위해 공정한 재판을 통해 묵묵히 본인의 사회적 역할을 한다고 어깨를 으쓱하면서 말이다. 동기는 그날 저녁 식사를 마친 후에도 다음 날 재판을 준비하러 다시 법원을 향해 갔다. 나는 그가 걸어가는 모습을 뒤에서 물끄러미 바라보았다. 그가 향한 커다란 법원 건물을 바라보니 띄엄띄엄 몇 개의 창문 밖으로 불빛이 보였다. 그 불빛은 왠지 더 밝게 빛나는 것처럼 느껴졌다.

* * *

30년 지기 친구에게 나는 개똥벌레처럼 별 존재감이 없는 의사 친구였다. 의사 친구이기는 하지만, 그 친구는 외상외과가 무엇인지도 잘 모를 더러, 매번 만날 때마다 나에게 무슨 과 의사냐고 질문한다. 태어나서 한 번쯤은 본인이나 가족이 꼭 가봤던 '내과, 소아청소년, 산부인과' 같이 한번 들어서 잊어버리지 않을 과를 전공하였다면 친구는 그 질문을 반복하지 않았을 것이다. 이번에도 또 "너는 무슨 과 의사냐?"라는 친구의 질문에 다음과 같이 설명하기 시작한다.

"나는 외과 전문의란다."

"외과는 주로 복부 수술을 하는 의사를 말하지. 그리고 외과 의사란 환자 치료에 있어 수술적 치료를 할 수 있는 의사야. 다시 정리하면 복부를 주로 치료하는, 필요에 따라 수술도 하는 의사야."

"쉽게 말해 흔히 말하는 맹장염 수술, 충수돌기염 수술을 하는 의사."

그러나 여기서 한 번 더 덧붙인다. 나의 세부 전공인 외상외과에 대해서.

"외과 전문의도 다양한 세부 전공들이 있어. 그중에서 외상외과를 선택했지. 외상외과라는 것이 생소하겠지만, 쉽게 말해 여기저기 많이 다친 중증외상 환자들을 보는 외과 의사야. 머리부터 가슴, 배, 골반 팔다리를 심하게 다친 환자를 주로 수술하거나 치료하는 역할을 하지. 나의 세부 전공은 '복부'야. 한 마디로 딱 정리하기는 힘들지만 주로 복부 외상환자 수술을 포함한 치료를 담당하며, 그 밖에도 중

중외상 환자 전반적인 것을 치료하는 외과 전문의란다."

이번에도 역시 친구는 내가 말하는 것의 절반만 이해하는 눈치다. 물론 나도 내가 하는 일을 딱 한 마디로 말할 수 없다는 것이 난감했지만, 그래도 친구니까 이해하였을 것이라 믿는다.

그런데 몇 해 전 아주 오랜만에 이 친구에게 메시지가 왔다.

"장 파열에 얼굴 함몰 환자가 내 여동생 시어머니라네. 수술 집도가 내 친구라니…."

문자를 보고 한동안 놀람과 흥분이 지속되었으나 애써 태연히 답했다.

"내가 잘해드렸다."

한참 뒤 다시 친구는 한 문장을 보냈다.

"너는 가족을 살려주는 의사 친구가 되었구먼…."

친구가 문자 하나로 나를 감동하게 했다. 이 친구는 그동안 나를 개똥벌레 같은 의사 친구로 여겨왔었지만, 이제는 나를 반딧불이 의사 친구로 인정하며 감동을 전하였다. 정확히 3일 전 내가 처음부터 진찰하고, 수술했던 환자는 그 친구의 가족이다. 정확히는 여동생의 시어머니다. 나에게는 매일 보는 환자 중 한 명이지만, 환자 당사자나 그 가족의 입장에서는 큰 사고를 당해 수술받은 엄청나게 두렵고 걱정되는 상황이다.

＊＊＊

어느 무더운 여름날, 일요일 오전이다. 하지만 그날은 이상하게 아침부터 조용하면서도 느낌이 싸했다. 무탈한 일요일 당직을 했으면 하였으나, 역시나 12년 차 외상외과 의사의 촉은 틀리지 않았다. 외상센터 핫라인을 통해 전화가 세차게 울렸다. 한 시간여 거리의 시골 마을에서 트럭을 운전하는 70대 초반의 할머니가 중증외상이 의심된다는 전화였다. 곧 이어서 들리는 혈압을 비롯한 활력징후*도 좋지 않을뿐더러, 배도 많이 아파하시고 이마에 출혈도 심한 상태라는 말을 전하였다.

'트럭, 배, 머리.'

역시나 책에 많이 나오는 중증 외상이 발생할 수 있는 안 좋은 조합이다.

나의 전문 분야인 배에 다시 집중하며, 119 대원에게 초기 처치를 잘한 후 빠른 이송을 당부하였다. 예정 시간보다 훨씬 빨리 환자는 도착하였고, 나랑 처음 마주친 환자의 배에 손을 가져다 댔다. 내 손끝은 환자 뱃속을 신속히 파악할 수 있었다. 정해진 순서대로 혈관 확보, 혈액 검사, 이어 CT 검사를 시행할 예정이었지만, 머릿속에는 이미 환자의

활력징후(Vital Sign): 생명 유지와 관련된 기본적인 생체 신호. 체온, 맥박, 호흡, 혈압 등의 측정값을 말한다.

배 안이 상상되었기에 수술실 상황을 먼저 알아봤다.

다행히 당시 진행되거나 예정 중인 수술이 없어 바로 수술할 수 있는 상황이었다. 역시나 CT 검사의 소견은 처음 환자 배를 만지면서 상상했던 그대로였다. 이마에 심한 출혈은 있으나 뇌출혈은 없는 것은 환자에게 천만다행인 상태다. 그러니 이후는 정해진 대로 최대한 신속하면서도 정확히 수술해야 한다.

금식이 안 되어있는 응급환자의 경우 마취 문제가 최대 걸림돌이다. 마취 과정에서 위에 있는 내용물이 역류하여 기도로 들어가 흡입성 폐렴*의 위험성이 크기 때문에 특히 조심해야 한다.

물론 배 안에 장이 터지고 피가 나는 상황이라면 빨리 수술하는 것이 최선이다. 또한 환자 보호자를 불러 수술에 대한 방법과 합병증, 위험 등을 설명하고 수술 동의서에 서명받아야 한다.

흡입성 폐렴: 위나 입에 있는 내용물 등 이물질이 기도로 흡입되어 폐에 염증이 발생하는 질환

다행히 환자의 아들과 며느리가 어떻게 연락을 받았는지 응급실로 와서 설명을 듣고 동의서에 서명하였다. 나도 사람인지라 마음이 급하여, 모든 것은 수술이 마무리된 후 자세히 설명하겠다고 간략히 말하고, 대신 "온 힘을 다해 수술하겠습니다"라고 힘주어 덧붙였다.

준비하는 동안 환자가 잘 버텨주어서, 크게 위험하지 않은 상황에서 수술실로 이동했다. 나의 설명을 듣는 아들과 며느리는 어느 보호자보다 더 애절하고 간절해 보였으며, 특히 며느리는 마치 딸이 어머니를 걱정하는 듯한 표정이었다.

이렇게 인연이 된 환자이자 친구 여동생의 시어머니. 중증외상 환자이지만 복부와 안면 부위 모두 잘 수술을 마치고 나서 몇 주 뒤 건강하게 잘 회복되셔서 웃으시면서 집으로 향했다. 나중에 친구를 통해 들은 소식으로는 아들이 튼튼하고 에어백이 있는 좋은 차를 새로 사주었다고 했다. 물론 차도 좋아야 하지만 안전운전을 해야 한다는 조언을, 친구를 통해 다시금 전하였다.

'가족을 살려주는 의사 친구가 되었구먼.'

친구에게 들은 이 한마디는 그 후로 내 가슴 구석 어디에 진하게 새겨놓았다. 절대로 지워지지 않게 말이다. 다시 그 문장을 되뇌며 나는 개똥벌레가 아닌 빛나는 반딧불이 의사 친구로 살아왔음을 알게 해주었다. 그날 이후 친구는 나에게 무슨 과 의사인지를 다시는 묻지 않았다.

나와 같은 외상외과 의사는 병원에서 개똥벌레 같은 존재다. 그렇지만 정말 필요한 순간, 누군가의 가족을 살려주는 빛나는 반딧불이라는 것은 분명하다. 어둠에서, 때로는 죽음 문턱에서 어느 가족, 환자에게 살아나는 길과 생존에 가깝게 다가가기 위한 길을 안내해 주는 반딧불이 말이다.

02

내 가족이라면
바로 수술하겠습니다

"이번에는 웃으면서 수술실에 들어가네요."
"아내 손잡고 들어가는 수술은 처음이네요."

긴장한 듯, 그러나 애써 태연한 표정의 환자 모습이다. 곧 이 침대에 누워 차디찬 수술실로 들어갈 것이다. 지난 세 번의 수술은 정신없는 상태로 들어갔으나 오늘만큼은 맑은 정신이다. 환자의 눈가에 눈물이 살짝 비친다.

한 달 전 나와 처음 만난 J 환자. 70대 시골 노인이지만 의외로 근육질에 다부진 체격이셨다. 그분에게는 항상 옆을 지켜주고 보살펴주는 아내가 있었다. 칠십 평생을 병원 한번 가보지 않은 그분은 지난 한 달간 네 번이나 몸에 칼을 대야 했다.

수술실에 들어가기 직전, "이번 수술도 잘 끝날 것입니다"라고 안심시켜 드렸다. 내가 세 번째 칼을 댄 외과 의사였고, 다음 네 번째 메스를 잡는 의사는 오늘 수술을 마음속으로 준비하고 계실 것이다.

지난 세 번의 수술은 다치고 피가 나고 부러진 곳을 수술하였지만, 이번에는 고약한 혹을 떼어내야 하는 상황이다. 세 차례나 피나는 장기를 꿰매고 떼어내거나 부러진 뼈를 맞추는 수술을 하였다. 이전에 다쳐서 이곳 권역외상센터로 온 후 검사한 복부 CT 상에서 고약한 혹이 발견되었던 것이다.

***

사흘 전, 마지막 수술 결정을 앞두고 환자의 사위가 면담을 왔다. 지난 세 번의 수술, 중환자실을 거친 치료 동안 한 번도 보지 못한 분이었다. 다짜고짜 "이번 수술은 서울 큰 병원으로 가서 하겠습니다"라고 톡 쏘면서 말했다. '소견서를 써주겠으니 알아서 하라'는 나의 말에 환자와 가족 모두 혼란에 빠졌다. 그렇지만 J 환자는 나와 이곳 병원에 믿음을 가지고 반드시 이 병원에서 네 번째 혹을 떼어내는 수술을 하겠다고 하셨고, 단칼에 사위의 의견을 거절해 버렸다.

외상외과 의사의 수술 결정은 대부분 응급실에서 이루어진다. 응급실에서 촌각을 다투는 상황들이기에 이 수술 결정에 대한 시간은 나에게 많이 주어지지 않는다. 자칫 수술 결정이 늦어지면 환자에게 치명적이고 되돌릴 수 없는 결과로 이어지기 때문이다. 이 경우 이 순간의 제일 나은 선택은 바로 수술뿐이라고, 온 힘을 다해 수술하겠다고 말한다. 내 말을 듣는 보호자는 더 이상의 말이 없이 동의서에 서명한다.

사위의 의견에 기분이 썩 좋지는 않았지만, 한편으로 이해가 가기도 했다. 지난 세 번의 수술은 시간을 다투는 수술, 결정이었지만 암 수술만큼은 더 큰 상급병원으로 가서 하겠다는 것을 다짜고짜 말릴 수는 없었다. 물론 사위의 보여주기식 효도인지, 진심으로 장인어른을 걱정하는 마음인지는 알 수 없다. 그러나 환자의 의지는 확고했다. 그렇게 그분은 나에게 콘크리트 같은 믿음을 갖고 계셨다. 그 믿음 덕분에 마지막 네 번째 수술도 무사히 잘 끝났다. 그 결과, 어느 환자보다 잘 회복하셨다.

* * *

J 환자와의 첫 만남은 한창 바쁜 농번기 중 어느 날이었다. 그는 매번 가는 익숙한 집 근처 길을 지나고 있었다. 그런데 아차 싶은 찰나에 저 아래 도랑으로 떨어지게 되었다. 순간 정신을 잃고 이리저리 몸을 일으키려 하였으나 몸이 안 움직였다. 숨도 차고 어지러웠다. 하지만 하늘이 도운 것인지 지나가는 마을 사람이 그를 발견하고 바로 119에 신고하였다.

그 후로는 기억이 없다. J 환자는 어디론가 실려 와서 몸에 여기저기 관을 꽂고 정신을 또 잃어버리고 깨어나니 중환자실이란 곳이다. J 환자 몸에 많은 사람의 손이 닿았고

관들을 꽂아 넣었다. 붉은 피도 수없이 몸 안으로 이미 쏟아 들어갔다. 환자가 두 번의 수술을 마친 이후, 어느 정도 안정을 찾게 되어 일반병실에서 간병인과 함께 지내고 있었다. 그런데 그날 새벽, 갑작스러운 복강 내 출혈이라는 응급상황이 발생하였다.

나에게 환자 상태가 전해지고 직접 본 순간, 이미 J 환자는 저혈압성 쇼크에 빠져 의식도 희미한 상태였다. 더 이상 지체할 수 없는 상황이라 환자를 밀고 수술실로 들어갔다. 그 짧은 시간에 환자 보호자에게 전화하였다.

"환자 상태가 위험합니다. 최선을 다해 수술하겠습니다. 모든 상황은 수술 후에 말씀드리겠습니다."

수술 동의서에 서명할 시간도, 방법도 없었다. '모든 책임은 오로지 내가 짊어진다'는 그 한마디로 수술이 시작되었다. 앞서 두 번의 수술에서 쏟아부었던 혈액의 서너 배 많은 양의 수혈을 진행하면서 수술하였다. 다행히 수술하는 동안, 그 후 환자는 잘 버텨주었고 잘 회복하였다. 그렇게 세 번째 수술 후 회복을 어느 정도 한 후에 앞서 말한 네 번째 수술도 하였다.

또다시 수술 후 회복 기간이 이어졌으나 역시나 J 환자와 그 옆을 지켜주는 아내의 믿음으로 환자는 잘 회복하였다. 그 모든 과정이 한 달 반의 시간 동안 이루어졌다. 그러는 사이 환자와 나 사이 믿음은 그만큼 확고해졌다.

퇴원 후 외래진료를 위해 다시 병원에 온 J 환자는 나에게 다음과 같이 말씀하셨다.

"평생 잊지 않을 거야!"
"나중에 우리 집에 꼭 와야 혀!"

* * *

한 보호자가 내 얼굴을 빤히 쳐다보면서 묻는다.

"그런데 꼭 수술해야 하나요? 왜 전신마취하고 개복(開腹)하나요?"

이미 여러 차례 말했지만 내 말을 전혀 이해하지 못 한 눈치다. 차라리 어제 수술한 환자처럼 배가 불러오고 혈압이 뚝뚝 떨어지는 상황이라면 마음 편하게 서둘러 말하고 보호자도 선뜻 이해하고 동의한다. 그러나 모든 환자가 교과서에 나오는 기준처럼 딱 떨어지는 상황에서 수술적 치료를 결정하는 것이 아니다. 이 환자는 사고 경위, 환자 통증, 내가 환자 배에 손으로 지그시 눌렀을 경우 압통*과 반발통*을 호소하는 것으로 짐작하건대, 복강 내 장기 손상이 강력히 의심되는 상황이었다.

그런데 마지막으로 한 가지 부족한 점이 있었다. 바로 방금 찍은 CT 검사 상에서 확실하게 장천공, 내부 장기 손상 의심 소견이 보이지 않았다. 이런 경우는 정말 난처하다. 복강 내 장기, 특히 소장, 대장 천공이면 유리 공기라고

복부 압통 Abdominal Tenderness: 아픈 부위를 직접 손으로 눌렀을 때 통증이 강하게 느껴지는 것. 국소적 염증이 그 부위에 있을 때 나타날 수 있다.

복부 반발통 Abdominal Rebound Tenderness: 통증이 있는 부위를 손으로 눌렀다가 뗄 때, 눌렀던 부위에서 더 강한 통증이 느껴지는 것. 복강 내 염증, 복막염이 있으면 반발통이 나타남.

장 안에 있는 공기가 외부 복강 내로 나와 보여야 한다. 이런 소견이라면 누구라도 100퍼센트 자신 있게 복부 수술을 해야 한다고 말하고 반드시 빠른 시간 내에 해야 한다.

하지만 앞서 말한 것처럼 통증, 압통과 반발통 사고 기전 등만으로 수술 결정을 하기는 참 애매한 상황이다. 물론 아주 오래전 CT 검사가 없는 시절에는 이런 소견만으로 우리 선배 외과 의사들은 수술 결정을 하고 환자를 살렸을 것이다. 하지만 최근 일반인들도 쉽게 검사라는 틀에 박힌 판단 기준에 사로잡혀 의사 판단보다 검사를 더 믿는 경향이 있다.

이 환자, 환자 보호자의 경우도 마찬가지였다. 검사 결과가 어떤지를 먼저 묻는다. 물론 바로 뒤에 있는 환자는 보호자가 이렇게 따지듯이 나에게 말하는 중간에도 환자는 배를 부여잡고 아프다고 말한다. 이럴 때는 솔직히 모든 상황을 환자, 보호자에게 설명하고 함께 최선의 치료 방향을 찾아가야 한다. 보호자는 나의 설명을 듣고 되묻는다.

"그래서 우리 어머니 배 안 장기가 터졌나요?

확실히 터졌다고 장담하시나요?

배 안에서 지금 피가 많이 나고 있나요?

지금 꼭 수술해야 하나요?

연세도 많은 노인이신데 마취, 수술이 가능할까요?"

의심 가득한 질문, 더해서 나이 드신 어머니 걱정에 다시 질문한다. 모니터에 방금 찍은 환자 CT 사진을 보며 보호자에게 나도 다시 말한다. 복강 내 장기들을 보여주며 장기 손상이 의심되는 부위, 복강 내 보이지 말아야 할 액체가 고여 있는 사진을 보며 한 번 더 설명한다.

"지금 바로 결정하고 수술해야 합니다. CT 검사, 제가 진찰한 소견 등 모든 것이 100퍼센트 장천공을 확신하는 소견은 아닙니다. 의학에 100퍼센트라는 것은 없습니다. 특히 지금과 같이 응급상황에서는 100퍼센트를 찾아가다가 자칫 환자 상태를 급격히 악화시킬 수 있습니다."

마지막으로 잠시 고민한 후 다음과 같이 덧붙였다.

"제 가족이라면 지금, 이 순간 바로 결정하고 수술받겠습니다."

이 마지막 말에 보호자는 더 이상 질문이나 의문 없이 수술 동의서에 서명하였다. 환자 배에 손을 얹어놓고 다시 지그시 눌러본 다음 환자 얼굴을 쳐다본다. 내 손안에 투시 카메라가 달려 환자 배 안을 뚫어서 내다볼 수 있는 초능력이 있다고 잠시 상상해 본다. 하지만 그런 초능력은 과욕이다. 내 능력은 투시 안경이 아니라 모든 상황을 종합적으로 판단하여 지금 내 앞에 있는 환자가 최선의 치료 방법을 찾게 도와주는 것이다.

때로는 뱃속을 검사하는 CT도 뼈가 똑 부러진 골절처럼 잘 보이면 좋겠다는 생각도 한다. 그렇지만 뱃속 문제는 수많은 장기와 혈관이 들어있는 곳이기에 진단하기도 힘들지만, 치료도 쉽게 결정하기가 어렵다. 환자 상태를 처음부터 자세히 진찰해야 하는 것은 기본이다. 아울러 환자가 어떻게 다치게 된 것인지, 나와 처음 만나고 시간이 지나면서 통증이 변하는 정도도 함께 참고해야 한다.

내 손을 환자 배 위에 눌러서 아픈 압통과 떼면서 느껴지는 반발통도 함께 살펴본다. 복강 내 심한 염증 등이 있으면 발생하는 복부 강직도 내 손으로 함께 알 수 있다. 마지막으로 혈액검사, CT 소견도 앞서 본 것과 함께 고려한다. 이렇게도 배를 열겠다는 수술 결정이 어려우면 다시 환자 옆으로 다가가서 앞서 말한 모든 것들을 다 검토해 본다.

최종적으로 환자 배 안을 상상해 보며 결정한다. 결국 이 환자 배에 메스를 대기로, 수술하기로 하였다.

냉정한 판단이 중요하다지만 그 판단 안에는 내 앞에 있는 환자가 누군가의 가족, 어쩌면 내 가족이 될 수도 있다는 생각도 함께 한다. '치료, 수술한다는 것'은 환자 몸에 메스를 가져다 대는 것만이 아니다. 아픔과 고통을 더불어 공감하고 위로해 주는 것도 동반한다.

"환자분 걱정하지 마세요. 최선을 다해 수술해서 배 안 아프게 해드리고 빨리 회복하게 도와드리겠습니다!"

이 말 한마디에는 나의 치료에 관한 모든 것과 진심이 오롯이 담겨 있다.

03

요리하는 정성,
환자를 치료하는 진심

오늘은 아빠가 요리하는 날이다. 메뉴 고민부터가 요리의 시작이다. 그 이전에 손가락이 휴대폰 배달 앱을 만지작거리면서 심각하게 고민부터 한다. 요리를 시작하려면 메뉴 선택부터 요리하는 시간, 기름 냄새와 불 향이 함께 걱정된다. 요리 끝 맛있는 음식이 내 입안에 들어가는 순간은 기쁘지만, 과정이 절대 쉽지는 않다. 소파 혹은 침대와 한 몸이 된 상태로 손가락 몇 번만 하면 바로 현관 앞으로 "땡동" 하면서 음식이 도착한다. 직접 보지 않았지만, 많은 조미료를 넣어서 입에 착착 달라붙을 것이다. 하지만 언제까지 이런 배달 음식만을 먹을 수는 없다. 그래서 내가 직접 우리 가족의 건강을 위해 요리한다.

다시 마음을 고쳐먹고, 어떤 요리를 할 것인지 고민한다. 가만 생각해 보니 전날 마트에서 사 온 '섬초'가 떠올랐다. 시금치와 매우 유사한 모양새였다. 섬초란 전남 비금도라는 섬에 자라는 시금치를 말하며, 한겨울 추위에 바닷바람을 이겨내서 일반 시금치와는 달리 두껍고 씹는 맛도 있고 당도가 높다. 요리를 정했으니, 어떻게 조리할지 그 방법을 머릿속으로, 블로그 검색으로 다시 리뷰해 본다. 이제 남은 것은 가장 중요한 요리하는 마음 준비가 남았다. 이 마음이 없으면 절대 맛있는 음식이 되지 않는다.

'섬초 무침은 절대 배달 앱을 통해서 오지는 않지!'
'나와 우리 가족이 먹을 음식이라 건강하고 맛있게 만들 거야!'

준비는 다 되었다. 신선한 재료와 정성껏 요리하는 마음이면 충분하다. 가장 먼저 섬초를 손질할 커다란 바구니를 여러 개 준비한다. 동시에 미리 커다란 냄비에 물을 적당량 넣고 소금 한 스푼을 넣은 후 끓이기 시작한다. 뿌리 부분이 영양 성분이 많다고 하지만 뿌리를 과감히 자르면서 섬초를 다듬는다. 역시나 섬에서 바닷바람을 맞으며 자란 것인지 전에 사서 먹었던 굵직한 시금치에 비해 조그맣고 흙이 많이 묻어있다. 이제 깨끗하게 씻은 섬초를 조금 전 팔팔 끓기 시작한 냄비 속으로 투척한다.

어느 요리에서나 이 데치는 시간을 적당하게 한다는 것은 너무 어렵다. 그날처럼 두 단을 사서 채소 양이 많을 때는 파워블로그에서 이야기하는 뒤집기 전 10초, 뒤집고 20초를 지키는 것은 무리다.

나의 방식대로 두 단 분량의 많은 섬초를 한꺼번에 끓은 냄비 속으로 집어넣는다. 집게와 국자를 양손에 잡고 마음속으로 30까지 세면서 뒤집으면서 색깔을 확인한다. 초록색 본연의 색깔에서 좀 물을 먹은 진한 녹색으로 변하면 바로 불을 끈다. 뜨거운 냄비에서 건져 낸 시금치는 체에 받쳐 물을 뺀다. 다음 차례는 이 요리의 하이라이트인 무침이다.

미리 조그만 접시를 준비한다. 냉장고 여기저기서 갖은

양념을 꺼낸다. 다진 마늘, 참기름, 국간장을 기본으로 하고 최근 내가 선호하는 한 제품화된 첨가제도 준비한다. 양념의 비율을 블로그에는 한 스푼, 두 스푼이라고 친절히 적혀있으나, 지금은 내가 셰프이기 때문에 나의 눈대중으로 한다. 단 참기름과 깨소금은 듬뿍 넣고 소금이나 간장은 최소한으로 쓰는 나만의 원칙을 지킨다. 미리 섞은 양념을 데쳐진 섬초 위에 골고루 뿌린 다음 비닐장갑을 끼고 손으로 맛을 충분히 배어들게 한다.

맛은 입과 혀로 느끼지만, 요리하는 사람의 맛은 손끝과 눈으로 느낀다. 오늘의 섬초 무침도 나 자신에게 훌륭한 점수를 준다. 언제 왔는지 딸아이는 입을 벌리면서 섬초 무침을 달라고 한다. 한번 먹고 엄지를 힘껏 세워 보여주더니 조그마한 손으로 마구마구 집어먹기 시작한다. 말도 없이 정신없이 먹는 딸아이 모습만으로도 오늘 요리의 성공을 직감했다. 이는 절대 배달 음식으로 느낄 수 없는, 요리하는 사람만이 느낄 수 있는 뿌듯함이다.

* * *

 내 손으로 직접 처음 라면을 끓인 순간을 잊지 못한다. 지금이야 물을 끓이면서 자유자재로 이런저런 재료를 넣어가면서 라면을 완성한다. 송송 썬 대파를 넣거나 때로는 신 김치를 라면에 넣고 함께 끓이고 언제나 계란을 풀어 넣는 것은 기본으로 한다. 하지만 처음 라면을 끓일 때는 물 양이 500cc라고 적힌 봉지 레시피대로 냄비에 물을 넣고 한참 동안 그 주위를 떠나지 못하였다. 스프와 라면을 넣은 다음 4분 동안 시간을 재면서 끓는 것을 지켜봤다. 언제나 조금 덜 익거나 더 많이 익는 것이 다반사였지만, 역시 내 손으로 직접 끓인 라면은 나에게 최고의 맛이었다.

 환자를 진료하는 과정도 마찬가지다. 법적으로 의과대학을 졸업한 후 의사 국가고시에 합격하면 환자를 진료할 수 있는 의사면허증을 취득하게 된다. 잉크가 마르지 않은 면허증을 받은 첫날부터 인턴 선생님도 진료할 수 있다. 의사이기에 진료가 가능하고 처방, 처치가 가능하다.

 요리하는 마음과 환자 치료하는 마음은 같다. 그렇기에

환자의 치료 과정에서 요리를 준비하는 마음도 함께 떠올리기도 한다. 절대로 한 번의 손놀림, 끓임으로 요리가 완성되지는 않는다. 그래서 계속 살펴본다. 냄비를 여러 번 열어보고, 또 간을 본다. 부족한 양념을 넣어주고 필요하면 물을 더 넣어준다. 레시피만 따라 하면 절대 맛있는 요리가 안 된다. 정성의 마음을 더해야 한다. 눈으로 코로, 때로는 손끝도 더해서 온 마음으로 정성을 다하여 요리해야 한다.

쉽고 편하고 빠른 것을 찾는 시대이기에 배달 음식과 더불어 수많은 레토르트 식품들이 있다. 나도 간혹 3분 카레, 햇반같이 간편하게 전자레인지에 돌려 몇 분 만에 한 끼를 해결할 음식을 먹곤 한다. 하지만 시간과 수고가 몇 배 더 들더라도 내가 직접 만든 갓 지은 따끈한 밥과 두툼하게 썬 감자, 그리고 여러 채소를 넣은 카레의 맛은 어디에도 비교할 수 없다. 요리하는 과정에서 이 음식을 함께 맛있게 먹을 가족을 생각하며 그 마음과 좋은 재료를 직접 다듬고 요리하는 것이 합해진 결과다. 그러하기에 최근 요리 프로그램에서 온갖 노력을 음식에 쏟아내는 요리사들이 반갑다.

하루는 나만의 라면을 끓여보기로 결정하였다. 라면 하

나도 레시피, 재료, 물, 불, 요리하는 마음과 정성이 어우러져야 한다. 센 불로 팔팔 끓는 물에 스프를 먼저 넣고, 거품이 듬뿍 올라오는 타이밍에 라면을 넣는다. 1분여를 끓이다가 젓가락으로 라면을 한번 휘젓고 재빨리 뚜껑을 닫고 남은 2분을 더 끓인다. 그날은 더 맛있고 시원한 라면을 만들기 위해 고민하고 또 고민하다가 추가로 파를 송송 썰어 넣는다. 언제나 라면에 통통한 계란을 후루룩 풀어주는 것은 기본이다. 나와 함께 라면을 먹을 가족을 생각하는 마음은 늘 그렇듯 이번 요리에도 듬뿍 넣었다. 그랬더니 역시 맛깔나게 완성되었다.

*＊＊

10여 분 전 본 환자를 또다시 가서 살펴본다. 직접 아픈 부위를 만져보고 또 만져본다. 그리고 이전에 어떤 약을 먹었는지, 어떤 수술을 하였는지도 한 번 더 물어본다. 모니터에 나오는 검사 수치도 다시 살펴본다. 의문이 생기면 직접 가서 환자를 다시 한번 진찰한다. 환자가 모르는 또 다른 정보를 보호자가 알 수도 있기 때문이다. 더불어 내가 주로 담당하는 중증외상 환자에 관해서는 어떻게 사고가 났는지, 사고 기전이나 사고 차량도 다시 알아본다.

하지만 간혹 직접 만드는 요리보다 레토르트 식품을 찾는 것처럼, 환자를 보는 최근의 행태는 안타까울 따름이다. 환자를 직접 만져보고 진료하는 것보다 모니터를 통해 보는 것으로 익숙하고 편함을 추구한다. 이전에는 두툼한 종이 차트가 중환자실 환자 바로 앞에 있어 그 차트를 보고 환자도 봐야 하기에 무조건 직접 환자를 찾아가서 진찰해야 했다.

그러나 이제는 변했다. 우선 가까운 모니터, 컴퓨터로 향한다. 환자에게 뛰어가는 것이 아니라 모니터로 환자의 문제를 해결하려고 한다. 물론 두툼한 종이 차트를 뒤져서 환자 파악하는 시간보다 전자 차트에 기록된 여러 정보, 혈압과 맥박 수치 등을 보면 훨씬 이른 시일 안에 환자 상태를 더 정확하게 알 수도 있다.

하지만 환자의 얼굴, 피부색, 숨소리는 모니터에 보이는 차트에는 없다. 24인치 LCD 모니터가 아무리 선명해도 환자를 한눈에 파악할 수 있는 혈색은 물론이고, 환자의 거친 숨소리와 고통스러운 눈빛은 보여줄 수 없다. 앞서 말한 멋스러운 봉지에 들어있는 레토르트 식품에는 절대 담아낼 수 없는 요리사의 정성 가득한 마음이 그것이다. 어느 요리사가 말하기를 '요리는 단순히 음식을 만드는 것이 아니라 누군가를 위하는 마음의 표현'이라고 한다. 진료에서도 마찬가지다. 환자에게 다시 한번 다가가서 직접 살피는 것, 이런 행동이야말로 곧 환자를 위하는 진정한 마음의 표현이 아닐까?

04

내 인생의 첫 팬 사인회

진료가 마무리될 즈음, 아이가 주섬주섬 종이를 꺼내더니 하얀 종이를 내 앞으로 내밀었다. "사인해 주세요"라고 말하면서 말이다. 아이는 흰 종이와 함께 내가 쓴 신문 칼럼을 스크랩해서 왔다. 자랑스럽게 그것을 보여주더니, 또랑또랑한 눈빛으로 내 사인을 기다렸다. 그 순간 나는 너무 당황스러웠지만 아이는 자신을 치료해 준 의사 선생님이 연예인보다 더 멋져 보이는 것처럼, 감사하는 마음에서인지 연신 싱글벙글하였다. 매번 자연스럽게 멋진 사인을 하는 연예인이 아니기에 어떻게 해줘야 할지 망설여졌다.

이런 마음으로 아이의 모습을 다시 살펴봤다. 두 달 전

두려움에 떨고 아파하던 그 모습이 아니다. 이제 다 회복하였다. 언제 중환자실에 있었던 아이였나 싶게 건강한 모습에 밝은 표정을 짓는다. 물론 옆에서 지긋이 웃는 아이 엄마에게서도 아이가 첫날 119구급차를 타고 왔을 당시 눈물을 흘리며 안타까워했던 표정은 찾아볼 수 없다.

추락하여 배가 부풀어 오르고 극심한 고통 속에 실려왔던 열한 살 아이. 아이 눈빛은 또랑또랑하였으나, 내 손으로 배를 만지자 아이는 여기저기 모두 아파하였다. 겉으로는 피 한 방울 나지 않은 상태였고, 가만히 누워있는 모습은 도대체 어디가 문제인지 절대 알 수 없었다. 하지만 CT실을 다녀온 후 내 눈빛도 변하였고 마음도 동시에 타들어 가기 시작하였다.

그 아이와 함께하는 일주일은 마치 한 달처럼 길게만 느껴졌었다. 그 아이의 주치의로서라기 보다는, 초등학생 아이를 둔 아빠의 마음으로 치료하였다. 환자와 의사. 이 한 가지만 생각하고 치료해야 하나, 나도 사람인지라 치료 과정에서 감정이 들어가는 것은 어찌할 수 없는 상황이었다.

그렇지만 모든 판단, 결정에서는 냉정하고 정확해야 한다. 절대 한 치의 오류도 용납되어서는 안 된다. 아이와 처음 만난 첫날은 참으로 애매하고 무엇인가를 결정하기 어려운 상황이었다.

'수술을 해야 하나? 말아야 하나?'

누가 봐도 딱 부러진 뼈, 골절이라면 수술적 치료로 단숨에 결정 내리는 것이 가능하지만, 복부의 문제라면 그리 쉽게 결정 내리지 못하는 경우가 많다. 특히 아이 몸은 성인과 다르고 치료 과정에서도 예기치 않게 변하는 것이 많다. 그러므로 더 신중하고 또 신중해야 한다. 성인 절반 몸무게이기에 약물 하나하나도 조심하고, 수액 용량도 특히 주의해야 한다.

이 아이가 내 친구의 자식이라 여기고 모든 치료를 하였다. 환자와 의사는 잠시 만나고 헤어지는 관계일 수 있다. 하지만 입원하고 치료하는 과정, 그 순간은 절대적인 관계로 있어야 한다. 마치 하나의 몸인 듯, 매우 유기적인 관계로 말이다. 처방이나 주사, 시술이나 수술 등 하나하나를 결정할 때 이 모든 과정에서 신뢰를 바탕으로 진행해야 한다.

수술하지 않고 비수술적 치료, 약물치료로 잘 낫고 퇴원한 아이. 퇴원하는 그날까지 마음은 늘 조마조마했다. 열이 한 번 나도 긴장하곤 했다. 매번 아이를 보면서 배를 지긋이, 부드럽게, 빨리 나으라는 마음을 담아 만져줬다.

그런 아이가 지금 나의 사인을 기다리고 있다. 아이와 이런저런 이야기를 하면서 그 아이가 입원하였던 기간 동안의 치료 과정을 되돌아보았다. 밝게 웃는 모습을 완치의 사인으로 받아들이면 된다.

이제 남은 것은 어떻게 사인을 해주면 좋을지의 문제다. 이름 석 자만 써주기는 왠지 멋이 없는 것 같아서 고민하고 또 고민하였다. '무슨 멘트를 써줘야 할까? 5학년인 초등학생에게 사인을 멋지게 해주는 법이 어디 나와 있진 않을 텐데…'

내 앞에서 싱글벙글 웃고 있는 환자인 아이, 이제는 거의 다 완치가 되어 환자라는 말은 빼도 될 상황이다. 이 아이도 첫 사인을 받는다는 즐거움에 기대감이 가득하다. 첫 사인 멘트를 고민하는 시간이 묘하게 흘렀다. 이를 흐뭇하게 바라보는 아이 엄마는 아이 몸이 다 나았다는 즐거움과 동시에 아이가 기뻐하는 모습에 덩달아 좋아하고 계셨다.

"고민해서 사인을 해두겠으니, 다음 진료 시간에 받으러 오세요"라고 말하고 싶었지만, 오늘로 이 아이 치료는 종결될 예정이라 또 병원에 오라고 할 수도 없는 상황이다. 어떻게든 이제 사인을 해야 한다. 다음 환자 진료도 있고, 또 중환자실, 병실로 환자들을 살피러 가야 하니까.

'건강하고 공부 잘하세요!' '엄마 아빠 말씀 잘 들으세요!'

이런 교과서적인 멘트는 하기가 싫었다. 그래서 뭔가 기억에 남는 문구를 고민하고 또 고민했다. 생각났다! 20여 년 전 내가 보호자로부터 받은 글, 편지다. 안타깝지만, 암 환자로 오랜 기간 수술부터 여러 차례 입원과 퇴원을 반복하다가 결국 사망한 환자다. 그 환자의 딸로부터 받은 것이다. 못생긴 내 손을 따뜻하다고 말해준 환자와 딸이다. 의사면허를 갖게 된 두 번째 해에 받은, 의사로서 살아가는 길을 알려준 편지다.

"감사합니다. 아빠가 선생님의 따뜻한 손을 무척 좋아하셨어요. 앞으로도 환자를 먼저 생각하는 그런 의사 선생님이 되길 바랍니다."

휴대폰에 저장된 이 편지 사진을 꺼내 들었다. 아이가 가져온 하얀 종이에 정성껏 또박또박 적어주었다.

'○○○ 어린이에게
건강하고 따뜻한 손을 가진 ○○이가 되렴'
2025년 1월 24일, ○○대학병원 문윤수'

이렇게 내 첫 사인회는 멋지게 마무리되었다.

*＊＊

언제나 들뜨고 설레는 1월 1일이다. 10년 전 새해 첫날 그날도 아직 해가 뜨지 않은 어둠 속 길을 터벅터벅 걸으며 새로운 해에는 다 잘 될 것이란 기대를 품은 채 병원으로 향했다. 나의 일터이자 환자들을 치료하는 이곳 권역외상센터로 말이다. 나도 그저 평범하게 12월 31일 늦은 밤까지, 사랑하는 가족들과 화기애애한 시간을 보내고 새해 첫날 0시 0분에 보신각의 종 치는 행사를 함께 보고 싶었다. 하지만 다음날 근무를 위해 보신각 종소리는 듣지 못하고 일찍 잠을 청했다.

'오늘도 사람들이 다치지 않기를 바라는 마음으로' 새해를 맞이하였다. 그런데 새해 첫날밤, 일곱 살 아이가 중증 외상환자로 내 담당 환자로 오게 되었다. 고속도로에서 큰 교통사고로 바로 옆자리에 타고 있던 그 아이의 친척은 다른 권역외상센터로 이송되었으나 사망한 안타까운 사고였다. 아프고 다친 사람들이 없기를 바랐으나, 새해 첫날부터 나의 바람은 그 아이로 인해 무참히 깨져버렸다. 아이와 그 가족과 함께 가슴 졸이고 힘든 새해를 맞이하였고 한 달여의 긴 치료가 시작되었다. 몇 차례 고비가 있었으나 다행히 아이도 잘 회복하였고, 점점 회진하러 가면 웃으며 반겨주는 날이 많아졌다. 어느 날 아이가 손 편지와 함께 나의 모습을 그린 그림을 선물로 주었다. 사진보다 더 잘 나를 그려준 그 아이였다. 편지에는 이렇게 쓰여 있다.

"감사한 일들이 많았기 때문이에요. 감사한 일들은 '나를 살려주심, 늘 걱정해 주심, 엄마와 있게 해주심, 할머니 수술할 교수님을 소개해 주심 등등…'이지요."
"이만큼이 다 감사해요. 더 많지만, 중요한 것만 썼어요. 더 많은 생명을 살릴 수 있도록 항상 기도할게요. 응원할게요. 하지만 남만 살리지 마시고 항상 건강하세요."

사인을 해주고, 그 아이의 감사 편지를 받은 시점에서부터 이제 정확히 8년이 지났다. 편지를 준 아이는 지금쯤 고등학생이 되지 않았을까 싶다. 그해 1월 1일에 삶의 고비를 넘겼듯이, 지금도 건강하게 잘 자라고 있을 것이라 믿는다.
매년 새해 첫날, 당직 근무를 마치고 퇴근하거나 혹은 출근하면서 그 아이를 떠올린다. 힘들고 피 말리는 날로 기억하고 있지만, 그 우울한 기억은 아이가 건강하게 웃으며 퇴원하고 나에게 격려 편지를 써준 것과 함께 희석되었다. 그 아이의 감사와 응원 덕분에 멋지게 사인해 주는 외상외과 의사로 지금도 살고 있다. 또 다른 아이에게 감사 편지를 받고, 사인해 주는 기분 좋은 상상을 다시금 해본다.

손톱은 반드시 다시 자란다

"아빠 손톱이 왜 그래요?"

거무스름하며 뭉툭한 내 오른손 검지 손톱을 가리키며 딸아이가 걱정 어린 말투로 말한다. "어디에 부딪혀서 그런 거야"라면서 말을 돌렸다.

일주일이 지나고 다시 내 손톱을 보고 다시 같은 질문을 건넨다. 지난 주 보다 더 검게 변한 색깔이 더 선명해 보였다. 이번에는 손을 꼭 잡고 손가락과 손톱을 만져주면서 "정말 이상하네, 걱정돼요"라고 말한다. 내가 봐도 손톱이 이상하다. 손톱 정중앙이 콩알 크기만큼 검게 변하여 일부가 죽은 것처럼 보인다.

"어… 사실은 환자 이에 꽉 물렸어…."

이 말을 들은 아이들은 '왜 우리 아빠가 병원에서 환자 이에 물린 것일까?' 싶었는지 깜짝 놀라며 이해하지 못하겠다는 표정을 지었다.

사실은 당시 물릴 수밖에 없는 상황이었다. 정확히 아빠, 외상외과 의사인 내가 내 손톱을 물리게 일부러 손가락을 환자 입에 넣은 것이다. 그 순간 제일 나은 선택, 꼭 할 수밖에 없는 선택이었다. 만약 같은 상황에서 똑같은 일이 발생한다고 하더라도 같은 행동을 할 것이다. 근심에 찬 눈빛으로 아빠 얼굴과 손을 번갈아 보는 가족에게 애써 담담히 이야기를 이어 나갔다.

"사람이 숨을 쉬기 위해서는 가장 중요한 것이 기도 유지란다. 기도란 정확히 입, 코를 통해 폐까지 도달하는 공기가 지나가는 길을 말하지. 해부학적으로 코, 입에서 후두, 기관, 기관지에서 폐로 가는 길이야. 정상적인 사람이라면 자연스럽게 입을 벌려 숨을 편하게 쉰다. 편할 때는 아무런 소중함을 못 느끼거나, 목감기와 코감기라도 걸릴 때는 기도가 부어 숨쉬기 불편함이 생겨. 아빠가 일하는 권역외상센터에서는 여러 이유로 이 기도가 문제 되는 환자들이 자주 있단다. 의식이 약해지거나 얼굴 골절, 출혈 등이 발생하면 기도 유지가 어려워진단다. 기도 시작 부위인 입, 혀가 환자가 의도하지 않게 꽉 다물어지거나, 막혀서 기도 시작 부위가 막히게 돼. 그래서 119구급대원이나, 병원에 환자가 처음 온 순간 바로 확인하는 것이 '기도 유지'라는 과정이란다."

"지난달에 있었던 환자 일이란다. 갑작스럽게 호흡곤란과 함께 의식이 떨어지는 환자였는데, 전혀 사전에 예측하지 못하게 발생한 상황이었단다. 아빠는 바로 환자 옆에 있었는데, 기도 유지를 위한 장치, 기구, 추가로 약물을 주입할 시간이 없었어. 정상적이고 가능한 상황이면 환자 입을 통해 구인두기도기*를 넣어 기도 유지와 그 사이로 산소를

구인두기도기|Oropharyngeal Airway: 기도기는 의식이 없거나 전신마취 하의 환자에서 상기도 폐색을 방기하며 기도 확보를 위한 기구이다. 환자 구강에 삽입해서 사용하는 구인두기도기(입인두기도기), 비강에 삽입하는 비인두기도기로 구분한다.

공급해 주었겠지. 이어서 약물도 함께 주입하고 충분히 산소를 공급하고 환자의 입이 충분히 벌어진다면 기도삽관이란 것을 한단다.

기도삽관이란 앞서 말한 기도, 즉 환자 입에서 통해 기관까지 관을 넣어 환자에게 산소를 공급하는 것을 말해. 이렇게 정상적이고 순조롭게 되는 것이 아니라, 정말 예기치 않는 상황이 생긴 것이었지. 오로지 환자를 살릴 생각에 기도확보, 환자 몸에 산소 공급을 최우선으로 여겼단다. 그것이 사람의 본능이라고 할 수 있을거야. 환자 입을 벌리고 그 사이 공간으로 최소한의 산소를 공급해 주기 위해 아빠는 손가락을 환자의 입에 넣을 수밖에 없었어."

여기까지 말하는 동안 가족 모두 눈에는 놀란 마음과 동시에 눈물이 가득 차 있었다. 가족들이 더 이상 이야기를 들을 수 없을 상황이다. 그렇게 검게 죽어버린 아빠 손톱에 대한 변명과 이유 설명은 끝이 났다.

"아! 그래도 그 환자는 지금 아주 잘 살아있어! 많이 회복하고 좋아졌단다! 밥도 잘 먹고, 환자 엄마와 함께 잘 지내고 있어!"

사실 집에서는 가족에게 병원, 특히 중증외상 환자 이야기는 절대 하지 않는다. 간혹 가족과 함께 있으면서 뉴스에 나오는 인근 지역 사건·사고가 나오면 일부러 모르는 체한다. 중증외상 환자가 어떻게 해서 다치고 피가 나게 되었는지, 그 원인까지 말하게 되므로 가족들까지 그런 상황을 상상하게 만들고 싶지 않기 때문이다.

***

59,325원.

앞서 말한 기도삽관의 수가(酬價), 즉 비용이다. 건강보험공단에 청구한다. 물론 이 비용 전부를 환자가 부담하지 않고, 보험공단에 청구와 환자 부담 비용의 합이다. 매년 아주 조금씩 수가가 오르지만, 절대로 뒤로 0의 갯수가 서너 개 붙을 만큼 획기적으로 오를 일은 없다. 시술, 수술 등을 하면서 매 순간 그 비용, 수가에 대해 생각하지 않는다. 그 순간 가장 이 환자에게 필요한 것이 무엇이며, 어떻게 하는 것이 좋을지에 오롯이 집중한다. 보험급여 청구는 병원의 원무과, 심사과 등 담당자 선생님들이 알아서 잘해주실 것이다. 나의 임무는 오직 환자를 살리는 일일 뿐이기에.

그러나 검게 변해버린 손톱을 보면서 자칫 내 손가락이 잘못되었을 지도 모르는 상황에서, 그러한 시술에 대한 책정 가격이 단 5만 원이라는 사실에 놀랐다. 성공하면 5만 원을 받게 되는 것이고, 혹시라도 잘못되면 그에 따른 후폭풍이 어마어마하다. 기도삽관 비용의 수천수만 배의 배상액을 뉴스에서 종종 보고 놀랄 따름이다.

내 눈에는 '나와 같은 소위 필수의료를 하는 의사들의 사건, 소송에 관한 법원 판결뉴스'가 마치 뉴스 톱 기사마냥 쉽게 발견되곤 한다. 잊을 만하면 그러한 판결관련 뉴스가 나오는 것이 안타깝고 때로는 화나기도 한다. 물론 가장 안전한 것은 이러한 위험천만하고 지뢰밭에서 일하지 않는 것이 제일 나은 방법이다.

사람들이 로또를 구매하는 것은 소액으로 아주 적은 확

률이긴 해도 일확천금 一攫千金할 수 있고, 전혀 위험도는 없기 때문이다. 커피 한두 잔의 금액이라면 로또를 구매해 당첨자 발표 전까지 설렘을 느끼는 일도 가능하다. 하지만 정부가 획일적으로 정해놓은 낮은 수가와 혹시나 잘못되면 책임져야 할 후폭풍과 위험도는 가히 로또 1등에 당첨되는 것보다 더 큰 충격을 가져온다. 이러한 현실적인 문제는 결국 장기이식을 통해 수많은 새로운 생명을 살리는 현재 시점에서 대한민국 의료를 망치는 원인이 되기도 한다.

* * *

내 발도 뜨끈하지만, 이번에는 허벅지 안쪽까지 뜨끈하다. 지난 주 수술을 마치고 환자를 중환자실로 옮긴 후 환자를 살렸다는 안도감은 잠시, 이내 내 발등과 허벅지까지 뜨끈한 끈적임이 느껴졌다. 수술하는 동안에는 전혀 몰랐지만, 중환자실에 환자 혈압이 정상으로 된 것을 보고 길게 한숨을 쉬고나서야 알게 된 사실이다. 환자 몸에서 솟아오르는 피와 모니터에 보이는 환자 혈압과 맥박 숫자를 보고 있으면 내 몸이 어떤지를 전혀 알 수 없다. 오로지 단 한 가지만 생각해야 한다. 내 허벅지와 발에 묻는 액체는 점점 끈적이게 변한다. 그제서야 그것이 환자 배에서 쏟아져 나온 피라는 것을 알 수 있다. 다시 한번 환자 혈압이 정상이 된 것을 확인한 후 그것을 닦으러 간다. 세차게 내리는 샤워기의 물소리를 들으며 발과 다리 여기저기 핏자국을 없앤다. 씻겨 내려가는 핏물이 바닥으로 번진다. 속으로 말한다.

'내 몸에 묻은 피는 닦아내면 되지. 핏자국이야 얼마든지 닦을 수 있지. 환자가 살 수만 있다면….'

하이 리스크, 하이 리턴. 어느 영화 주인공이 카지노에서 과감하게 베팅하며 일확천금을 노리는 모습을 상상한다. 누구든 한 번쯤 상상만 하는 그것이다. 과감하고 용감한 베팅은 아주 적은 확률로 일확천금을 주지만, 반대로 쪽박이 될 확률이 더 큰 것이 사실이다. 냉정하게 말하면 나는 언제나 하이 리스크, 로우 리턴의 현실에서 산다.

매 순간 환자 목숨과 동시에 내 의사면허를 걸고 하는 여러 가지 수술과 마주한다. 이때 최악의 상황을 고려하기보다는 단지 이 순간에 내가 눈앞에 있는 환자에게 할 수 있는 제일 나은 선택이 무엇인가를 고민하면서 한다. 최악의 결과, 마치 카지노에서 올인하면서 내가 가진 모든 것을 잃을 수 있다는 생각은 결코 하지 않는 것과 같다. 그런 생각을 하면서 환자 앞에 선다는 것은 절대 용납할 수 없다.

언제나 냉정하고 차가운 사자 같은 마음으로 환자 목숨을 손에 쥔 채 일하고 있다고 여긴다. 그렇기에 매 순간 등에 땀이 줄줄 흐르지만, 정작 현실에서는 이렇게 매일 마음 졸이면서 이 일을 하는 것이 맞는지 의문이 들기도 한다. 어느 순간에는 내 목숨에서 며칠을 떼어 내어 그것을 눈앞에 있는 환자 목숨에 이어 붙여 주는 것이라는 생각도 하였다. 그러면서도 큰 천재지변이 없다면 나는 내일도, 내년도 환자 곁에 있을 것이다.

겨울에 검게 변한 손톱은 초여름이 돼서야 감쪽같이 사라졌다. 손톱은 일반적으로 한 달에 3~4밀리미터가 자라는 것처럼, 그사이 환자도 조금씩 안정을 찾아가고 회복되었다. 손톱이 절반 이상 자라서 올 때쯤부터 회진 때마다 환자와 그분의 어머니는 반갑게 웃으면서 인사해 주셨다.

어느 날 환자는 나에게 작은 선물을 주며 감사 인사를 전했다. 그 손톱이 있는 손으로 그것을 감사히 받았다. 새롭게 손톱이 자라 나온 지금, 환자는 다치고 아픈 기억을 다 잊어버리고 어딘가에서 가족과 행복하게 잘 살고 있으리라 믿는다. 언젠가 다시 그 환자를 만나면 말해주고 싶다.

"환자가 살아나면 저는 그것으로 족합니다. 그깟 손톱이야 금방 다시 자라납니다!"

06

내가 정신건강의학과를
싫어하는 이유

나는 정신건강의학과를 싫어한다. 정확하게 말하자면 될 수 있으면 정신과를 멀리하고 싶다. 일반적으로도 오랜 기간 정신과라고 불리면서 피하고 멀리하고 싶은 분야였다. 나 또한 의대 시절부터 그리 공부하고 싶은 분야도 아니고 관심도 없기에 딱 국가고시 시험에 나올 만큼만 공부했었다. 그 후로도 정신건강의학과와 관련한 관심은 점점 멀어졌다. 단지 환자들에게 꼭 필요한 수면제 처방에 관해 몇 가지만 알고 있는 정도다.

하지만 외상외과 의사에게 끊임없이 정신건강의학과 환자들이 몰려온다. 바로 스스로 몸에 해를 가하는 이들이 많아졌기 때문이다. 유명인들이 끊임없이 스스로 몸에 해를 가하거나, 어떤 이유인지 모르지만 높은 곳에서 추락하는 이들이 많아지고 있다. 참 난감하다. 여기저기 부러지고 피가 나는 이들의 몸을 고치고 치료하는 전문 분야를 가졌지만, 그들이 가지고 있는 정신건강의학과적 진단명에 직면하기 때문이다.

물론 대학병원에서는 그 분야의 해당 과에 진료 협진을 구하여 조언 받지만, 그래도 담당 환자로 있는 자체로 그리 유쾌하지는 않다. 아주 가끔은 내가 보고 싶은 환자들만 치료하였으면 하는 심정도 있다.

공사장에서 열심히 일하는 도중 일어나는 사고, 안타까운 교통사고 등으로 다친 분들은 더 잘 치료하고 싶고, 돕고 싶은 마음이 크다. 그리고 물론 외상외과 의사인 나에게 맡겨진 일이기에 환자 모두에게 최선의 진료를 해야 한다. 그렇지만 자살 시도 환자를 돌보는 일은 늘 다른 부담이 느껴진다.

한 번은 우울증을 오랫동안 앓고 있는 환자를 수술, 입원 치료하고 있었다. 이 환자에게 주된 것은 우울증이 아니라 몸 여기저기에서 피가 나고 부러졌기에 내가 주치의가 되어 입원 치료 중이었다. 어느 날 문득 그 환자를 보면서 나도 모르게 우울증이란 질병에 대해 궁금하여 찾아보게 되었다. 우울증 진단 기준에는 다음과 같은 것들이 포함된다고 했다.

주요 우울증의 진단 기준(DSM-IV): ① 2주 이상, 거의 매일 지속되는 우울한 기분 ② 일상 대부분의 일에서 관심 및 흥미 감소 ③ 식욕 감소 또는 증가(체중 감소 또는 증가, 한 달에 5퍼센트 초과) ④ 불면 또는 과다 수면 ⑤ 정신운동 지연 또는 정신운동 초조 ⑥ 피곤 또는 에너지의 감소 ⑦ 무가치감, 부적절한 죄책감Feelings Of Worthlessness Or Excessive Guilt ⑧ 집중력 저하, 우유부단 ⑨ 반복적인 자살 생각

정확히 진단 기준에 이 모든 것들이 다 포함되어야 하는 것은 아니고, 앞의 두 가지 중 하나가 포함되고 나머지 중 4개 이상이 해당해야 우울증이라고 진단한다. 순간적으로 진단 기준에 들어간 단어 하나하나를 나에게 대입해 보기

시작하였다.

우울한 기분은 간헐적으로 있기는 하지만 정확히 기간이 2주 이상인지는 불분명하다. 잠이 부족해서 문제지 잠은 워낙 잘 자기 때문에 해당하지 않지만, 나머지 단어에 관해서는 하나씩 곱씹어 봐야 한다.

며칠 전 밤 근무 중에 순간적으로 스쳐 갔던 수많은 감정이 마치 저 기준에 모두 해당하는 것 같기도 하였다. 나 스스로 확진까지는 아니지만 잠정적으로 가능성이 있다는 생각이 들었다. 보통 이런 경우에는 추정 진단을 잠정적으로 고려하여 치료를 시작하는 것이 좋다고 알고 있다. 진단으로 끝나지 않고 이것을 해결하기 위해 전문가, 정신건강의학과 전문의를 만나는 것을 고민하였다.

'혼자 고민하는 것보다는 전문의에게 자문한다면 더 좋은 해결 방법, 치료, 혹은 약물 도움도 받지 않을까?' 하는 생각이 들었다. 검색 엔진에 '정신건강의학과'라고 검색해 보니 수많은 곳이 나왔지만, 선뜻 예약하고 찾아가기가 두려웠다. 다행히 대학 동기인 정신건강의학과 전문의가 떠올랐다. '갑작스럽게 연락하는 것이 맞을까?' 하는 고민이 시작되었다. 하루 더 고민하고 다음 날 다시 생각하기로 하였다. 이렇게 내가 고민하는 것이 '집중력 저하, 우유부단'이라는 위의 진단 기준 단어에 포함된다고 생각하니 빨리 연락해야겠다 싶어졌다.

고민하고 고민하다가 어렵게 연락한 대학 동기, 정신건강의학과 S 원장님. 개인적으로 만나서 치맥 하자는 연락은 어렵지 않지만, 이런 연락이 괜히 부담을 주는 것은 아닌지 싶은 마음도 들었다. S 원장님은 개인 의원에서 매일 지금의 내 상태와 비슷한 환자들을 상담, 치료, 약물을 처방하는 역할을 20년 넘게 하고 있다. 결국 난 그분에게 연락을 했다. 다행히도 S 원장님은 나의 고민을 흔쾌히 받아주셨고, 내 상황에 관해 진심으로 들어주었다.

"나도 10년 전부터 ○○약과 함께 하였어. 그래서 버티는 것일 수 있고, 사는 게 버티는 과정일 수 있지."

역시 정신건강의학과 전문의다웠다. 답변부터 우울한

내 마음을 파고든다. 정신건강의학과 전문의인 본인도 마찬가지로 힘들다면서, '사는 것 자체가 버티는 과정'이라고 말해주었다. 그러면서 본인 병원으로 오면 도움이 될 약을 언제든지 처방해 주겠다고도 하였다. 너무나 확실하게 내 가슴을 뚫어버리는 답변을 해주어서 마음속도 후련해졌다.

S 원장님이 나에게 해준 것은 학창 시절 친구로서가 아니었다. 이제는 답답한 마음을 가진 어느 40대 아저씨, 어쩌면 예비 우울증 환자의 하소연을 진심으로 들어 준 진정한 전문의의 진료였다. 더불어 내가 가진 그 마음은 정신건강의학과 전문의라 하더라도 있는 것이라고 하면서 진심으로 공감해 주었다.

아주 긴 10년이란 시간 동안 그 분야 전문의가 본인 자신도 치료받으면서 '사는 것이 버티는 것'이라는 하나의 인생 치트 키를 나에게 알려주었다.

한동안 S 원장님의 상담 덕분에 마음의 안정을 찾을 수 있었다. 약 처방과 대면 진료, 상담하러 직접 S 원장님의 의원으로 가려 하였지만, 그때마다 '사는 게 버티는 과정일 수 있지'라는 말을 곱씹어 보면 마음이 신기하게 편해졌다. 틈

새 시간을 찾아 나 자신이 버티는 힘을 기르기 위해 흠뻑 땀이 나게 달리기도 하였고, 저 멀리 높게 있는 새파란 하늘도 바라보는 여유도 가지려 노력하였다.

* * *

지난 한 달간 나와 이곳 권역외상센터에서 동고동락한 환자가 이제 퇴원을 앞두고 있다. 배에 큰 수술 상처가 있고, 팔다리 네 개 중 세 부위를 깁스로 감은 환자다. 피가 나고 다친 이유는 정확히 모르지만, 이미 이 환자는 왔을 당시부터 환자 자신의 마음을 달래주는 약 한 움큼을 아침저녁으로 먹었다고 한다.

하지만 환자는 이제 정신도 들고 밥도 잘 먹고 표정이 환해졌다. 휠체어를 타고 병원 안에 있는 정원에서 산책도 하고 재활치료도 열심히 하고 있다. 어느 날 환자가 나에게 말한다.

"교수님, 저 그 약 이제 안 먹어도 잠도 잘 오고 마음도 편해졌어요!"

"여기서 치료받고 제 마음도 고쳐진 것 같아요!"

"교수님께서 수술도 해주시고, 제 마음도 함께 수술해 주신 것 맞죠?"

순간 어리둥절하였지만, 밝게 웃는 환자 모습을 보면서 더 밝게 웃어주는 것으로 대답을 대신하였다. 내가 이 환자에게 정신건강의학과적인 관점에서 치료해 준 것이 무엇이 었는지 아리송하다. 다만 환자가 의식이 조금씩 돌아오는 순간부터 환자에게 힘을 내라고, 가끔은 농담도 건네면서 격려의 말을 해주었다.

그 환자는 세찬 알람 소리 가득한 중환자실, 집중치료실을 거쳐 평온한 일반병실로 옮겼다. 병실에서 전망 좋은 창가 자리로 옮기는 날에는 제일 좋은 명당자리로 옮겼다고 함께 기뻐해 주었다. 이곳 15층 병동 창가에서 멀리 공원을 바라보면, 초록색 풀과 나무를 바라보기만 해도 풀 냄새가 느껴지는 것 같다.

생각해 보니 이 환자에게 한 번도 마음 상태에 관한 것을 묻지 않았다. 다만 처음부터 너무 고통스러운 환자에게 공감해 주고 어떻게든 그 고통을 조금이라도 줄여주기 위해 내가 처방할 수 있는 모든 진통제를 환자에게 주었다. 기운 내라고 칼로리 듬뿍 담긴 영양제와, 식사를 시작하면서 소화도 잘 되게 소화제도 처방하였다. 그 과정에서 조금씩 멈추어가는 출혈, 부러진 뼈를 하나씩 수술하면서 환자 고통도 함께 줄어드는 것을 옆에서 지켜보았다. 점점 좋아질 것이란 말을 자주 해주었고, 중환자실 면회 시간에 단 1분이라도 더 가족이 환자를 오랜 시간 동안 보살펴줄 수 있게 배려해 주었다.

이 환자는 수년간 먹었던 한 움큼이 넘는, 마음을 위한 약 복용을 어느 순간 잊었다. 나는 보호자가 알아서 환자가 기존에 먹던 약을 가져와서 함께 복용 중일 거라 여기고 있었다. '약을 안 먹는다'는 말에 순간 놀랐지만, 이미 이 환자의 눈빛이 밝아지고 점점 웃는 표정이 많아지는 모습에 '그 약에 관해서 이제 나는 신경 안 써도 되겠다' 싶었다.

처음 나와 마주쳤던 온몸에 피범벅이 되었던 환자 모습은 사라졌고, 보조개가 들어가도록 아주 예쁘게 웃는 모습을 보여주면서 퇴원을 준비하고 있다. 환자가 퇴원한 후 그에게 전하지 못한 말이 떠올랐다.

 "저 또한 때로는 우울한 마음이 들기도 하였답니다. 언젠가 동기 정신건강의학과 선생님이 상담하면서 '사는 게 버티는 과정'이란 말과 동감해 주는 것으로 마음이 달라졌습니다. 더불어 환자분이 여기에서 입원하고 치료받는 과정에서 밝게 웃으며 몸도 마음도 함께 건강해지는 것을 보면서 제 마음도 함께 치료되는 느낌이었습니다. 이왕이면 지금부터는 환자분께서도 최대한 행복하게 버티시고 즐겁게 살아가시길 바랍니다. 앞으로 살면서 저를 포함한 외상외과 의사는 절대 만나지 않겠다고 약속해 주시길 부탁드립니다!"

07

일하다 죽지 않는
사회를 꿈꾸다

'○칠, ○펜, ○○찬, ○○성.'

네팔, 몽골, 중국, 대한민국 국기가 나란히 있는 것 같은, 각기 다른 네 개의 나라 사람들의 이름이 병실 입구에 쓰여 있다. 마치 아시안 게임 복싱 4강 대진표의 국기가 그려진 것 같은 모습이 여기, 병실에 있다.

담당 간호사가 병실에 들어가며 한 명 한 명 이름을 부른다. 다친 부위도 다양하다. 가슴에 피가 나 관을 꽂은 환자, 머리뼈가 깨지고 머리 안에 피가 나는 환자, 팔다리가 부러지고 신경이 끊어진 환자, 허리 뼈와 다리뼈가 부러진 환자… 사실 당연히 외상 병동에는 있음직한 환자들의 구성이다. 다만, 이들의 이름을 보면 고개를 한 번 더 갸우뚱하게 된다. 오래전 이런 병실 모습이 어딘지 모르게 낯설기도 했지만 안타까운 마음이 먼저 들어 기억 속에 저장해 두었다.

국내에 거주하는 외국인 숫자는 2023년 말 기준 246여만 명으로, 전체 인구의 4.8퍼센트를 차지하고 있다. 지금은 우리나라도 한민족의 나라가 아니라 미국과 같은 다민족 나라라고 불러야 한다. 외국인 근로자가 농촌 일손 부족을 해결해 주고, 식당에서는 동남아시아에서 온 청년들이 서빙 하는 모습이 이제는 자연스럽다. 그러므로 국내 거주 외국인을 우리가 하기 힘든 일을 대신해주는 인력으로 여기지 말고, 우리와 동행하는 국민으로 인식해야 한다.

다시 그 병실에 있는 환자들 차트를 보니 네 환자 모두 산재보험, 자동차보험 표시가 이름 옆에 붙어 있다. 사고의 원인은 공사장 일, 오토바이 운전 등이다. 그들은 우리나라 사람들이 힘들어서 하기를 꺼리는, 혹은 남들보다 높은 곳에 올라가서 일하는 직업을 가지고 있었다.

아마도 불과 몇십 년 전 우리네 아버지, 할아버지들이 독일 어느 병원 병실에서 지금처럼 낯선 나라의 차가운 병실 안 아픔과 고통 속에 있었을 것이다. 그리고 그 시절, 이름 모를 병원 병실 안에서 'ㅇKim', 'ㅇLee'라는 이름으로 치료받았을 것이다.

영화 〈국제시장〉을 보면, 누구네 아들들이 이역만리 독일의 탄광 속에서 조용히 생을 마감했다. 수십 년 전 우리네 할아버지들이 파독 광부로 머나먼 이국 탄광 속 석탄 바위에 깔려 허무하게 생을 마감한 것과 같은 비극을 우리는 반복하지 않아야 한다. 시대가 바뀌었다고는 해도 여전히 관심이 적은 곳에서 사고는 계속 반복되고 있다. 잊을 듯하면 '외국인 노동자 사고'라는 제목의 사회면 기사를 쉽게 볼 수 있다. 이런 사회 분위기에 변화가 없는 이상 계속 생길 일이다.

***

200킬로그램 물체에 깔려 의식이 혼미하고 온몸이 피범벅이던 캄보디아인 A씨. 외국인 노동자가 우리나라 사람들을 대신해 무섭고 힘든 일을 하다 다쳐서 오는 것은 이제 당연하다고 인식될 정도다. 최근 두 차례 수술 끝에 건강을 회복 중인 A씨를 보고 있으면, 몇 해 전 떠난 네팔 청년이 머릿속을 맴돈다.

"기계로 골반 압착 손상 받은 20대 환자입니다.
혈압도 안 잡히고 의식도 없습니다."

환자를 이송하는 119 대원의 다급한 목소리가 내 머리에 윙윙 울렸다. 고향에 있는 가족을 위해, 혹은 자신의 꿈을 위해, 먼 아시아 어딘가에서 '코리안 드림'을 품고 우리나라에 찾아왔을 청년이었다. 얼마나 무거운 기계에 깔린 것인지 골반과 허벅지가 연결된 부위가 아예 으스러져 있었다. 응급실에 대기하던 의료진 열 명 남짓이 일제히 달려들어 입과 목, 가슴 등에 관을 꽂아 넣자 그제야 모니터에 혈압 숫자가 나오기 시작했다. 간신히 찍은 CT 사진에서는 청년의 몸과 양다리가 가는 살점 조각 몇 가닥으로 가까스로 연결되어 있었고, 혈관에서는 쉴 새 없이 피가 뿜어져 나오는 상황이었다.

치료 이후 삶을 고려할 여유가 없었다. 그저 환자를 살려내기 위해 하반신을 절단했다. 몸뚱이만 달랑 남은 청년이 아직 살아있음을 알려주는 것은 중환자실 모니터에 보이는 숫자들뿐이다. 청년을 뒤따라 병원을 찾았던 회사 관계자들은 중환자실 앞을 어슬렁거리며 휴대전화로 어디론가 상황을 보고하더니, "상태가 안 좋아지면 연락하세요"라고 말한 뒤 병원을 떠났다. 생존을 위해 다리마저 잘라냈지만, 청년은 다음 날에 숨을 거뒀다.

몸통과 다리가 분리된 영혼은 자유롭게 하늘을 날아다닐 수 있었을까? 한국 땅이 낯설었을 영혼은 고향인 네팔까지 길을 찾을 수 있었을까? 그의 으깨진 다리와 잘라낸 몸통은 차디찬 영안실 냉장고 안으로 들어갔다.

고용노동부 산업재해 발생 현황을 보면, 2023년 한 해 산업재해로 인정된 노동자는 십삼 만여 명이고, 사망자는 그중 일천여 명에 이른다. 하지만, 이 숫자 안에 수십만 명에 이르는 외국인 노동자의 산재 사고가 얼마나 포함되어 있는지는 의문이다. 가족도 친구도 한국에 없었던 그 네팔인 청년은 흔한 산재 서류 하나 받아 가지 못했기 때문이다.

* * *

외롭게 숨을 거둔 네팔 청년을 보면서 1988년, 숨을 거둔 십칠 세 소년(그나마 출생신고가 늦어 호적상 나이는 열다섯 살에 불과했다) 노동자 고故 문송면을 떠올렸다. 고향인 충남 태안을 떠나 서울로 올라온 앳된 소년은 온도계 공장에 취업해 수은을 주입하던 일을 시작하고 몇 달 만에 수면장애, 구토 등의 증상을 겪게 됐다.

고통을 호소하는 문송면에게 회사는 '업무상 요인으로 발생한 상해가 아니다'라는 내용의 각서를 요구할 뿐이었다. 몇 군데 병원을 찾아도 병명을 알 수 없어 무당을 불러 굿까지 했던 문송면에게, "그런데 무슨 일을 하세요?"라고 물었던 의사가 없었다면 '수은 중독'이라는 그의 병명은 끝까지 드러나지 않았을 것이다.

만약 이 소식을 보도한 언론이 없었더라면, 문제 해결을 위해 힘을 모은 시민들과 정치인이 없었더라면, 우리 사회에서 노동자의 안전과 권리를 보장받는 일은 좀 더 지연됐을지 모른다. 결국 문송면은 산업재해를 인정받았지만 안타깝게 불과 며칠 만에, 고등학교에도 진학하지 못한 채 숨을 거두었다.

이후 몇십 년이 흘렀고 안타까운 죽음을 맞이한 청년이 한국인에서 네팔 노동자로 바뀐 것밖에 달라진 것이 없다. 힘들고 하기 남들이 하기 싫어하고 위험한 일을 대신하는, 누군가의 안전을 한 번 더 고려해야 하는, 배려가 전혀 없는 것도 동일하다.

* * *

"사모님! 물 주세요!"

카자흐스탄 청년이 인공호흡기를 떼고 한 첫 마디였다. 이 청년은 우리나라에 들어와, 아주 최고의 존댓말, 극존칭의 우리말을 배운 것이다. 오래된 한국전쟁 인근을 배경으로 한 영화들에서 나오는 "기브 미 더 초콜릿Give Me The Chocolet!"이라는 말이 떠올랐다. 팔다리 네 개 중 세 곳이 붕대로 감겨 있고, 몸통 여기저기도 반창고투성이지만 아주 또박또박 정확한 발음으로 청년은 말하였다.

지난 15일 동안 청년은 인공호흡기에 의지한 채 버티고 총 다섯 차례 전신마취 수술을 하였다. 말이 다섯 번이지, 아무리 정상적인 사람이라도 단 한 번의 마취와 수술이 부담되는 상황에, 이 청년의 경우 복부의 출혈과 더불어 뇌출혈을 동반한 머리뼈 골절까지 수술을 포함한, 말 그대로 중증외상 환자였다. 외상으로 인하여 수술할 수 있는 몸의 모든 부위의 수술을 생명의 위중 순서로 차례, 차례 진행하였다. 복부 출혈, 머리뼈 골절 및 얼굴 골절, 양측 무릎뼈 골절, 양 손목의 골절 및 개방성 골절, 팔꿈치 골절까지. 청년은 인공호흡기에 의존하여 수면제와 안정제를 사용하며 잠든 채 생명의 끈을 놓지 않은 채 잡고 견디어냈다.

청년은 우리나라에 2년 전 입국하여 이런저런 막일을 하였다. 말이 막일이지 우리네 청년들이 없어 하기 힘든 일 하며 돈을 벌고 있었다. 청년을 데려다 일을 시킨 지 이틀밖에 안 된 사장님은 이 친구가 카자흐스탄 사람인지도 잘 모른 채, 본인의 일을 도와줄 사람으로만 여기고 일을 시작한 것이다. 하지만, 천만다행으로 사고 바로 다음 날 사장님은 산재 공단(산업재해를 담당하고 처리해 주는 공공기관)으로 달려가서 청년이 산해보험을 받을 수 있게끔 서류 등록 절차를 바로 마쳤다. 때로는 돈 문제가 걸려서 치료에 애를 먹이는 외국인 노동자가 다반사였으나, 이 청년의 경우 지극히 정상적인 고용주를 만나 긴 치료 여정에 한줄기 기쁜 치료 약이 하나 추가되었다.

누구나 일하다 죽지 않기를 원한다. 더운 여름 시원한 에어컨이 나오는 사무실에서 모니터를 바라보며 일하는 이도, 남들 자는 시간에 무더운 어둠 속에서 일하는 사람도 같은 마음일 것이다. 하지만 둔탁한 신발을 신고 남들보다 더 높은 곳에서 일하고, 안전장치라고는 헬멧 하나밖에 없는 오토바이를 타고 일하는 노동자들, 국가는 이들의 안전과 생명을 더더욱 지켜주어야 한다.

지난여름의 어느 날, 밤샘 당직 근무를 마치고 퇴근하는 길에 법원 앞을 지날 때였다. 무더위에 손수건으로 땀을 닦으며 애절한 눈빛으로 피켓을 들고 호소하는 고[故] 김용균 노동자의 어머니가 계셨다. 김용균 노동자 사망 사건 항소심 공판이 열리는 날이었다. 한없이 무겁기만 한 어머니 표정과 피켓 내용이, 새벽 3시 석탄 운송용 컨베이어벨트에 끼여 삶을 마감한 스물네 살 아들과 관련한 재판이 어떻게 진행되는지 조금은 알 수 있게 해줬다. 그해 여름이 지나 시원한 바람이 부는 가을이 되어도, 간절한 눈빛으로 법원 앞에 서 있던 그 어머니 모습이 머릿속에서 지워지지 않았다. 김용균 노동자의 어머니처럼, 몇 년 뒤 무더운 여름날 어느 산업재해 희생자 가족이 법원 앞에 서는 일은 다시는 없길 바란다.

IV

일상은 나에게 삶과 죽음을 넘나드는 기적의 하루다

01

사망진단서 속 그녀가 살아나다

환자를 사이에 두고 보호자, 가족에게 말한다.

"○○시 ○○분, 운명하셨습니다."
"잘 회복하셨습니다. 내일 퇴원하세요!"

말하는 사람이나 듣는 사람이나 전자의 말보다 후자의 말을 하고 싶고 또 듣고 싶다. 나도 물론 마찬가지다. 전자의 말을 하는 시점이나 그 말을 한 뒤 퇴근하고 잠자리에 들 때까지 너무나 많은 생각이 든다. 이런 말, 삶의 마지막을 정리하고 한 생명의 마지막을 선언하는 말, 그 말을 환자 보호자에게 전달하는 것은 대학과 수련하는 수년 동안 스승님들에게 제대로 책이나 수업을 통해서 배워보지는 못하였다. 하지만 이제는 십수 년간 중증 외상환자들을 살리고 때로는 삶의 마지막 끈을 놓아주는 과정에서 나 자신만의 방법을 찾았다.

* * *

몇 해 전의 이야기다. 오랜 지인과 우연찮은 통화에서 바로 몇 달 전에 내가 있는 병원에서 지인 아버님의 장례를 치렀다고 하였다. 아버지께서 갑작스러운 심장마비로 이곳 응급실로 오셔서 손도 제대로 써보지 못하고 운명하셨다는 것이다. 지인에게 애도를 표하고 이야기를 나누는 중 아버지의 급작스러운 사망이 이해가 안 되신다고 하였다. 만약 가능하다면 당시 돌아가신 아버지를 처음으로 응급실에서 본 의사의 이야기라도 듣고 싶어 하였다. 지인은 타지에 있어 사망진단서 서류만으로 아버지의 죽음을 알 뿐이었다. 혹시나 하여 찾아보니 그 지인 아버지를 마지막으로 진료한 의사가 내가 잘 아는 후배였다.

다음날 어렵사리 후배 의사와 내 지인과의 전화 통화를 연결해 주었다. 둘 사이의 통화 내용은 듣지는 않았으나 대략 짐작은 갔다. 첫 도착 당시 응급실의 의료진들이 손도 쓸 수 없이 이미 사망 상태로 내원하였다는 내용이었다. 지인은 A4 사망진단서 한 장과 전해 들은 말로 당시의 상황을 파악해 볼 따름이었다.

지인은 같은 사실을 종이에 쓰인 몇 글자나 타인에 전해 듣는 것보다 아버지의 마지막을 담당하고 사망진단서에 서명한 의사를 통한 한마디를 듣고 싶어 하였다. 결국 그것은 지인이 아버지에 대한 마지막 소원을 들어준 둘만의 통화가 되었다.

이러한 경험이 내가 스스로 느끼고 깨달은 나만의 '삶의 마지막 말 전하기'의 방법이 만들어진 계기가 되었다. 하늘이 무너지는 것 같이 슬프고, 가족으로서는 되돌리고 싶은 상황에 관해 어떻게든 최대한 이해를 도모하고, 후회나 여한이 남지 않게 마지막에 관해 설명하고 충분히 전달하는 나만의 절차라고 할 수 있겠다.

나는 우선 가족의 대표를 찾는다. 삶의 마지막 끄나풀을 잡은 환자를 가장 사랑하고 환자의 가장 옆을 지켜주는 한 분, 아니면 두세 명의 가족을 찾는다. 그 가족에게 모든 설명을 집중한다. 물론 환자에게 그 두세 명의 가족만이 있는 것은 아니겠지만, 나의 몸은 하나이므로 내가 모든 가족에게 모든 설명을 하고 이해를 돕는 일은 내 물리적, 시간적 능력의 한계를 넘는 일이다. 그래서 적극적으로 대표가 되는 소수의 가족을 처음부터 찾아내고 상대하는 것이 중요하다. 하지만 여기서 앞에 나서 있는 목소리가 큰 가족도 있지만, 뒤에서 묵묵히 가족을 생각하고 사랑하는 또 다른 이도 조금은 신경 써서 챙겨야 한다.

이러한 여러 준비 과정, 나름 나만의 노하우로 준비를 마쳤다 하더라도 온 가족을 모인 마지막 순간에 잘 대처하기란 정말 어렵다. 더군다나 그러한 순간이 때로는 애매하고 당황스러운 상황과 겹칠 때는 말 그대로 곤혹스럽다.

환자의 마지막 순간에는 역지사지易地思之를 해본다. 지인과 후배 의사와의 통화를 지켜봤던 순간을 떠올려보기도 한다. 환자를 사이에 두고 가족과 의료진 사이에서 잠시 처지를 바꾸어서 고민한다. 가족이 이 순간에 어떤 말을 어떻게 듣고 싶어 할지를 잠시 생각한 다음 마지막 말을 전한다. 가족들과 환자 사이 마지막 인사의 시간은 꼭 드리고자 노력한다.

* * *

외래환자 명단이 뜨는 화면에 그녀 이름이 있다. 지난가을 기억 속에서 지우고 싶은 이름이다. 울부짖는 목소리, 비참하고 잔인하게 으스러진 허벅지가 아직도 생생히 기억난다. 중증외상 환자가 해가 지나 외래진료를 예약하는 경우는 대부분 미처 받아 가지 못한 서류나 보험회사 직원이 대신 진료 기록을 받으러 올 때다. 다시 떠올리고 싶지 않은 처참했던 그날을 생각하며 혼자 괴로워하고 있었다.

나는 환생을 믿지 않는다. 믿는 종교도 없고 권역외상센터에서 중증외상 환자들의 수많은 죽음을 보고, 내가 쓴 사망진단서 날짜가 절대 변하지 않는다는 것을 알기 때문이다. 하지만 한 번은 내 마음속에 작성한 사망진단서 하나가 잘못되었다는 것을 알게 된 적이 있었다.

문이 열리고 휠체어를 타고 방긋 웃으며 남편과 들어오는 그녀가 보인다. 지난가을, 사고 직후 잠들기 직전 마지막 그녀 모습을 기억하는 사람이기에 단번에 알아봤다. 이 병원을 떠나기 전 여러 관을 꽂고 퉁퉁 부은 얼굴과는 달리 정말 건강한 모습이다.

"안녕하세요."

고통으로 울부짖는 목소리가 아닌 너무나 밝고 건강한 목소리다. 이 순간이 꿈이 아닐까 하는 착각에 빠졌다.

* * *

지난가을이었다. 소리가 아니라 뼈와 살이 으스러지는 상황에서의 절규였다.

"너무 아파요. 허벅지, 다리가 너무 아파요. 아파 죽을 것 같아요."
"이제 잠들게 해줄게요. 지금부터 안 아프고 잘 수 있게 해줄게요."

 그녀를 강제로 잠들게 하고, 입안에는 관을 넣고 인공호흡기에 숨 쉬는 것을 맡겼다. '아파 죽을 것 같아요'가 그녀가 이 세상에서 내는 마지막 목소리가 아니고, 분명 살아나 고통의 절규가 아닌 아름다운 목소리로 다시 말할 것이라 믿었다. 그러면서도 최악의 상황이 생긴다면 그녀의 마지막 목소리를 들은 사람이 내가 될지도 모른다는 두려움은 항상 있었다.

 인간이 어디까지 다칠 수 있는지 한계를 보여주고, 몸이 산산조각 으스러진다는 말은 그녀에게 해당하는 것이다. 사람 몸은 내부 장기와 뼈를 보호하기 위해 근육, 피하지방과 피부로 단단하게 겹쳐 있다. 하지만 그녀는 자기 몸보다 수백 배 무겁고 커다란 트럭에 깔렸다. 골반 반쪽이 으스러지며 한쪽 골반부터 엉덩이, 허벅지에서 다리까지 피부, 근육이 떨어져 나갔다.

 119구조대에 실려 온 그녀는 한쪽 엉덩이부터 허벅지까지 피부가 덜렁거리며 피가 줄줄 흐르고 있었다. 치료를 뼈부터 시작해야 할지 골반 근육, 피부, 혈관 어디부터 시작해 살려내야 할지 도저히 가늠이 안 됐다. 25톤 트럭에 깔린 그녀에게 골반과 허벅지가 몸통에 붙어있는 자체가 기적이었다.

근본적 치료가 아닌 오직 생존을 위해 하나하나 시작했다. 피부 일부 봉합, 골반 임시 고정, 인공항문을 만들어주는 수술을 했다. 수술하는 동안 그녀는 잘 버텨주었다. 하지만 입, 코, 목에 관이 주렁주렁 달린 그녀를 보고 매일 눈물만 쏟아내는 남편에게 무슨 말도 할 수가 없었다. 매 번 같은 말을 반복하였다.

"살아있는 것이 기적입니다. 최선을 다해 치료하겠습니다."

하루가 지날수록 새로운 문제가 생겨났다. 살아있는 것 자체가 기적인 그녀에게 피부부터 근육, 뼛속으로 파고드는 감염을 도저히 막을 수 없었다. 썩어가는 근육과 피부를 수차례 도려내는 중에 의식이 없어지고 동공 반응이 사라졌다. 처음 다칠 때 허리뼈 안 척추신경을 싸고 있는 막이 손상되었다. 썩어가는 엉덩이 근육이 심해져 가까스로 버티던 그 막마저 힘이 빠져 뇌척수액이 쏟아져 나왔다. 뇌를 보호하는 뇌척수액이 빠져버리자 뇌가 부어버려 의식은 없어졌다. 설상가상보다 더하게 생명 끝자락 낭떠러지로 떨어지고 있는 그녀였다.

엉덩이, 허벅지가 썩고 뇌가 부어가면서 의식 없는 그녀는 깨어나지 못하고 있었다. 나도 모르게 마음속으론 사망진단서를 써야 하나 고민하고 있었다. 피부 이식 전문 의료진과 시설이 부족한 이곳에서 치료를 계속하는 것이 불가능하다고 판단하여 썩어가는 피부와 근육이라도 살리기 위한 마지막 희망으로 화상 전문병원으로 전원을 결정하였다. 나와 매일 눈물로 치료를 함께하던 남편은 전원 직전 마지막 남은 눈물을 울컥 쏟으며 꾸벅 인사하였다.

"나중에 와서 꼭 인사드리겠습니다."

***

그런데 마음속 사망진단서를 썼던 그녀가 지금 내 앞에 있다. 그리고 나에게 감사의 말을 전한다. '아파서 죽을 것 같아요'라는 말이 아니라 '치료해 주셔서 감사하다'고 말이다. 머릿속에 지난가을 적어놓은 사망진단서를 얼른 지워버리고, 그녀와 남편에게 사진을 찍자고 말했다. 사진 속 너무나 밝게 웃는 그녀의 모습이 보인다. 중증외상 환자들과 함께한 지 10여 년, 낭떠러지 끝에 발을 하나 걸친 환자들과 매일 함께한다. 때로는 힘들고 내 능력에 감당 안 되는 환자를 만날 때 그녀와 찍은 사진을 보며 마음속으로 말한다.

'낭떠러지 끝에 있는 환자와 가족들에게 유일하고 기댈 수 있는 주치의가 희망의 끈을 놓지 않는다면 언젠가 환자는 살아서 가족과 함께 밝게 웃을 수 있다.'

그녀를 다시 만나면 말해주고 싶다.

"그저 살아주어서 감사합니다."

***

  6년간 밤낮으로 의과대학을 다니며 책과 씨름하며 공부하고 10년도 넘게 병원 내 스승님께 배웠어도, 이러한 상황에 대한 모범 답안은 알지 못하기에 항상 어렵다. 어느 책에서도 나와 있지 않고, 어느 스승님도 딱히 잘라서 알려주지도 않으셨다.

  스승님들께서 마지막 순간에 대한 정답을 가르쳐 주시지 않는 것은 아마도 그 순간만은 스스로 노력으로 알아가야 하는 과정이기 때문이리라. 또한, 그 순간을 맞이하지 않도록 끝까지 할 수 있는 최선의 노력을 다하라는 의미였을 것이다. 그것은 내가 미리 사망진단서 작성을 고민한 그녀가 살아왔다는 사실에서 나 스스로 깨달을 수 있었다.

  살아오면서 하나의 직업을 가지고 있고, 앞으로 이 일을 계속해야 하는 운명이기에 이 글의 맨 앞에 적은 그 마지막 두 가지 말은 계속해야 한다. 그중에서 이왕이면 "환자분, 잘 회복하셨습니다. 내일 퇴원하셔도 됩니다"라는 말을 매번 하고 싶다.

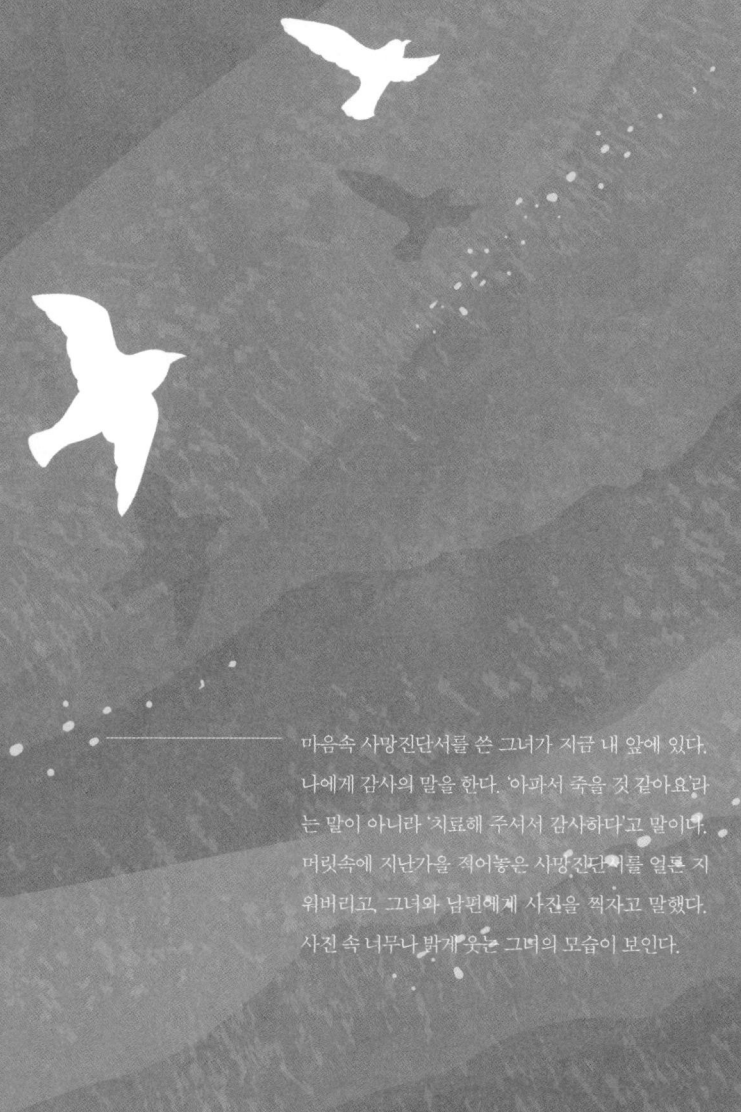

마음속 사망진단서를 쓴 그녀가 지금 내 앞에 있다.
나에게 감사의 말을 한다. '아파서 죽을 것 같아요'라
는 말이 아니라 '치료해 주셔서 감사하다'고 말이다.
머릿속에 지난가을 적어놓은 사망진단서를 얼른 지
워버리고, 그녀와 남편에게 사진을 찍자고 말했다.
사진 속 너무나 밝게 웃는 그녀의 모습이 보인다.

02
아버지께서는 선생님의 따뜻한 손을 무척 좋아하셨습니다

레지던트 시절의 어느 날이었다. 병동으로 '누군가 찾아왔다'는 연락이 왔다. 누굴까 하고 고민하면서 병동으로 올라가니 나를 기다리고 있는 환자의 보호자가 있었다. 나와 마주한 그분은 반가운 마음도 있었지만, 밝게 인사할 수 없는 서로의 상황이기에 어색한 인사만 나누었다. 다름 아니라 일주일 전 임종을 맞이한 할아버지 환자의 따님이었기 때문이다. 잠시의 침묵에 이어서 따님은 작은 선물과 함께 나에게 카드를 전해주시고는 황급히 사라지셨다. 아버지를 보내고 아직도 슬픔에 잠긴 따님에게 무슨 말을 할지 머뭇거리는 사이에 제대로 인사도 못 하고 가 버리신 것이다.

카드에는 다음과 같이 펜으로 또박또박 쓰여 있었다.

'감사합니다. 아버지께서는 선생님의 따뜻한 손을 무척 좋아하셨습니다. 앞으로도 환자를 먼저 생각하시는 그런 의사 선생님이시길 바랍니다.'

카드를 읽으면서 내 시선은 카드를 들고 있는 내 손으로 바로 향했다. 검은 색에 가까운 피부 색깔과 짧은 손가락, 특히 손가락 마디가 굵어서 언뜻 보면 시골에서 농사짓는 이로 보일 정도로 못생긴 손이었다. 어렸을 적부터 못생긴 손에 콤플렉스가 있어서 처음 보는 사람 앞에 나갈 때는 살며시 손을 뒤로 숨기곤 했었다. 이렇게 못생긴 내 손을, 이미 이 세상 사람은 아닌 분이지만 기억해 주고 계시고, '감사하다'는 말까지 들으니 지난 1년 여간 그 할아버지와의 기억이 스쳐가면서 코끝이 찡해졌다.

할아버지와의 첫 만남은 다른 환자와 크게 다르지 않았다. 이미 다른 병원에서 위암 진단을 받으신 상태였으며 수술을 위해 입원하셨다. 불행히도 어느 정도 진행된 위암이 위에서 십이지장으로 넘어가는 날문(Pylorus, 幽門)을 막고 있어서 수술 전에 위세척 과정을 진행해야 했다. 할아버지는 힘든 과정이었지만 위세척을 견뎌내셨고, 이어서 예정대로 위절제술도 시행했다.

수술 이후 할아버지의 회복은 순조롭게 잘 진행되었다. 많은 환자 중에서 할아버지는 그리 모나지 않은 평범한 환자로 의료진에 협조도 잘하셨고, 많은 나이에도 불구하고 회복이 좋아서 무사히 퇴원하게 되었다. 그리고 할아버지를 뵐 때마다 항상 밝게 웃어주시고 '고맙다'며 내 손을 잡아주시는 것을 잊지 않으셨다. 퇴원할 무렵에는 나와 농담할 정도로 친해지게 되었다.

만일 내 가족이 암 환자라면 그 가족이 치료 동안이나 이후 생활하는 모든 일거수일투족(擧手一投足)에 관심이 가고 걱정이 될 것이다. 하지만 의사라는 직업을 가진, 특히 암 환자를 수없이 대하는 외과 의사인 내게 암 환자는 그 가족에게는 미안하지만, 새로운 환자로 인해서 잊힌다.

할아버지도 마찬가지였다. 할아버지의 존재가 잊힐 즈

음 '응급실에 그 할아버지가 오셨다'는 연락을 받았다. 처음에는 어떤 환자더라 잠시 고민했지만, 할아버지와의 좋은 추억 때문인지 바로 기억이 났다. 그리고 마음 한편으로는 '혹시 안 좋은 상황은 아닐까?' 하는 걱정이 앞섰다.

다행히 할아버지의 상태는 수술 후 흔히 발생하는 장 유착이었다. 그러나 입원하면서 오랜 금식과 코를 통해 위까지 들어가는 레빈 튜브Levin Tube를 매달고 다녀야 하는 힘든 과정이 할아버지를 기다리고 있었다. 할아버지는 힘드신 상황에서도 나를 볼 때마다 항상 밝게 웃어주시며 내 손을 따뜻하게 잡아주셨다. 그분에게 내가 해드릴 수 있는 것은 장음을 청진해 드리고 손으로 할아버지의 배를 만져드리면서 열심히 운동하시라고 말하는 것뿐이었다. 그렇지만 할아버지의 긍정적인 생각 덕분인지 빠르게 장 유착이 호전되어 정상 식사가 가능하게 되셔서 며칠 뒤에 건강한 모습으로 퇴원하셨다.

해가 바뀌어 2년 차가 된 나는 낮 대부분을 수술실에서 보내게 됐다. 병동에 입원한 환자를 주로 담당하는 것은 아래 연차 선생님이 맡게 되었고, 자연스럽게 병동에 입원한 환자들에 관심은 다소 적어졌다.

어느 날 신환 명단에 할아버지 이름이 크게 보였다. 걱정스러운 마음에 할아버지의 새로운 검사 기록을 보다 보니 저절로 고개가 절레절레 저어지며 깊은 한숨을 들이쉬게 됐다. 우려했던 위암 재발과 여러 곳으로의 전이였다. 한 해전 수술 당시부터 어느 정도 진행된 상태이기 때문에 충분히 예상할 수 있는 상태였지만, 이러한 상황에서 할아버지 얼굴을 어떻게 봐야 할지 고민이 몰려왔다.

그래도 할아버지의 병실을 찾았다. 따님과 함께 있는 할아버지는 이번에도 밝게 웃는 모습이었다. 지난번 장 유착으로 며칠 입원했던 것처럼 이번에도 대수롭지 않게 여기셨던지 나를 보자 바로 손을 잡아주시면서 반갑게 인사를 해주셨다. 할아버지는 "문 선생, 언제 결혼할 거야? 결혼할 때 나 꼭 불러야 해!"라고 농담처럼 말씀하셨지만, 나에게는 간절한 부탁같이 들렸다. 어느 순간 할아버지와 나는 환자와 의사의 관계 이상이 된 것 같았다.

재발한 암은 빠르게 할아버지의 고통을 커져 가게만 했

다. 잠시 병세가 좋아져서 며칠간 집에 다녀오셨을 뿐, 할아버지는 병원에서 점점 고통의 시간을 보내게 됐다. 나는 낮 동안 수술실에서의 일과가 끝나고 저녁이 되면 할아버지를 뵙는 것이 일상이 되었다.

이상하게 뵐 때마다 할아버지는 항상 밝은 모습으로 나를 맞이해주셨고 손잡아주는 것도 잊지 않으셨다. 치료 방법이 있는 것은 아니지만 찾아뵙고 힘내시라는 말만이라도 꼭 하게 됐다. 하지만 고통이 더해가면서 기력이 떨어지는 할아버지는 손을 잡는 힘이 약해지셨고, 나 또한 손잡는 것을 시나브로 잊어 갔다.

수술이 밤늦게 끝난 어느 날이었다. 힘든 수술이었고 하루 종일 제대로 먹지도 못했고 몸이 너무 피곤한 상태였다. 몸과 마음이 둘만의 타협을 해버렸다. '너무 늦었으니, 병실을 찾아가는 것이 오히려 할아버지께 해가 되지 않을까?' 하는 마음으로 할아버지와 내 손의 거리는 점점 멀어지기 시작했다. 가끔은 할아버지 병실 앞을 무심코 지나가곤 하면서, '할아버지는 담당 환자가 아니니까 내가 굳이 뵙지 않더라도 다른 주치의가 잘 봐 드리겠지?'라는 혼자만의 생각으로 점점 그분과는 거리가 생기게 되었다.

온종일 긴장하면서 수술한 후 늦은 저녁 병동에 와서 내가 맡은 환자들을 돌보는 것만으로도 하루하루가 너무 짧게만 느껴졌다. 그래서 할아버지를 봐 드린다는 것은 솔직히 무리였다. 그렇지만 할아버지 성함은 계속 외과 환자 재원 명단에 있었고, 가끔 생각날 때 할아버지 담당 주치의에게 상태를 여쭤보곤 했으나 그다지 좋은 소식을 들을 수는 없었다.

내 머릿속에 할아버지의 존재는 이미 지나쳐간 많은 환자 중 하나로 잊혀갈 어느 날이었다. 늦은 저녁 병동에서 지친 채 바쁘게 돌아다니고 있던 나에게 한 보호자가 다가왔다. 할아버지의 따님이었다. 나를 보더니 머뭇거리며 어렵게 말을 꺼내셨다.

"아빠의 상태가 많이 안 좋으신 것 같아요. 선생님께서 가셔서 아빠의 손 한 번만 잡아주세요."

눈물을 글썽이며 말씀하셨다. 몸도 피곤하고 할 일이 많았지만, 인생의 마지막을 앞둔 아버지 생각으로 울먹이며 부탁하는 말에 차마 어찌할 바를 몰라 잠시 머뭇거리며 제자리에 서 있었다. 그런데 나도 모르게 두 발은 따님을 따라 할아버지의 병실을 향하였다.

병실에 들어선 순간, 슬픔으로 가득한 병실의 기운은 숨을 멈추게 했다. 이미 할아버지는 정신이 없으신 상태였으며, 파란 줄을 통해 코로 들어오는 산소와 몸 여기저기에 꽂힌 주삿바늘을 통해 들어오는 액체 물질로 가까스로 버티는 중이셨다. 할아버지가 아직 살아있다는 것을 알려주는 것은 모니터에 보이는 숫자와 그래프뿐이었다.

누가 하라는 말도 안 했지만 이미 내 손은 천천히, 아주 서서히 할아버지의 손으로 다가가고 있었다. 아직은 따스한 온기가 느껴졌다. 벌써 농담을 한마디 건넬 시점이지만 할아버지는 힘든 숨만 거칠게 내쉬고 계셨다. 무슨 말을 해야 할지, 할아버지가 내 말을 들을 수는 있을지, 짧은 시간 동안 많은 단상이 머릿속을 복잡하게 맴돌았다. 하지만 수많은 말들은 입안에서만 맴돌았고 결국 아무 말도 못 하고 뛰쳐나오듯 병실을 나오고 말았다.

다음날도 같은 일상이었다. 낮 동안 수술실에서 보내고 매번 그랬던 것처럼 늦은 저녁이 돼서야 병동으로 향하게 됐다. 병동에 오자마자 모니터에 보이는 수십 명의 재원 환자 명단을 아무리 찾아도 할아버지의 이름은 보이지 않았다. 할아버지의 병실로 뛰어가 봤지만 이미 다른 환자가 그 병실에 있었다. 할아버지가 계셨던 병실 앞에서 그제야 이렇게 못다 한 말을 했다.

"할아버지, 힘내세요. 어서 일어나셔서 제 결혼식 보셔야죠?"

많은 시간이 흘러 나는 결혼을 하고 아이 아빠가 되었다. 아이가 돌 무렵, 우연히 본 아이 손과 손금이 나와 판박이처럼 똑같다는 것을 알았다. 신기하였다. 아이 손을 꼭 잡아주며 아이가 커서 아빠처럼 따뜻한 손을 가진 사람이 되길 기원했다. 아이가 조금 더 크면 아빠가 초보 의사 시절에 따뜻한 손으로 환자 손을 잡아준 그 이야기를 해주고 싶다.

03

배 안에 거즈
아홉 장 넣었습니다

"환자 전원 보내려 합니다. 가다가 죽어도 가겠답니다."

전화기를 통해 다급한 목소리가 외이도를 거쳐 바로 뇌 속 깊이 울려퍼진다. 이 상황을 어찌 모면해 볼까 하는 간사한 마음도 들었다. 그러나 이미 환자 보호자, 그 병원 의사는 주치의를 나로 바꾸는 것을 기정사실화하고 있었다.

위의 두 마디는 극히 일부였으며, 그보다 더한 설명이 이어졌다. 간경화 기왕력*과 이곳저곳의 출혈 소견들, 혈

기왕력(旣往歷): 과거에 앓았던 질병이나 상해의 종류 또는 경중(輕重)과, 유전·선천병의 유무 따위에 관한 정보

압을 올리는 약물들과 들쭉날쭉한 혈액 검사 수치들을 전해 듣고 있자니, 이미 내 앞에서 배 안 가득 수없이 피 흘리고 있는 내가 담당할 환자로 느껴졌다. 마지막으로 전원 보내는 선생님의 한마디는 다음과 같았다.

"배 안에 거즈 아홉 장 넣었습니다."

'배 안의 거즈'란 예전에는 의료사고 일종인 수술 중 사용한 거즈를 제대로 제거하지 못하는 상태를 뜻한다. 하지만 최근 지혈 효과를 위해 일부러 거즈 넣는 치료 방법으로 사용한다. 동시에 '거즈 아홉 장'이라는 흐려진 말꼬리 속에는 아마도 거즈 아홉 장을 넣고, 보호자들에게 한차례 예비 사형선고를 하였다는 절박함이 느껴졌고, 이는 나에게 고스란히 전해졌다.

* * *

한 가장이 어느 날 불의의 사고로 수술받은 후, 가족이 수술 집도한 의사로부터 가장 듣고 싶은 한마디는 "수술은 예정대로 잘 되었습니다. 잘 회복한다면 생명에 큰 지장 없습니다"라는 말이 되었다.

하지만 가족에게 처음 병원 의사는 아마도 절망의 늪에서 최악의 부정적인 상황을 설명할 수밖에 없었다. 마치 예비 사망선고처럼 말이다. 가족은 그 말이 거짓이길 바라며, 반드시 살 수 있다는 실낱같은 희망을 안고 한 시간 넘는 거리의 내가 진료 중인 병원으로 왔다.

J 환자의 전체적인 몸 상태, 배속 상황을 떠올리며, 모니터에 보이는 절박한 숫자들, 혈액검사 결과가 한두 개씩 나오면서 동시에 여기저기 난리 치고 있는 숫자들을 바라보았다. 이제 보호자를 만날 차례다. J 환자 가족을 처음 보는 순간, 아주 오래전 전쟁 영화가 떠올랐다. 얼기설기 싸여진 짐 보따리 옆에 있는 피난민과도 같았다. 이미 너무나 울어버려 눈과 얼굴이 퉁퉁 부었지만, J 환자의 아내 그리고 아들과 딸, 세 가족은 내 입에서 희망 섞인 말 단 한 마디라도 나오길 간절히 바라는 눈빛이었다.

한 시간여 전, 전화기를 통해 내 대뇌에 굵게 새겨진 '거즈 아홉 장'이란 단어를 떠올리며 다시 환자 뱃속을 그려보니 머릿속에 도저히 희망과 조금이라도 연관된 단어들은 떠오르지 않았다. 어쩔 수 없이 냉정하고 잔인하게 말해버렸다.

"첫 수술 당시 너무 많은 출혈이 있었고, 기존에 앓고 계시던 간경화와 더불어 심각한 응고장애가 발생하여 출혈이 안 멈추면 생명이 위험한 상황입니다."

희망의 싹을 떡잎에서 잘라버리는 말투였다. 잠시 침묵이 흐른 뒤, 눈물을 훌쩍이던 딸은 떨리는 목소리로 말했다.

"그럼, 우리 아빠… 이제 살 수 없나요?"

아빠를 간절히 살리고 싶은 가족에게 어쩔 수 없이 두 번째 예비 사망을 선고하였다. 다시 환자에게로 가려는 찰나, 냉정한 내 말을 듣자마자 두 눈에서 눈물이 뚝 떨어지는 고등학생으로 보이는 아들 눈과 마주쳤다. 아들 눈빛과 눈물을 본 순간, 나의 본분은 죽음 문 앞에 있는 환자와 보호자에게 사망선고, 예비 사망선고를 하는 것은 아니라는 깨달음이 한순간에 몰려왔다. 어느 작은 끄나풀이라도 있다면 이어 붙여서 연결해, 피 나고 고통스러운 환자들에게 삶의 연장에 대한 희망을 품게 해주는 것이 나의 역할이자 동시에 잘하는 일이라는 사실을 다시금 떠올리게 하였다. 처치 중인 J 환자 곁으로 가려다가 발걸음을 돌려 이렇게 말했다.

"하지만 제가, 저뿐 아니라 모든 선생님들의 힘을 모아 환자 위해 온 힘을 다하겠습니다."

아들은 말없이 눈물 한 방울을 더 흘리며, 고개 숙이는 것으로 대답을 대신하였다.

최악의 상태에서 전투를 맞이한다. 한 번 더 예비 사망 선고를 하였지만, 내 스스로 내뱉은 말이 거짓이기를, 환자 운명을 바꾸기로 다시금 마음먹었다. 머릿속에 아홉 개 거즈를 항상 넣어두고 J 환자를 바라보며, 삶과 죽음의 경계에서 조금이라도 살고자 하는 쪽으로 치료 방향키를 조율해 갔다. 제아무리 이전 병원에서 집도한 수술기록지와 검사 정보가 합쳐진다고 해도, 첫 수술 당시 거즈 아홉 장을 넣으면서 배를 임시로 봉합한 첫 집도 의사의 절박한 심정을 모르기에 J 환자에 관한 치료가 자꾸만 어렵고 힘들게만 느껴졌다.

하지만 출혈이 무섭고, 환자 상태가 두렵다고 하여 언제까지 거즈를 배 안에 넣고 기도만 하는 것은 외과 의사 본연의 역할이 아니다. 이제는 환자를 살리는 제일 나은 방법을 찾아가는 역할을 해야 한다. 바닥과 천장을 향해가던 혈액 수치들도 정상으로 조금씩 방향을 잡아가는 노력을 하나씩 하면서 두 번째, 내가 집도하는 첫 수술을 결정하였다. 역시나, 출혈은 예상했던 이상으로 여기저기 심했다. 거즈 아홉 장을 하나씩 걷어내고 배 안 모든 출혈 부위를 하나씩 확인하며 최대한 출혈을 잡으려 노력했지만, 이번이 J 환자의 마지막 수술이 되기에는 무리였다. 수술을 마치고 다시 J 환자를 중환자실 그 본래 자리로 옮긴 후, 가족을 맞이하였다.

"거즈 아홉 장으로 출혈 부위 압박하고 있었습니다. 그 거즈를 빼내고 다시 지혈하는 수술을 했어도, 아직 출혈이 많이 있습니다. 이번에 거즈 일곱 장을 새롭게 넣어 압박했습니다."

온 가족은 또다시 눈물로, 나에게 대답한다. 잠시 정적이 흐른 후, 딸은 이렇게 말했다.

"우리 아빠, 이제 살 수 있죠? 선생님께서 새로운 거즈 일곱 장을 넣고 수술해 주셔서 살 수 있죠?"

입안에서 또다시 대량 출혈, 간경화 등의 단어가 맴돌았지만, 내 입으로 꿀꺽 삼켜버리고 이렇게 말했다.

"저뿐만 아니라 모든 의료진이 힘을 내서 노력하겠습니다. 살 가능성을 조금씩 높여가며, 생명 끈을 조금씩 늘려가겠습니다. 가족 모두 함께 힘을 내봅시다!"

그렇게 또 이틀이 지나고 배액관*과 상처 사이로 나오는

배액관Drain: 수술이나 치료 과정에서 채내 고인 체액, 혈액을 밖으로 빼내기 위해 사용하는 의료 기구

출혈이 눈에 띄게 줄었다. 마지막 수술이 되겠다는 기대와 다짐으로 수술실로 향했다. 내가 직접 확인하고 압박하면서 넣었던 거즈 일곱 장을 빼내고 출혈 부위를 확인하며 하나씩 하나씩 지혈했다. 애초 간경화, 다발성 손상으로 완벽한 지혈을 기대하기는 무리였지만, 처음 거즈 아홉 장을 빼내었던 상황에 비해 이번이야말로 마지막 수술이 될 수 있겠다는 희망이 보였다.

마지막까지 모든 지혈 방법을 동원하며, 장기들을 꿰매주고, 지혈 후 배를 완전히, 완벽히 닫았다. 이번에는 아홉 장, 일곱 장도 아닌 단 하나의 거즈도 배 안에 넣지 않았다. 마지막이라고 바라는 수술을 마친 후 가족과 마주 섰다.

"이제 아빠 배 안에 거즈가 하나도 없습니다. 거즈가 눌러주는 압박이 아닌, 아빠 스스로 힘으로 출혈을 이겨내기 시작하였습니다. 저 중환자실 안에서 힘내는 아빠처럼 가족 모두 힘내시고요, 저 또한 더 힘내서 치료하겠습니다."

출혈이라는 커다란 산을 가까스로 넘겼더니, 간경화 뿌

리에서 시작된, 대량 출혈이라는 기름까지 부어져 발생할 수 있는 모든 합병증이 하나씩 생겼다. 폐렴부터 시작하여 상처 감염, 나중에 신장 기능도 떨어지고 의식이 저하되는 간성혼수* 직전 상황까지 갔다.

하지만 J 환자에게는 상처를 소독해주고, 약을 처방하는 나와 의료진에 더해 한시도 떨어지지 않고 그를 지켜주고 기도해 주는 가족이 있었다. 제아무리 간경화 악성 뿌리에서 시작하여도 가족의 사랑과 살고자 하는 환자 의지가 더해지니, 조금씩 희망이 보이기 시작하였다.

겨울 초입에 온 환자는 한겨울, 새해 첫날을 지나 봄맞이를 함께하였다. 그 사이 환자 상태는 훨씬 나아졌고, 스스로 밥도 먹고, 비록 가족 부축이 필요하지만 조금씩 걷고 움직일 수 있게 되었다. 이제 나와 간단한 농담도 하는 사이가 된 J 환자는 나에게 묻는다.

"사고가 나서 ○○ 병원에 처음 간 것은 아는데, 어떻게

간성혼수: 간 기능 장애가 있는 환자에서 의식이 나빠지고 행동의 변화가 생기는 것

이곳 병원으로 온 거죠?"

"거즈 빼러 왔답니다. 그 동네 거즈가 시원찮아서, 여기로 새로운 거즈로 갈러 왔어요!"

헌 거즈와 새 거즈…. 역시나 무슨 영문인지를 모르는 J 환자를 바라보며, 헌 거즈 아홉 장이 가까스로 그의 배 안 핏줄기를 막고 있었던 그날 기억을 머릿속으로 그려보았다.

어느 날, 지난 몇 달 동안 한시도 남편 곁을 떠나지 않던 환자의 부인이 말했다.

"시골집에 좀 다녀와야겠어요. 이틀 비워도 되겠죠? 남편이 살아났으니, 이제야 집에 복숭아나무가 걱정되네요. 복숭아나무 전정치기 하러 가야겠어요."

그래서 나는 다음과 같이 흔쾌히 답하였다.

"환자분은 저와 따님이 함께 잘 치료하고 돌봐드리고 있을 테니, 복숭아 나뭇가지 잘 치료해 주고 오세요. 이왕이면 불필요하게 거즈처럼 너덜너덜한 가지들을 다 쳐내고 오세요."

시골집에 가는 이유는 너무 오랫동안 비운 집도 살펴보지만, 복숭아나무 가지 전정이 더 큰 이유였다. 지난겨울 오로지 남편 걱정에 온 사랑을 베풀었다면, 이제 집안 살림 밑천이자 병원비를 내고, 가족 생계를 책임질 복숭아나무에도 사랑을 나누어줄 차례였다. 부실한 나뭇가지들을 정리하며 사랑을 주어, 한여름에 풍성하고 달콤한 복숭아가 맺기를 기원하였다.

두 해에 걸쳐 내 담당 환자로 입원하였던 J 환자는 따뜻한 봄 햇살을 맞으며 무사히 가족의 품으로, 그리웠던 집으로 되돌아갔다. 중증외상환자를 치료하는 외상외과 의사로 살면서, 가족들에게 너무나 가혹했던 예비 사망선고가 또다시 거짓말이 되었다는 사실에 안도감이 들었다.

* * *

다시 계절이 바뀌어 무더운 여름 어느 날, 병원에 내 앞으로 복숭아 한 상자가 전달되었다. 커다란 복숭아 아홉 개와 J 환자 부부의 감사 편지였다. 그 가족의 정성을 생각하여 복숭아 상자를 꾸역꾸역 들고 집으로 향했다. 역시나 아들과 딸, 부인은 나보다도 탐스러운 복숭아를 반갑게 맞이해주었다. 바라보기만 하여도 너무나도 달콤하고 향긋한 복숭아가 머릿속 미각 중추 속에 이미 녹아내렸다. 아홉 개 거즈를 배 속에 넣고, 살고자 하는 실낱같은 희망을 품고 나를 만난 J 환자와 그 가족. 그 거즈 아홉 개에 가족의 헌신적인 사랑이 더해져 모두 다시금 잘 살아가게 되었고, 경이롭게도 그 아홉 장의 거즈는 너무나 맛있는 복숭아로 변신하였다.

나는 또다시 출혈과 사투하는 환자를 앞에 두고, 절망의 낭떠러지 바로 앞에 있는 보호자를 만난다. 이번에도 어쩔 수 없이 예비 사망선고의 순간을 맞이하겠지만, 마음속으로 간절히 내 말이 거짓이 되기를 바란다. 언제나 '아홉 개의 거즈가 탐스러운 복숭아로 바뀔 수 있다'는 사실을 굳게 믿기에, 늘 하던 대로 그렇게 온 힘을 다한다.

04

여섯 명을 살리고 떠난
감사한 청년 이야기

"20대 남성, 오토바이 사고로 심정지입니다."

"머리에 피가 나고 있습니다."

"CPR* 하면서 가고 있습니다! 10분 뒤 도착합니다!"

세차게 전화벨이 울리고 얼마 지나지 않아 굉음 같은 구급차 소리가 들린다. 병원에 가까이 올수록 구급차 소리는 마치 울부짖는 목소리같이 더 크게 울린다. 구급 대원들은

CPR(심폐소생술)을 하는 과정에서 흉부 압박을 시행 후 맥박을 확인하는 과정을 거친다. 맥박(심장 박동에 따라 일어나는 동맥의 주기적인 파동)을 의미한다.

세차게 흉부 압박을 하면서 이곳 권역외상센터로 들어온다. 구급 대원 한 명은 열심히 흉부 압박, 다른 한 명은 입안, 기도를 통해 100퍼센트 산소를 있는 힘껏 짜주고 있다.

소생실, 이곳 권역외상센터에서 중증외상 환자가 가장 먼저 들어와 처치하는 곳이다. 사전 연락을 받고 기다리던 모든 의료진은 20대 청년을 살리기 위해 최선의 노력을 다한다. 기도삽관, 중심정맥관 삽입, 지속해서 흉부 압박, 약물 투여, 추가 약물 투여… 모두 온 힘을 다하였다. 하지만 청년의 얼굴과 머리에서 피는 계속 나고 있다. 출혈이 너무 심한 상황에 안타까운 마음이 더해져 모두가 더 열심히 처치를 했다. 십여 분간의 심폐소생술, 처치하는 중 누군가 소리친다.

"맥박이 만져져요!"

그렇다. 그 순간까지 안타까운 평행선을 보여주던 환자의 심박동 수를 보여주던 모니터 화면에서 드디어 그래프가 보이기 시작한다. 불안정하고 불규칙하지만, 청년의 심장이 스스로 뛰기 시작하였다. 더불어 이곳 의료진들의 가슴도 함께 더 세게 뛰었다. 더 열심히, 추가로 처치할 약물들도 찾기 시작하였다. 주렁주렁 혈액을 넣어주는 주머니도 이미 달려있어 청년의 심장에 더 힘을 주고 있다.

심장도 뛰고 혈압도 조금 안정권에 들어갔다. 이제 검사, CT를 통해서 내부 장기, 특히 머리 안, 목, 가슴, 복부 내부를 정확히 봐야 한다. 재빠르게 CT실로 이동하여 검사를 하고 돌아왔다.

암담하였다. 이미 머릿속은 여기저기 뇌출혈과 부종이 심하게 진행되어 있었고, 특히 심한 것이 경추 골절이었다. 경추가 심하게 골절로 어긋나서 경추신경 손상으로 인한 심정지가 왔을 것으로 추측되었다. 하지만 119 대원의 초기 처치부터, 이곳 권역외상센터 의료진이 모두 온 힘을 다하여 청년의 심장은 다시 뛰기 시작한 것이다. 이렇듯 아주 작은 희망이라도 가지고 최선을 다해야 한다. 그 순간 이미 응급실 여기저기 청년의 몸에서 흘러나온 피로 바닥이 흥건하였다.

그렇게 청년은 응급실 처치가 끝나고 중환자실로 옮겨 치료를 이어 나갔다. 인공호흡기에 호흡을 100퍼센트 의지한 채 이런저런 약물을 달고 치료를 계속한다. 하지만 그 순간에도 머리 안에서 진행되는 뇌출혈은 더 증가하고 있는지도 모른다. 중환자실에서 옮긴 청년의 또 다른 의료진, 기존 의료진 모두 모여 함께 치료를 이어간다. 청년의 혈압, 맥박, 생체 징후 모두 불안정하다. 머리 여기저기에서는 아직도 혈액이 흐르고 있다. 제아무리 약물을 투여하고, 치료하여도 이미 청년 눈에 불빛을 비추어도 미미한 반응뿐이다. 그제야 울면서 청년 가족들이 찾아봤다. 중환자실 문 앞에서 두 눈이 퉁퉁 부은 상태로 하염없이 서성이는 이들은 청년을 사랑하는 가족임이 분명하다.

이유가 있어서 치료하는 것은 아니다. 단지 이 환자가 이곳에 있고, 나이 성별이 문제가 아니라, 살리기 위하여 오로지 최선의 치료를 해야 한다. 머릿속에 출혈이 있으면 어떻게든 이를 멈추도록 약을 써야 하고, 뇌부종으로 뇌간 압박을 막기 위해 부종, 뇌압 낮추는 모든 방법을 써야 한다. 최소한의 혈압 유지를 위해 혈압상승제를 준다. 출혈로 빠져나간 혈액은 또 다른 혈액으로 수혈해 준다.

다음날, 결국 그 환자는 동공반사가 없어졌다. 청년 뇌파에서도 뇌 안에서 뇌가 움직이는 뇌파가 전혀 나오지 않는 혼수라고 명백하게 보여준다. 동공반사란 뇌간이라는 뇌 중앙 부위를 거쳐 눈을 통한 신경 손상 여부를 판단하는 방법이다. 이러한 동공반사가 없다는 것은 심한 뇌 손상, 부종으로 뇌사가 되었다는 것을 간접적으로 말해준다. 동공반사도 없고, 청년 머리에서 감지되는 전기신호, 뇌파도 없다는 것은 결국 그 누구도 뇌를 살릴 수는 없는 상태가 되었다는 의미였다.

입이 떨어지지는 않지만, 이 순간 말해야 한다. 너무나 괴롭고 피하고 싶은 순간이지만 반드시 해야 한다. 눈이 퉁퉁 부은 보호자들 여러 명 앞에 서서 신경외과 선생님은 냉정하지만, 솔직히 상황을 전한다.

"뇌사입니다."

이 말을 들은 가족은 오열한다.

뇌사란 이미 '뇌腦'와 죽음을 뜻하는 한자 '사死'가 합쳐진 단어다. 제발 그 단어만은 듣지 않기를 바라는 가족이었기에 '사'라는 죽음을 의미하는 글자가 나오는 순간 모두 그 자리에 쓰러졌다. 지난 사나흘, 지난밤, 새벽에도 중환자실 앞에서 가족 모두 모여 기도하였다. 같은 자리에 같은 사람들이 항상 있었다. 아주 실낱같은 희망이라도, 청년 뇌가 조금이라도 살아나기를 기도하여 밤을 지새웠다. 하지만 이 말을 들은 청년의 어머니는 실신하여 응급실로 실려 갔다.

청년은 20대 대학생이다. 군대를 다녀오고 복학 준비하는 기간 동안 집안일을 도와주고 있었다. 부모님이 운영하는 가게 배달을 도와주는 과정에서 사고를 당한 것이다. 남들 같으면 놀고 편하게 보낼 시간에 부모님을 돕기 위해 배달 일을 도와주는 너무나 착하고 소중한 아들이다.

장기 등 이식에 관한 법률에 따르면, 뇌사 추정 환자가 있으면 병원에서는 한국장기조직기증원에 통보하게 된다. 이

후 기증원 소속 코디네이터 선생님이 병원을 방문하여 환자 상태를 확인하고 상담을 통해 가족분들에게 장기기증에 대한 안내와 면담을 하게 된다. 면담 후 보호자가 환자 장기기증에 동의하면 장기기증 절차로 넘어간다. 보호자 동의 없이는 장기기증 절차 진행은 불가능하다. 신경외과 선생님의 무거운 한마디 "뇌사입니다"라는 말한 다음 날, 기증원 코디네이터 선생님과 면담이 이루어졌다. 뇌사라는 말을 한 번 더 듣고, 청년 어머니는 울분이 담긴 고성을 질렀다.

"절대 우리 아들은 죽지 않는다고요!"
"우리 아들은 반드시 살아날 거예요!"

더 이상 기증원 코디네이터 선생님과 면담할 수 없었고, 해서는 안 되는 상황이었다. 다음날, 그다음 날에도 중환자실 면회 시간에 청년 어머니는 청년 얼굴을 하염없이 쓰다듬고 있다.

"절대로 장기기증 이야기는 꺼내지도 마세요!"

"우리 아들은 살아있고, 이렇게 숨도 쉬는 상태이잖아요!"

인공호흡기에서 산소를 불어 넣어 청년의 가슴이 올라오는 횟수와 환자 바로 옆 인공호흡기에 보이는 숫자는 정확히 일치한다. 오로지 기계 힘을 빌려서만 청년 폐에 숨을 불어넣을 수밖에 없는 상황이다. 청년 스스로 눈을 뜨고 숨을 쉬는 방법은 의학적으로 0퍼센트다.

그렇게 또 하루, 더 하루가 지났다.
변한 것은 없다.
뇌사는 계속 뇌사다.

청년이 다시 깨어날 수 있는, 의식이 돌아올 가능성, 가족과 눈을 마주치고 혼자 숨을 쉴 가능성은 전혀 없다. 청년의 상태는 더 악화되고 있다. 뇌가 더 부어가는 것을 막을 수 없기에, 뇌 안에서 호흡중추를 압박하고 이상 증세가 나타나기 시작한다. 혈압도 더 떨어지고 다발성 장기 부전이 생겼다. 즉, 몸의 중요 장기인 신장, 간, 심장 등에 악영향을 끼치는 것이다. 다시 하루가 지났다.

"보호자분들이 장기기증을 결정하였답니다…."

절대로 장기기증의 단 한 글자도 꺼낼 수 없는 상황에서 갑자기 기증 결정이라니 놀라울 따름이었다. 울면서 면담한 그날, 병원에서 며칠 밤을 지새우던 가족들이 집을 향했다. 그런데 집 우편함에는 선명하게 하트 모양과 아들 이름이 적혀있는 장기기증 희망 등록증이 도착해 있었던 것이다. 사고 나기 얼마 전 청년이 장기기증 희망등록을 신청해 놓은 것이었다. 하지만 비록 사전에 이를 했더라도 보호자 동의가 없으면 그 어떤 장기기증 절차 진행도 불가능하다. 결국 사고 이전 청년의 선한 마음, 가족의 더 뜨거운 마음이 합쳐져서 장기기증을 결정하였다. 그 청년은 또 다른 여섯 명의 생명을 살리고 가족과 영영 이별하였다.

* * *

어느 신문 기사에 이렇게 쓰여 있다. '2024년 말 기준 장기 이식을 기다리는 숫자는 오만사천 명으로 2020년, 사만 삼천 명에서 증가하였다. 그러나 같은 기간에 실제 장기 기증자는 사백칠십팔 명에서 삼백구십칠 명으로 줄어들었다.'

심장, 폐, 간, 두 개의 신장, 그리고 췌장

그렇게 청년 인생은 이 세상에서 기록상으로는 사라진다. 하지만 또 다른 생명들은 청년과 그 가족의 마음을 받아 더 살아갈 수 있게 된다. 죽음의 문턱에서 아주 실낱같은 희망을 품고 있던 청년의 부모와, 다른 가족은 더 오열하고 털썩 주저앉아버렸다.

하지만….

죽음의 문턱, 삶의 끝자락에서 장기기증이라는 기적을 바라는 또 다른 여섯 명의 환자 가족은 실낱같은 희망에서 살 수 있다는 믿음을 점점 가질 수 있게 되었다. 이는 이 청년을 초기 처치, 심폐소생술을 처음 한 119 대원들, 이곳 권역외상센터 의료진들 이 모두의 존재 이유이기도 하다.

비록 청년은 떠났지만, 그는 또 다른 여섯 명을 살렸다.

———— 죽음의 문턱, 삶의 끝자락에서 장기기증이라는 기적을 바라는 또 다른 여섯 명의 환자 가족은 실낱같은 희망에서 살 수 있다는 믿음을 점점 가질 수 있게 되었다. 청년을 초기 처치, 심폐소생술을 처음부터 한 119 대원들, 이곳 권역외상센터 의료진들 모두의 존재 이유이기도 하다. 비록 청년은 떠났지만, 그는 또 다른 여섯 명을 살렸다.

05

인생에서 여러 의미로
다가오는 시각, 자정

"아빠가 말해요!"

너무 기쁜 나머지 눈물까지 글썽이며 딸이 소리쳤다. 병실에서 환자와 그의 딸을 함께 지켜보던 나도 함께 눈물이 살짝 나지만 애써 참아본다. 딸이 흘리는 눈물의 의미를 안다. 다시는 아빠를 보지 못할지도 모른다는 생각, 아빠 눈을 마주 보며 말하지 못하리라 여겨지던 그때가 떠올랐기 때문이다. 지난 두 달여간 환자와 나, 보호자들과 함께한 시간이 스쳐 지나간다.

사고 소식을 듣고 달려온 딸이 처음 아빠를 만났을 때, 아빠는 응급실에서 수술을 들어가기 직전이었다. 아빠 입에는 기도삽관이 되어있어 말도 못 한 채 잠들어 있고 배가 부풀어 오르고 있었다. 아빠의 입을 통해 기관 내 삽관이 되어 있어 말도 못 한 채 아무리 불러도 대답 없는 아빠를 보며 하염없이 울기만 하는 딸 모습이 생생하다.

딸은 그 모습이 아빠의 마지막 모습일지도 모른다고 여기는 듯했다. 그렇게 아주 오랜 기간 인공호흡기 힘을 빌려 숨을 쉬고, 한동안 목에 기관지절개관을 통해 숨을 쉬어 정상적으로 말을 할 수 없었다. 사고 당일 응급실에서 본 아빠 얼굴이 마지막일지도 모른다고 여겼던 딸이 이제 본인과 말하게 된 아빠 모습에 감격한 울먹임이다. 다시 한번 딸은 눈물을 흘리면서도 밝게 웃으며 말한다.

"아빠가 말해요!"

* * *

중환자실 벽시계 숫자가 정확히 자정을 가리킨다. 멀리

창밖은 깜깜한 어둠밖에 보이지 않지만 이곳 중환자실 안은 대낮같이 불빛이 밝다. 여기저기 세찬 모니터 알람 소리는 어떻게든 살리려는 의료진들의 마음과도 같다. 입술을 한번 꽉 깨물고 면담실로 향한다. 중환자실 이중으로 된 철문 밖에서 초조한 마음과 눈물로 범벅이 된 얼굴의 보호자들이 모두 면담실로 들어온다. 어떤 말이 서로 오갈지 이미 면담실 안에 차디찬 공기가 말해준다.

"환자분 상태가 매우 위험합니다."
"출혈이 계속된다면 오늘 밤을 못 넘기실 수 있습니다."

차마 입에서 나오기 힘든 말을 어렵게 꺼냈다. 그 순간도 내가 입고 있는 수술복 바지 끝자락에는 피가 흥건하였다. 수술 끝난 지 한 시간여밖에 안 되어 뜨끈한 끈적함이 아직 바지 아래와 발등에 느껴진다. 하지만 지금 내 발등의 피를 닦아낼 여유는 전혀 없다.

"간이 심하게 찢어져 있고 출혈이 매우 심했습니다. 더 심각한 것은 간으로 들어가는 간문맥이란 큰 혈관이 심하게 찢어져 있었습니다. 그 혈관을 꿰매주고 지혈할 수 있는 모든 방법을 썼지만, 도저히 출혈이 멈추지 않고 있습니다."

"처음 사고 당시 심한 충격으로 그 간문맥이 너무 심하게 찢겨 있어, 출혈이 멈출 수 있을지 모르겠습니다."

내가 하는 말을 거의 이해하지 못하고, 가족들은 내 수술복 바지에 묻은 피가 환자 몸에서 나온 피라는 것을 아는 듯 그것만 바라보고 하염없이 눈물만 흘리고 있다. 말뿐 아니라 환자 몸에서 쏟아진 피에서 나오는 피비린내도 그 암담함을 함께 드러낸다. 더 이상 말을 할 수가 없었다. 이제는 다시 환자 곁을 지켜야 한다. 한 방울의 피도 더 짜주고, 출혈을 멈출 수 있는 모든 것들을 다 동원해야 한다. 방금 본 보호자들의 눈물방울들도 모두 모아서 환자에게 전달하고 싶은 마음도 있다. 그중 가장 큰 눈물방울을 흘린 한 딸 얼굴이 아직도 생생하다. 그 눈물 때문이 아니다. 환자가 있기에 그저 온 힘을 다해 치료해야 한다.

그렇게 그날 자정, 나와 환자 가족들의 만남은 환자에 대한 암묵적 사망 예고라고 할 수 있다. 나도 그렇고 보호자들도 모두 고개를 끄덕이는 것으로 그 암묵은 성립되었다. 그렇게밖에 말하지 못하는 나 자신이 원망스러웠다. 아직 내 수술 실력이 안 되어 그 찢어진 혈관을 제대로 봉합하지 못한 것인가 싶어 자책도 들었다.

공사 현장에서 어떻게 관리를 하였기에 그 커다란 쇠뭉치로 환자 몸통을 세차게 내리쳐서 이렇게 심하게 다치게 하였는지 원망스러울 따름이다. 면담실 문을 닫고 나오는 짧은 시간 동안 수만 가지 생각이 머리를 스쳤다. 그 순간 그래도 마지막까지 어떻게든 환자 출혈 부위를 잡기 위해 내 능력의 최대치를 끌어내서 수술하였다.

봉합할 수 있을 만큼 혈관을 꿰매었고, 출혈을 멈추기 위한 지혈약제를 최대한 넣었으며, 더불어 손상통제 수술이라는 압박을 있는 힘껏 하였다. 수술실에서 수축기 혈압이 30이란 숫자를 찍었어도 나도 마취과 선생님도, 그곳 수술실 모든 의료진이 포기하지 않고, 피를 짜주고 출혈을 멈추게 하는 수술을 이어나갔다.

자정이 지나 1시, 2시로 넘어간다. 환자 머리 위에 있는 모니터 숫자들은 한 시도 정상 범위가 아니라서 계속해서 알람이 울려댄다. 내 가슴속 타들어 가는 마음 또한 알람 소리만큼 세차고 답답하다. 아까는 뜨끈한 끈적함이 있는 수술복이지만 지금은 그 피가 말라서 굳어버렸다. 수술복을 갈아입고 발등에 묻은 피를 닦아야겠다는 생각이 그제서야 났다.

갑자기 자정에 '남편이자 아빠를 수술해 준 의사를 만난 가족의 마음은 어땠을까?' 하는 데에 마음이 쓰였다. 어느 환자 보호자이든지, 환자 수술이 끝나면 땀을 훔치며 웃으면서 집도의가 나와서 "수술 잘 되었습니다. 잘 회복할 것입니다"라고 말하기를 바랄 것이다. 하지만 전혀 다른 최악의 상태를 설명한 집도의를 만난 가족의 마음을 상상해 본다. 그들에게는 그날 밤 자정, 앞으로 살아가면서 자정이 정말 무서운 시간으로 계속 남을지도 모른다. 그 가족에게는 평생 자정이란 '피비린내 나는 어느 외과 의사로부터 최악의 말을 들은 시각'으로 남을 수 있다.

나는 무신론자이지만 간절하고 진실된 마음은 꼭 전해

진다고 여긴다. 반드시 신을 통한 기도가 아니더라도 그것을 믿는다. 그날 밤 자정을 넘겨, 새벽 1시, 2시를 지나가면서 계속 그 가족의 눈물이 머리에 맴돌았다. 모두가 흘린 눈물도 있지만, 그중 가장 슬픈 눈물을 흘린 딸이 계속 떠올랐다. 퇴근 후 바로 연락받고 응급실로 달려온 순간부터 딸의 간절한 마음은 나에게 전해졌다.

환자는 살아났다. 그날 자정, 다음 날 자정, 그렇게 하루하루 또 한 달 한 달 밤 12시를 모두 넘기게 되었다. 한 시간, 하루를 넘겨 또다시 하루를 맞이하였다. 그런 작은 기적과 같은 하루가 모여 환자는 결국 살아났다. 나조차도 기적과 같이 출혈이 멈추었다고 여겨졌다. 수도꼭지처럼 콸콸 쏟아지던 피도 결국 멈추었고, 이어서 나오는 수많은 합병증도 하나씩 하나씩 이겨냈다. 그날 면담실에서 내가 한 말이 새빨간 거짓말이 되었다는 사실에 행복하였다.

거짓말이라는 것은 죽음의 반대인 삶, 새롭게 살아났다는 의미다. 그렇게 다시 말하는 아빠 모습에 딸은 또다시 굵은 눈물방울을 흘렸다. 너무 기쁜 나머지 반짝반짝 빛나기까지 한다. 그 감동적인 순간, 환자의 아내는 이런 질문을 했다.

"남편 손발의 피부는 왜 까칠하게 벗겨진 것일까요?"

이 말을 듣고 나는 환자 손을 덥석 잡아주면서 이렇게 말하였다.

"이렇게 까칠하게 피부가 벗겨진 손은 가족들이 자주 와서 환자분을 만나주고 함께 웃어주면 좋아지는 것입니다. 손이 이렇게 된다고 절대 죽을 병은 아닙니다!"

너무나 단호하게 웃으면서 하는 말에 환자와 아내, 딸 모두 함께 방긋 웃는다. 마치 그날 자정에 두려움이 모두 사라지는 그런 것처럼.

자정은 받아들이는 사람들에게 저마다 다르게 다가온다. 보람찬 하루를 마무리하며 다음날 준비를 위해 잠자리에 드는 시간일 수 있다. 반대로 누군가에게는 자정이 새롭게 하루를 시작하기도 한다.

어린 시절, 나에게 자정은 너무 무서운 시간일 따름이었다. 자정은 절대 그 시간에는 깨어있지 않고 반드시 잠자리에 들어야 하는 시간으로 알고 있었다. 시골에서 가로등도 하나 없이 칠흑같이 어두운 자정에 밖에 나간다고 생각하면 오싹한 한기가 들기도 한다. 시골 고향을 떠나 시, 광역시로 차차 삶의 터전을 옮기는 과정에서 자정은 자연스러운 하나의 시각으로 여겨지게 되었지만, 아직도 무서운 시각으로 뇌리에 박혀있다.

그렇게 자정이 무섭고 두려웠던 어린아이는 자라서 이제 담담히 그리고 묵묵히 그 시간에 다른 이들의 목숨을 구하는 일을 하고 있다. 이제는 절대로 자정이 무섭지 않다. 그 순간에 내 앞에 있는 환자의 출혈을 조금이라도 멈추게 노력하는 마음 하나만 간직한다면 모두에게 행복한 그 시간, 그 이후가 될 것이라 언제나 굳게 믿고 있다.

사고 당일 응급실에서 본 아빠 얼굴이 마지막일지도 모른다고 여겼던 딸이 이제 본인과 말하는 아빠 모습에 감격한 울먹임이다. 다시 한번 딸은 눈물을 흘리면서도 밝게 웃으며 말한다. "아빠가 말해요!"

06

환자 가족의
애틋한 마지막 인사

'예약 환자 : ○○○'

모니터 이름을 본 순간 속으로 말하였다.

'아….'

지난 석 달간 중환자실에서 고생한 환자, 마지막에 너무 안타까운 가족의 모습이 생생히 떠올랐다. 내 입으로 사망선언, 사망진단서를 작성한 지 열흘밖에 안 된 시점인데 예약 환자 명단에 있다는 것은 이상하다. 아마 미처 발급받지 못한 서류 때문일 것이라고 예상할 뿐이다. 전날 미리 확인한 예약 환자 명단을 머리에 담은 채 외래진료 시간이 다가왔다. 역시나 고인이 된 환자의 부인이 왔다. 마음속으로 보험회사 직원이나 다른 사람이 대신 왔으면 하는 바람이었지만 결국 그렇게 장례를 치른 지 얼마 안 된 보호자를 맞이하였다. 매번 보던 중환자실 면담실이 아니라 외래 진료실로 오롯이 들어오는 보호자를 보며, 내가 먼저 애써 밝은 목소리로 말하였다.

"안녕하세요…. 어떻게 잘 치르셨나요? 무슨 일로 오셨나요?"
"네, 부족한 서류가 있어서요."

서둘러 키보드를 두드리며 서류 작성하였다. 장시간 침묵이 어색하여 내가 말했다.

"두 아들 분들은 잘 있죠?"

단 한 명만 면회할 수 있어 두어 시간 차를 타고 어머니와 온 후 중환자실 밖에서 기다리던 아들 모습이 떠올랐다. 얼마나 아버지를 보고 싶었을까? 그런 마음을 간직한 채 매번 어머니에게 단 한 명에게만 허용되는 면회를 양보하였다. 번갈아 어머니를 모시고 오던 두 아들의 모습이 떠올랐다.

"두 아들은 잘 있어요. 며느리가 시아버지 입원했을 때 아이를 가졌어요. 손자가 생긴 것을 분명 기뻐하셨을 거예요."

나는 말없이 고개를 끄덕이며 축하한다고 말했다. 잠시 침묵이 흐른 후, 보호자는 어렵게 입을 떼며 말하였다.

"3개월이라는 시간을 함께할 수 있게 해주셨고, 떠나기 전 인사할 시간을 마련해 주셔서 정말 감사합니다."
"처음 병원에 왔을 때 아버지가 갑작스럽게 떠나실까 봐 너무 두려웠습니다."
더는 대답 못 하고 고개를 한 번 더 숙였다.

'아들 둘, 며느리, 새롭게 태어날 손주와 함께 행복하게 잘 사세요'라고 독백처럼 말하며 머리 숙여 인사했다. 진료실 떠난 후 한참 동안 보호자가 닫고 간 문을 바라보았다. 그리고 조용히 마음속으로 말했다.

'지난달 친구가 저에게 한 말과 같네요.'

* * *

지난달 갑작스러운 친구 아버지 교통사고, 장례식장에서 한 친구 말과 같다. 친구, 지금의 보호자 모두 같은 마음이다.

영정을 보고 순간 울컥하였다. 친구 아버지 영정에 절한다. 30년 지기 친구 아버지, 자주 뵈었던 분이기에 영정 속 모습은 마치 엊그제 본 모습과도 같았다. 눈이 부은 친구의 손을 잡는다.

"그래도 지난 이틀간 시간이 주어져서 마음 정리할 시간이 되었어."

무슨 말을 먼저 건네야 할지 주저하는 나에게 친구가 먼저 말하였다. 비록 중환자실 앞에서 대기하며 고통스러운 시간이었지만 이틀, 그 시간만으로도 감사해 하였다. 갑작스러운 교통사고로 심한 뇌 손상 입은 아버지와 마지막 인사도 제대로 하지 못한 친구는 담담히 말하였다.

"병원에서 가족들과 함께 아버지 보내드릴 시간이 주어진 것만으로 감사하더라고…."

친구는 눈물을 훔치며 말끝을 흐렸다. 이틀 전 처음 사고 소식을 듣고 가장 먼저 나에게 전화하였던 친구 목소리가 생각났다. 매일 보는 중증외상 환자들, 나쁜 소식을 냉정히 보호자들에게 말한다. 담담하게 고개 숙이고 듣는 보호자들도 있지만, 촉촉이 뜨거운 눈물을 흘리는 보호자들이 대다수다. 전화기 너머로 들리는 친구 목소리, 표정이 바로 앞에 있는 내 설명을 듣고 있는 보호자처럼 느껴졌다. 조문을 마치고 집으로 돌아오는 길에 내가 석 달여 동안 치료하고 있는 중환자실 환자, 그 보호자와 나누었던 지난주 대화가 떠올랐다.

* * *

"○○ 씨! 이렇게 살아있어 주어서 고마워!"

석 달 넘게 중환자실에서 인공호흡기에 주렁주렁 달린 온갖 약물에 의지하며 기약 없는 치료를 하고 있는 ○○씨. 아내는 일주일 두 번 아주 짧은 면회 시간에 다정히, 감사하다고 말하며 남편 손과 얼굴을 닦아준다.

나도 보호자도 모두 아무 말 없이 사이에 놓인 까만 모니터만 바라보고 있다. 정상적인 뇌 주름 없이 퉁퉁 부어오르고 까맣게 죽어 있는 뇌만 보일 뿐이다. 나는 어떻게 설명해야 할지, 너무 울어서 눈이 심하게 부어오른 보호자는 이 상황을 어떻게 받아들여야 할지 몰라 모니터만 바라보며 침묵이 흐른다.

"그래도 지난주 CT와 비교하였을 때 부어 있는 뇌의 상태가 조금 호전되었습니다. 아주 미약하지만, 자발 호흡도 간헐적으로 있습니다."

내 말에 눈물을 훔치며 보호자는 다시 희망에 찬 눈빛으로 다음 말을 기다린다.
"지금 어떻게 단정할 수 없지만 그래도 희망 품고 더 치료해 보도록 하겠습니다."

심한 목뼈 골절과 경추신경 손상으로 심정지가 일어났다. 멀리 일하러 와서 높은 곳에서 추락한 산재 사고다. 처음 방문한 병원에서 심폐소생술을 하였지만, 저산소성 뇌손상을 막을 수 없었다. 권역외상센터인 이곳으로 전원을 와서 환자와 보호자, 주치의인 나와 기약 없는 치료가 시작되었다. 십여 일간의 치료 중 어느 날 면담실에서 그분의 가족과 만났다. 이번에는 환자분의 아내가 먼저 질문하였다.

"지금까지 잘 버텼으니, 잘 회복하고 정상적으로 깨어날 수 있을까요?"
살짝 어금니를 깨물고 보호자들에게 말하였다.

"안타깝지만 환자분에게 최선의 결과는 식물인간입니다."

"자발 호흡이 조금 더 살아나고 버텨주면 불안정한 경추 골절 수술 고려 중입니다."

식물인간이란 그 자체는 가족, 보호자들에게는 고통스러운 단어다. 스스로 호흡이라도 가능하고 미약하지만 작은 움직임이 가능한 식물인간 상태를 최선의 결과라고 말할 수밖에 없는 현실이다. 이러한 말밖에 하지 못하는 내 심정도 타들어 간다. 하지만 이럴 때일수록 냉정하고 정확히 설명해야 한다.

가족들의 간절한 바람이 통했는지 환자는 경추 수술을 무사히 마쳤다. 치료 목표는 환자가 건강하게 웃으며 손잡고 집으로 돌아가는 것이 아니다. 단지 혼자서 숨 쉬고 한 번이라도 가족과 눈빛을 맞추고 웃어주는 것이다.

한 달 가까이 환자는 버텨주었다. 수많은 고비와 수술을 견디고 그래도 자발 호흡이 아주 조금 살아있는 채로 보호자와 주치의인 내가 함께 목표로 하는 곳으로 가고 있다.

여러 차례 여러 보호자를 만나는 동안 장기간 중환자실 치료 중 수많은 합병증을 머릿속에 적어놓고 아직도 말하지 못하였다. 그 많은 합병증을 말하려는 찰나에 첫 고비가 찾아왔다. 폐렴이었다. 염증 치료는 염증 부위를 도려내고 짜주며 항생제를 써야 한다. 장기간 인공호흡기에 의존하여 숨 쉬는 환자에게 발생한 폐렴은 폐 안에 고인 염증, 가래를 뽑아내고 항생제로 치료해야 한다. 손가락 끝의 염증이라면 손쉽게 짜내고 도려내면 되지만, 이 환자의 폐렴은 쉽게 치료되지 않았다.

미처 말하지 못한 합병증들이 순식간에 쏟아지듯이 밀려왔다. 폐렴, 급성 담낭염, 신부전, 마지막은 다발성 장기부전이었다. 머리부터 폐, 간, 신장으로 이어진 몸의 균형이 한번 흐트러지고 중심을 못 잡아주니 연쇄적으로 낭떠러지 떨어지듯 환자 몸이 망가지고 있다. 내가 할 수 있는 치료 방향이 다시 바뀌었다. 혼자 숨 쉴 수 있고 가족과 눈 맞출 수 있는 식물인간이 아닌 생존 그 자체가 치료 목표, 방향이다.

"우리 ○○ 씨 힘내요. 빨리 낫고 우리 두 아들이 있는 집으로 돌아가야죠."

* * *

온종일 슬프다. 누구라도 잡고 말하고 싶은 마음이 굴뚝같지만 어디 말 못 하고 답답한 마음에 터벅터벅 걸어 집으로 향했다. 퇴근길에 아이의 손을 잡고 다정히 걸어가는 가족 모습이 보였다. 너무나 행복해 보이는 가족이 내 눈앞에 보이지만 지금 이 시각 어느 가족은 장례식장에서 슬픔의 눈물을 흘리고 있다.

몇 시간 전 나는 사망을 선언하였다.

"○○○ 환자분, ○년 ○월 ○일 ○시 ○분 사망하였습니다."

너무 슬피 우는 가족들 모습에 입이 안 떨어졌지만, 이 말을 건네고 뒤돌아서 사망진단서를 작성하였다.

어제 입원한 중환자실 환자 상태가 안 좋다. 오늘 면회 시간, 보호자를 만나 상태에 관해 설명한다. 그 짧은 면회 시간이 끝나며 보호자가 울면서 나간다. 고개를 푹 숙이고 눈물 훔치며 떨어지지 않는 발걸음으로 나서는 보호자 등이 너무 크게 보인다. 그 등을 보며 나만 듣게 조용히 말해 본다.

"가족과 환자의 마지막이 아닌 영원한 시간을 만들기 위해 노력하겠습니다."
"환자도, 보호자도, 그리고 주치의인 나도 함께 힘냅시다."

07

나란히 붙어있는 그것,
삶의 시작과 끝

시작과 끝은 중요하다. 중요한 만큼 많은 사람들은 누군가의 시작과 끝 모두 축하며 격려해 준다. 입학식과 졸업식. 마라톤 출발점과 골인 지점. 모두가 시작을 축하해 주며 박수로 시작해 성공적인 마무리를 축하, 격려해 주는 것으로 끝맺는다. 인생에서의 시작과 끝은 어느 의미에서 결혼식과 삶의 마감하는 장례식이라고 할 수 있다.

예식장과 장례식장 두 곳 모두 일정한 공간에서 사람들이 모두 축하, 애도하는 공간이다. 물론 출생을 하는 산부인과가 인생의 시작 공간이라고 할 수 있지만, 사람들이 함께 모여, 성인이 되어 한 가정을 이루는 결혼식이야말로 본격적인 성인, 인생의 시작이다. 주말, 휴일 점심시간 전후로 약 한 시간의 시간 동안 헐레벌떡 입장, 그리고 급하게 퇴장, 하객들에게 인사가 메인이 된 결혼식장. 그에 반해 2박 3일간 고인을 애도하고 남겨진 가족을 위로하는 장소인 장례식장. 누군가를 축하해 주러 기꺼이 주말 시간을 내어 가서 축하해 주고, 주로 저녁, 밤에 달려가 슬픔을 나눠주고 위로해 준다. 우리는 이 두 의식을 한마디로 '애경사(哀慶事)'라고 말한다.

시대가 변하면서 이런 애경사에 대한 사회적 분위기와 절차 등도 사뭇 달라졌다. 오래전 집성촌처럼 모여 사는 시대에는 마을 사람들 모두가 모여 그 애경사를 챙겨주고 도와주는 모습을 쉽게 볼 수 있었다. 하지만 개인주의 시대를 살고 있는 지금은 점차 절차나 형식이 간소화되고 있다.

30여 년 전 할머님이 돌아가셨을 때의 장례가 떠오른다. 큰아버지 시골집에서 전통 방식의 장례 절차로 진행되었다. 모든 것을 가족 친지들, 동네 이웃들이 함께하였다. 오랜 기간 편찮으셨던 할머니가 이미 이 세상 분이 아니라는 사실이 충격적이었고 슬픔이 몰려왔다. 얼마 전까지 반갑게 인자한 웃음으로 손자를 맞이해주었던 할머니의 얼굴이 생생하였다. 2박 3일간 시골집 대청마루에서 곡소리가 끊이지 않았고, 중간에 염하는 모습이 눈에 선할 정도였다. 마지막 날 상여를 통해 할머니는 선산으로 모셨다. 가족만 해도 몇십 명이 되었고 친지, 동네 사람까지 함께 슬픔을 나눠주는 행사야말로 나의 첫 기억 속 장례식의 모습이었다.

***

요즘 장례식은 거의 장례전문업체, 장례지도사 분들의 도움으로 이뤄진다. 이 또한 이제 집이 아니라 장례식장이라는 공간에서 말이다. 핵가족화로 인해 가족 친지들 수가 많지 않고 다들 일상으로 바쁜 상황에서 더욱 전문적인 업체, 사람들 도움을 받아 슬픈 일을 마무리하는 것이 자연스럽다. 매장 문화에서 화장으로 자연스레 바뀌는 것도 당연하다. 운구 차량에 화장장을 거쳐 봉안당으로 향하는 절차를 거친다.

언젠가 어느 장례식장을 방문하였을 때, 보통의 장례식장과 건물 구조가 다르다는 것을 느꼈다. 나중에 들어보니 기존 결혼식장을 리모델링하여 장례식장으로 변경한 것이었다. 이처럼 시대가 변하면서 장례 문화나 그 방식도 많이 바뀌고 건물의 용도도 그에 맞춰 달라지고 있다.

우연한 순간 저 멀리 예식장과 장례식장이 바로 옆 건물에 이웃하여 있는 모습을 보았다. 길 하나를 두고 시작과 끝을 축하, 애도하는 공간이 마주 보고 있다. 이전에도 여러 번 보았지만, 오늘 보는 광경은 새삼 다르게 보인다. 아마도 나는 저 두 건물 사이에 있는 건널목을 건너고 있는 한 사람이 아닐까 싶다.

두 건물 중 오른쪽에서 어느 부부는 환호하며 결혼식을 하였을 것이다. 그렇지만 결국 바로 길 하나 건너 장례식장으로 몇십 년 후에는 가게 된다. 대부분 아주 근사한 인생을 살아가다가 조용히 인생을 마무리하고 싶어 한다. 다시 보니 장례식장은 'ㅇㅇ요양병원 부설 장례식장'이라고 쓰여 있다. 정확히는 결혼식장에서 시작한 인생을, 요양병원에서 삶의 마지막 몇 개월, 몇 년을 보내다가 결국 장례식장으로 간다. 요양병원과 장례식장은 요즘 자연스럽게 인생을 마무리하면서 거쳐 가는 곳으로 자리 잡았다.

통계 자료에 2024년 한 해, 결혼은 22만여 쌍, 사망자 35만여 명으로 보고되었다. 물론 모든 이들이 결혼식장, 장례식장을 이용하지는 않았겠지만, 결혼식보다 두 배 가까이 많이 장례식이 이뤄진 셈이다. 더군다나 주말 반짝 1시간 진행되는 행사가 아니라 2박 3일간의 장례식장이 사용되는 것이기에 결혼식장에서 장례식장으로 업종 변경은 쉽게 이해가 간다.

시작 그리고 끝.

아무리 길게 수타면을 뽑더라도 면발의 시작 지점과 끝은 있다. 인생도 마찬가지로 한 가정을 이루는 부부, 두 성인도 언젠가 인생을 마감하게 된다. 결혼을 하지 않았더라도 산부인과에서 큰 울음소리를 내며 태어나서 한평생을 살아가다가 마지막은 요양병원, 장례식장에서 마무리된다.

지금의 사회는 하루하루가 어떻게 변할지 모른다. 그 누군가 한 사람의 일생이 어떻게 살다가 가는지는 제각각이겠지만, 모두 시작과 끝이 있는 것은 당연히 정해진 순리다.

* * *

"저기 동네 사람들! 우리 마누라 치료해 줬던 의사 선생님 오셨네!"

멀리서 나를 알아본 할아버지께서 큰 소리로 말씀하신다. 눈이 퉁퉁 부어있는 할아버지는 동네 사람들 모두 들으라는 듯 한 번 더 크게 외친다. 이곳이 장례식장이 아니라면 마치 대단한 사람이라도 온 것 같이 자랑하는 큰 목소리다. 나는 할아버지 목소리가 나를 부르는 것이 아니라 이미 세상 사람이 아닌 할머니를 그리워하며 부르는 것으로 들린다. 멀리 선배의 얼굴도 보인다. 며칠간 본인의 어머니를 치료해 주고 마지막 사망 선고까지 한 후배인 나를 멀리서 보고 슬픔이 가득 서린 눈으로 눈인사를 건넸다.

누군가의 어머니, 동시에 한 평생을 같이 산 아내를 떠나보내는 자리인 장례식장이다. 나에게 있어 나와 동고동락한 환자를 떠나보내는 자리는 병원 중환자실이다. 내가 전날 중환자실에서 떠나보낸 환자에게 다시 한번 인사하기 위해 이 자리에 왔다. 방금 나를 큰 소리로 불렀던 분은 하루 전까지, 정확히 몇 시간 전까지 중환자실 문 앞과 환자가 마지막 운명하는 순간에도 나와 함께한 환자의 남편이다. 그리고 내가 존경하는 선배님 어머님의 장례식장이기도 하다. 그렇다. 나는 지금 선배님의 어머님이면서 동시에 내가 어제까지 치료하였던 환자의 장례식장에 왔다.

장례식장은 언제 가도 마음이 무겁기만 한 공간이다. 인사를 드린다. 꾸벅 두 번 절하고 영정을 바라보고 인사한다. 중환자실 침대에 몇 시간 전까지 실제 얼굴, 온몸을 삶의 끝자락에서 조금이라도 생을 이어가려 했던 환자였다. 이제 마지막 가는 길을 잘 가시길 기원하며 인사드렸다. 하루 전까지 나와 같이 중환자실에서 힘들게 마지막 생명의 끝자락을 잡으시려고 애쓰셨던 환자분이셨는데, 영정 속 사진은 너무나 밝게 웃고 계신다.

이런 일이 있기 며칠 전 급하게 어머니의 교통사고 소식 전화가 온 순간, 마음속으로 다짐하고 또 다짐하였다. '꼭 살려드리겠다고.' 그러나 나의 다짐은 만 이틀도 안 돼서 허망하게 혼자만의 약속으로 끝났다.

멀리서 나를 보고 큰 소리로 부르시는 할아버지, 애써 슬픔을 억누르려고 그러시는 것 같았다. 한평생을 같이한 아내를 떠나보내는 아픔을 장례식장에 모인 이들에게 알려주고 있다. 장례식장을 나서면서 할아버지와 선배님, 가족 모두 나에게 인사를 하셨다. 오히려 가족분들 모두에게 '죄송하다'고 말하고 싶었으나 조용히 고개만 숙이고 얼른 장례식장을 빠져나왔다. 누군가의 어머니, 가족이 세상을 떠나는 슬픔에 조금이나마 위로가 되었는지 모르겠다. 머릿속에서는 자꾸 엊그제 중환자실 침대에 계신 아직 살아 계셨던 어머님의 얼굴과, 영정 속에서 밝게 웃고 계신 어머님의 사진이 겹쳐 보였다. 하지만 이렇게 해야지 내 마음의 후회를 조금이나마 억누를 수 있었다. 또 다른 누군가의 가족이 온다면 살릴 수 있다는 자신감을 나에게 불어넣을 수 있을 것 같았다.

그날 다시 병원으로 돌아와 방금 내가 다녀온 영정 속 환자분의 처음 의무 기록, 검사 등을 다시 보고 또 보았다. 너무나 심하게 다치시고 고령 환자에 여러 질병을 앓고 있는 상태, 그 순간 또 어떤 처치를 했어야지 환자가 살 기회를 더 가질 수 있을지 고민하고 또 고민하였지만, 역시 답을 찾을 수는 없었다. 환자분이 병원에 있을 당시에는 점차 악화하는 환자 치료에 집중해서 단순 교통사고로만 알았다. 그런데 장례식장에서 선배를 통해 당시의 처참한 사고 상황에 관해 들으니 그 사고를 낸 차, 운전자가 너무나 원망스러웠다. 하루 전 병원에서 지금은 장례식장에서 뭐라 제대로 위로의 말을 전하지 못하였기에 안타까움만 남을 뿐이다.

* * *

법의학자 이호 교수님의 죽음에 관한 강의를 들은 적이 있다. '죽음이란 새로운 시작'이라고 말씀하신다. 죽음이란 단지 심장이 멈추는 생물학적 죽음만을 알고 있다. 그렇기에 내가 할 일을 그 죽음을 막는 것만을 목표로 하였다. 하지만 이호 교수님은 '생물학적 죽음과 함께 기억의 죽음'도 언급하신다. 아울러 '죽음은 끝이 아닌 새로운 시작'이라고 덧붙이셨다. 커다란 나무의 가장 끝부분에 있는 작은 나뭇잎은 나무의 가장 마지막에 있는 잎사귀이기도 하지만, 다른 관점에서 그 잎은 또다른 새로운 시작이라고 말할 수 있는 것처럼.

그날 장례식장에서 내가 진료하고 사망 선언을 한 환자에게 조문한 것으로 끝난 것이 아니었다. 고인에 대한 명복을 빌고 가족에 대한 위로를 위해 무거운 발걸음으로, 그곳으로 향했다. 시간이 흘러, 내 손을 거쳐 간 수많은 환자를 생각해 보면 그날 나는 조문이 아닌 또 다른 고귀한 생명을 살리기 위한 무언가를 얻고 온 것이다.

의대생 시절, 해부학 수업을 시작하면서 '죽은 사람이 산 사람을 가르친다'라는 말뜻의 의미를 조금씩 알아가는 중이다. 법의학자들은 매일 주검을 통해 사회적 죽음에 대해 진료하면서 또 다른 사회적 죽음을 막으려는 데 도움을 준다.

* * *

오전 10시 25분 ○○○환자의 사망 선언을 했다. 곧 그 환자 몸 여기저기 달려 있던 관을 제거하고 환자는 흰 천에 덮여 가족의 슬픔을 뒤로 한 채 이곳 중환자실을 떠났다.

11시 35분. 새로운 환자가 응급실로 왔다. 응급 수술을 마친 후 오전에 사망한 환자 자리, 그 중환자실 침대에 누워서 새로운 치료를 시작한다. 누군가의 죽음은 안타깝지만, 그 환자가 떠난 자리는 곧 새로운 환자로 채워진다. 씁쓸하지만 이것이 현실이다. 그래서 언제나 그랬듯이 한 명의 생명을 죽음으로부터 지키고자 오늘도 나는 분주하게 발걸음을 옮긴다.

V

그런데도
인생은 살 만하다

01

치료의 반은 보호자 몫이다

10분 뒤 응급수술에 들어갈 환자 수술 동의서에 보호자가 아닌 내가 서명한다. 동시에 나와 함께 수술할 또 다른 외상외과 선생님 서명도 같이 한다. 수술하는 의사가 이 환자와 보호자를 대신하여 수술 동의서에 서명하는 것이다. 환자는 이미 병원 도착 당시부터 의식이 없었으며, 오자마자 인공호흡기를 달아 전혀 의사 표현을 할 수 없다. 복강 내 출혈로 즉시 수술하지 않는다면 생명에 위험한 상황이다.

'52세, 이름 미상, 남성'

이렇게 이름표를 달고 치료, 수술을 시작하였다.

응급의료에 관한 법률에 따르면, 의사결정 능력이 없는 응급환자는 법정대리인의 동의를 얻지 못하였으나 응급환자에게 반드시 응급의료가 필요하다고 판단되는 때는 의료인 한 명 이상의 동의를 얻어 응급의료를 할 수 있다고 규정되어 있다. 물론 일반적으로는 보호자, 혹은 환자가 직접 수술 동의서에 서명하고 수술을 진행한다. 하지만 이렇게 집도하는 의사가 수술 동의서, 마취 동의서에 서명하고 수술을 진행하는 경우는 매우 드물다. 하지만 꼭 필요한 순간, 한 생명을 살려야 하는 순간에는 어떤 방법이든지 시도해야 한다. 일반적이라면 울면서 뛰어온 보호자를 만나고, 의식이 없는 환자를 대신하여 법적 대리인인 가족, 보호자에게 설명과 각종 동의서에 서명을 받는다.

이렇게 신원 미상 환자의 목숨을 살리기 위한 수술을 시작하였다. 이 사람이 누구인지, 가족이 누구인지도 모른 채, 오로지 생명을 살리기 위한 것이다. 수술이 끝나고 환자 목숨을 살렸다는 안도감으로 이 환자와 함께 중환자실로 옮겼을 즈음하여 환자 신원이 나오고, 동시에 보호자도 맨발로 달려오기를 바라는 마음에 환자 배에 메스를 힘차게 가져갔다.

"C7번 환자분 보호자가 기존에 먹던 약이라고 전달해 주셨습니다."

중환자실 앞에서 보호자, 환자의 아내가 건네주었다. 어제 급하게 응급실 통해 입원하였고, 이제 정신이 들어 복용 중이던 약을 집에서 가져온 것이다. 원래 환자에게는 평상시 복용하는 약이 중요하기에 입원하는 경우 그것을 가져와야 한다.

비닐봉지 안에는 약봉지가 가득하였다. 환자가 심장이 많이 안 좋다고 하였는데, 두툼한 약봉지만 봐도 그런 상황을 짐작할 수 있었다. 그런데 비닐봉지 안에서 약봉지를 꺼내니 그 안에 덜렁 5만 원 권이 들어 있다. 이를 보는 순간 나와 담당 간호사는 눈이 맞았다. '이 지폐가 왜 있을까?' 둘은 아마도 잘 못 들어간 것이라고 추측하였다.

곧바로 담당 간호사는 비닐봉지와 5만 원을 들고 중환자실 앞으로 나갔다. 다행히 아내는 그 앞에서 남편을 생각하는 간절한 눈빛으로 중환자실 문을 계속 쳐다보며 자리를 떠나지 못하고 있었다. 다시 그 비닐봉지와 5만 원을 건네니 아내는 본인이 일부러 5만 원권 지폐를 넣었다고 말씀하신다. "왜 넣으셨어요?"라는 말에 아내는 대답을 얼버무렸다. 그러면서 "우리 남편 잘 있죠? 잘 봐주세요" 하고 말끝을 흐렸다.

간호사는 5만 원 지폐를 다시 돌려드리며, "저희가 환자분 열심히 잘 돌봐드리겠습니다"라고 안심하실 수 있게 전하였다. 하지만 여전히 아내분은 초조하고 불안한 모습이었다.

환자는 처음 응급실에 심정지 상태로 이송되었다. 커다란 통나무가 쓰러져 다리, 골반만 부러진 상황이었는데 전반전인 환자 상황, 나이에 비해 이상하게 환자 상태는 점점 나빠졌다. 산소 수치, 혈압이 점차 떨어지고 있어 자칫하면 더 최악의 결과까지 갈 수 있는 상황이었다. 이미 심정지를 경험하였고, 심폐소생술도 하였기에 보호자인 아들과 아내에게는 충분히 설명하였다. 하지만 다음 날, 다시 중환자실 면회를 온 가족에게 그리 긍정적으로 환자 상태에 관해 말할 수는 없었다. 다만 전날보다 상태가 악화하게 된 것은 아니었기에 최선의 치료를 하고 있다고만 전달하였다.

방금 나에게 이런 말을 들은 환자 아내는 그사이 검정 비닐봉지에 5만 원 지폐를 고이 접어 넣은 것 같다. 아까 다시 전해준 간호사에게는 '이것으로 뭐라도 사드시라'는 말을 했다고 한다. 지폐 한 장이지만 여기에는 남편을 지켜주는 의료진들에게 뭐라도 주시고 싶은 마음이 담겨 있다. 남편을 걱정하고 위하는 마음이 5만 원짜리 한 장에 모두 들어갈 수는 없었겠지만, 아내는 그 간절한 마음을 지폐 한 장에 고이고이 담아서 약이 담긴 봉지에 함께 넣은 것이다.

단 한 장의 5만 원 지폐보다 수천수만 배 더 큰 사랑의 마음으로 아내 마음이 더해져 환자는 회복의 길로 천천히

다가갔다. 매번 이 환자를 진료, 치료하면서 꼬깃꼬깃하였던 5만 원 지폐가 떠올랐다. 난 그 지폐에 담긴 간절한 마음을 누구보다 잘 알기에 더 진심으로 환자를 치료하고자 하였다. 그렇게 그 환자분은 두 달여를 치료하고 건강한 모습으로 아내 손을 잡고 퇴원하였다.

* * *

몇 해 전 크리스마스, 환자를 치료하는 도중 세상에서 가장 아름다운 캐럴을 들었다. 동시에 '치료는 나 혼자만 힘이 아닌 반은 보호자, 가족의 힘'이라고 믿게 되었다. 그해 크리스마스이브 중환자실에 캐럴이 울려 퍼졌다. 환자의 아내는 휴대폰에 녹음해 온 네 살 딸의 캐럴을 환자에게 들려주었다.

아빠가 중환자실에 누워 의식을 회복하지도 못한다는 사실을 모른 채, 아빠에게 들려주는 꾀꼬리 같은 딸아이의 캐럴이었다. 이를 듣는 환자는 아주 조금씩 눈을 깜박이기 시작하였다. 집에서는 두 팔 벌려 안아주고 사랑을 듬뿍 주는 딸아이일 것이다. 그런 아이가 아빠를 그리워하며 캐럴을 부른다. 하지만 환자는 전혀 반응이 없다. 이러한 상황을 바라보는 보호자, 의료진 모두의 눈에 살짝 눈물이 맺혔다.

안타까운 사고로 여러 부위 골절뿐 아니라 예기치 않은 치명적인 합병증이 발생한 환자다. 건장한 30대 청년이 급하게 구급차를 타고 들어왔다. 큰 사고라고 말하였으나 다행인지 골반 일부와 다리에 골절만 있었다. 중증외상 환자를 주로 보는 외상외과 의사에게는 심각하게 받아들여지는 환자는 아니지만, 모니터 화면에 남편의 부러진 골절 사진을 보는 아내의 눈가에는 이미 눈물이 맺혀져 있다. 하지만 응급실에서 검사와 처치 후 병실로 입원을 기다리던 중 환자 의식이 떨어지기 시작하였다. 머리 손상도 없었고 CT 상에서도 이상이 없는 상황이었기에 당황스러울 따름이었다. 결국 그 이유는 예전 전공 서적에서 아주 구석에 조그만 글씨로 쓰여 있었던, 골절로 인한 합병증인 '뇌 지방색전증'이 발생한 탓이었다.

골절 부위에서 떨어져 나간 지방 방울이 폐나 말초 부위 혈관을 막아 증상을 나타내는 것을 지방색전증이라고 한다. 그중 뇌에 생긴 뇌 지방색전증은 아주 드물고 아직 정립된 치료법도 없는 희귀한 합병증이다. 따라서 한 번 발생하면 환자나 받아들이는 보호자, 의료진까지 암담할 수밖에 없다. 그런 상황에서 그저 온 힘을 다해 치료하는 것이 의료진의 의무이자 해야 할 일이다. 의식 회복을 위한 치료, 골절에 관한 치료도 하면서 인공호흡기에 호흡을 맡긴 채 중환자실에서 치료를 이어간다. 하지만 뇌의 여러 혈관을 막아버린 지방 덩어리는 안 좋은 결과를 일으키고 있다. 깨어나지 않을 것 같은 의식, 계속 반복되고 심해지는 경련이 반복되었다.

하지만 가족의 간절함과 스스로 이겨내려는 환자의 의지, 더해서 의료진들의 노력으로 환자는 아주 조금씩 회복의 기미가 보이기 시작하였다. 매번 짧은 면회 시간에 조금이라도 남편을 오랫동안 보기 위해 환자의 아내는 늘 중환자실로 뛰어 들어왔다. 그분은 항상 남편 손을 잡고 환자에게 말하곤 했다.

"○○○ 아빠!"

그러면서 하루 동안 있었던 일이나 딸아이에 관한 이야기를 전한다.

면회 마무리 시간쯤 슬그머니 종이 가방을 하나 중환자실에 놓고 간다. 안에는 의료진 모두가 먹고도 남을 만큼 쿠키가 가득 들어있다. 하나하나 정성껏 봉지에 싸인 직접 만든 쿠키에 스티커가 붙어 있다.

'남편의 힘든 시간을 지켜주셔서 감사합니다.
행복한 크리스마스 되세요. ○○○ 보호자 올림'

가방 가득 담긴 쿠키 봉지 모든 것에 하나하나 직접 쓴 글씨가 보였다. 매년 크리스마스에는 온 가족이 모여 함께 지냈는데, 그해는 중환자실에 계속 있어야 하는 남편을 생각하며 한 글자 한 글자 썼다고 생각하니 코끝이 찡해졌다. '남편의 힘든 시간'이란 글자에 펜을 더 꾹 눌러쓴 게 느껴졌다.

가족의 간절한 바람. 딸아이의 캐럴, 쿠키를 보고 먹은 의료진의 노력, 이 모두의 힘이 합해져서 기적처럼 환자는 조금씩 호전되었다. 해가 지나 환자는 회복하여 일반병실로 옮겨졌고, 점차 재활치료도 열심히 받게 되어 결국 퇴원할 수 있었다.

* * *

누군가는 '진료를 보러 병원에 가서 의사 얼굴이 아닌 의사 앞에 있는 모니터만 보고 왔다'고 말하기도 한다. 몇 시간 대기하고, 단 몇 분간 자신을 진료, 치료해 주는 의사를 만나면서 의사와 눈빛을 제대로 마주치지 못하고 차가운 모니터만 보고 왔다는 의미일 것이다. 씁쓸하지만 이것이 현재 우리나라의 의료 현실이다. 만약 그 옆을 함께 지켜보던 환자 보호자가 있었더라면 마찬가지 심정이지 싶다. 만약 내가 환자 입장, 혹은 환자 보호자 입장이라면 다정한 말 한마디를 전하며 공감해 주는 의료진에게 더 신뢰가 가고, 동시에 내 몸도 더 잘 나을 것처럼 느껴질 것 같다.

언젠가 나도 이렇게 병실에 누워있는 환자 입장, 그 옆을 지켜주는 환자 보호자와 같은 상황이 될 수도 있다. 만약 그런 순간이 온다면 기꺼이 나를 치료해 주는 의료진들에게 힘과 용기를 전해주는 환자와 보호자가 되려고 노력하겠다. 언제나 이런 마음이다. 치료는 내가 반, 나머지 절반은 환자와 환자 가족의 힘을 빌려서 함께 하는 것이라는 그런 마음 말이다.

02

명품 보다 값진
11년산 참기름 선물

'감사합니다.'

감사는 사람과 사람 사이를 이어주는 기본이 되는 감정 표현이다. 감사라는 것은 단지 마음속 생각보다 내가 감사해 하는 당사자에게 진심 어린 말과 행동으로 이를 표현해야 의미 있다. 감사라는 표현, 그리고 그 감정은 서로 간에 믿음을 더 굳건하게 해준다.

'선생님! 25년 전 수학 시간 가르침, 정말 감사합니다.'
'선생님 수학 수업, 가르침 덕분에 지금 제가 있습니다.

숫자로만 배운 수학이 아닌 문제를 해결하게 하는 길을 알려주신 선생님께 감사드립니다.'

지난 수십 년간 수십, 수백 명의 선생님이 나를 가르쳐주셨다. 모든 분들의 성함과 얼굴이 기억나지는 않지만, 손에 꼽히는 몇 분의 선생님이 계신다. 첫 번째로 꼽을 수 있는 분은 바로 고3 시절, 수학 선생님으로, 앞서 '수학 문제 풀 듯 다양한 접근법, 환자 문제 풀이'에서 추억했던 바로 그분이다. 바쁘고 정신없던 고3 시절에는 당연히 그 감사함을 몰랐고, 20대는 의학 공부에, 병원에서 일에 치여 감사한 분들을 떠올리거나, 그런 마음을 제대로 전할 틈이 없었다. 그런데 머리가 커지고, 내가 직접 책임지고 환자를 보는 전문의가 되어보니 나를 있게 해주신 감사한 분들이 떠오른다. 당연히 부모님과 가족이 최우선이긴 하지만, 지금 내가 환자 보는 자세, 삶을 대하는 태도를 알려주신 수학 선생님이 생각났다.

마흔을 훌쩍 넘겨 25년 만에 고3 시절 수학 선생님께 연락드렸다. 진심으로 감사드린다는 말과 함께 '수학 문제 풀이, 환자 문제 풀이'라는 짤막한 글을 보내드렸다. 수학 문제를 풀어내는 것과 환자를 보는 심정과 같다는 마음을 담아서. 그랬더니 선생님께서 오히려 제자인 나를 칭찬하시면서 격려의 답장을 보내주셨다.

'고마워요. 모처럼 옛날을 되돌아보는 기회가 되었어.

내가 자네에게 그러한 영향을 주었다니 많이 기쁘네!

내가 볼 때는 자네 자신 속에 있는 능력을 스스로 찾아낸 것으로 보이네.

부디 더욱 멋진 의사가 되시고 사회에 공헌해 주시기를 바라네.

나중에 기회가 되면 얼굴 한 번 보세나!'

* * *

"외래로 택배가 왔어요!"

요즘 대부분 사전 택배 배송 문자가 대부분 오기에 택배를 보내는 곳, 사람을 정확히 알 수 있다. 하지만 보내는 사람이 불분명한 택배가 내 이름 앞으로 온 것이다. 병원으로 오는 택배이기에 환자나 환자 보호자가 보냈을 가능성이 1순위다. 간혹 감사의 선물이 환자나 보호자에게서 오는 경우가 있다.

커다란 아이스 박스에 받는 사람 '외과의 문윤수'라고 적혀있다. 보낸 사람은 '이○○'로 전혀 모르는 이름이다. 약간 흔한 성과 이름이지만 전혀 모르겠다. 최근 2~3년 이내 환자 이름은 어느 정도 기억하지만, 모든 환자 이름을 다 기억하지는 못한다. 그래도 이 정도 크기 상자에 택배를 보낼 정도의 환자라면 큰 수술을 하였거나 나를 엄청나게 힘들게 했던 한 환자였으리라고 추측할 따름이었다.

하지만 아무리 머리를 굴려봐도 '이○○' 환자가 누군지 기억이 나지 않았다. 그래도 택배 상자는 열어보는 재미, 순간의 기쁨이 있기에 외래 간호사들과 함께 열었다. 솔직히 안에 무엇이 들었는지 궁금하였다. 참기름, 들기름 각각 5병, 총 10병이 가지런히 담겨 있다. 조심스럽게 포장용 에어캡과 신문지를 병 사이사이 잘 채워서 넣은 모양새에서 정성이 느껴졌다. 그때 갑자기 옆에 있던 외래 간호사가 말한다. 지난주 외래로 전화가 왔었던 것이 생각났다고. 어느 환자가 나를 찾는 전화, 나에게 선물을 보낸다는 전화가 왔다고 전했다.

참기름, 들기름 10병, 환자 이름, 보낸 사람인 환자의 전화번호만 안다. 순간 너무 고민이 되었다. 최근 불신의 사회, 이상한 영화, 사건·사고 뉴스를 많이 봐서 그런지 머릿속은 몇 초 간 의심의 싹도 스멀스멀 피워 올라왔다.

'나는 도저히 누구인지 모르는 사람인데, 정말 내가 담당했던 환자가 맞을까?'

10병이나 되는 참기름, 들기름… 과연 사람이 먹는 기름이 맞을까? 정말 참기름인가? 성분 조사를 의뢰해야 하나?'

합리적 의심은 아니지만 충분히 의심의 눈초리, 의심하는 마음을 가지게 된다. 그렇다고 그 자리에서 참기름 병을 열고 마셔볼 수도 없다. 마시고 혹시나 쓰러지면, 그 자리에서 응급실로 실려 갈지도 모르는 최악의 상황도 있을지 모른다. 그렇다고 10병 모두를 검증할 방법도 없다.

이때 외래 간호사가 이름과 전화번호, 외과 외래에 다녀간 기록을 역으로 찾는 방법을 동원한다.

"2013년에 입원, 외래에 다녀간 기록이 있는데요!"

"이○○ 환자. 기억하세요?!"

"교수님 앞으로 그때 수술, 입원하였는데요?"

택배가 온 것은 2024년 일이다. 2013년은 내가 병아리 외과 전문의 시절이다. 보통 컴퓨터도 몇 년 지나면 새로 바꾸거나 포맷시키는 것처럼, 머리 안에 2013년 기억은 다 사라진 상태였다. 아무리 머리를 굴려도 이름만으로 10년도 지난 환자를 전혀 기억해 내지 못하겠다. 내가 정리해 놓은 환자 기록 엑셀 파일에서 다시 찾아본다. 아쉽게도 최근 7~8년까지만 기록이 있어 그 환자에 관한 내용은 없었다.

내가 진료했던 환자였다는 객관적 기록은 확보하였다. 환자는 기억 못 하지만 머리에 환자 CT 사진은 기억하기도 한다. 간혹 환자 얼굴보다 수술 소견, CT 상 출혈이나 장기 손상이 너무 심해서 기억하는 때도 있다. 환자 병록번호를 찾아 환자의 CT 사진을 열어본다. 첫 CT가 없다. 일반적으로 대부분 환자는 수술 전에 CT 검사를 통해 출혈이나 손상을 정확히 파악하고 수술을 결정하고 시행한다. 정확히는 환자는 CT도 찍지 못하고 수술실로 직행하였다. 그만큼 환자 상태가 불안정하였기 때문이다.

    수술 후 찍은 CT 사진으로 도저히 기억은 안 난다.

'이○○환자' 이 환자는 과연 내가 진료했던 환자가 맞나?

    계속 의심이 남아있고, 참, 들기름 10개는 빤히 나를 쳐다보고 있다. 어떻게 해야 할지 몰라 고민이 연속이다.

    이럴 때는 정공법을 따른다. 정면 돌파! 이 환자는 내가 수술했고, 입원했었으며, 외래진료도 본 객관적 기록이 있다. 의심이 약간은 해소되기는 하지만, 그래도 마음 한쪽은 살짝 이상한 느낌이 계속 남아 있다. 결국 의심을 해결하고 동시에 감사의 마음을 전하기 위해 전화를 건다.

"안녕하세요!
○○대학교 병원에 있는 외과 전문의 문윤수입니다."

"저 기억나세요?"

"혹시 참기름?"

"반갑습니다!"

"이렇게 전화까지 해주시고! 감사합니다!"

"당연히 기억납니다!"

"참기름 별것 아닌데 정말 고마워서 보내드렸습니다."

"10년도 넘었는데, 그때 정말 잘 치료, 수술해 주셔서 너무 기억에 남습니다!"

"덕분에 지금 건강하게 잘 살고 있습니다!"

"정말 감사합니다!"

그래도 도저히 기억나지 않는다. 어떻게 내가 수술한 환자인지, 교통사고였는지? 어떤 수술을 한 것인지? 목소리는 한 60대 여성분으로 들리는데….

아, 답답하다. 우선 목소리, 나와 3분간 대화를 복기해 보면 참기름은 진짜 참기름, 먹어도 되는 참기름으로 100퍼센트 장담할 수 있겠다. 내가 본 환자는 확실하고, 이분께서도 본인이 직접 짜서 보내는 것이라고 말씀하신다.

"그때 정말 감사했습니다!"

"살려주셔서 정말 감사합니다!"

"환자들 건강, 치료도 중요하지만, 교수님도 건강도 잘 챙기세요!"

이렇게 통화를 마무리하였다. 진심으로 말하는 감사 인사, 건강 걱정도 해주시는 말에 '내가 직접 수술했던 환자가 맞다'는 확신이 들었다. 고민 해소는 깔끔하게 되진 않았지만, 참기름과 들기름을 먹어도 된다는 확신은 생겼다. 총 10병의 참기름, 들기름을 나누었다. 나는 3병을 가져왔고 나머지는 간호사들에게 나누어 주었다. 집에서 참기름, 들기름으로 맛있는 요리를 해서 드시라고 말하면서. 역시 환자에게 받은 선물은 병원에서 여러 사람과 나누어야 제맛이다.

전화 통화를 하고도 고민은 계속되었다. 참기름의 진위에 대한 의심은 확실히 없어졌으나 어떤 환자인지 너무 궁금하였다. 참기름을 먹기 전에 정확히 확인을 더 하기로 한다. 방법을 찾았다. 내가 직접 외래진료, 입원하였던 환자는 당시 수술 기록지 등을 간단히 조회할 수 있다. 드디어 내가 쓴 그 환자분의 수술 기록지를 찾았다.

2013년 기록.
"총 2,000cc 출혈, 복강 내 혈액.
복강 내 상장간막 동맥과 정맥이 일부 찢어지고 손상."

상장간막 동맥은 복부 대동맥에서 직접 분지가 되어 복강 내 소장, 췌장, 대장 일부에 혈액을 공급한다. 이 상장간막 동맥은 지방조직인 장간막 사이에 숨어 있어 직접적으로 보이지 않는다. 서서히 기억날 듯하다. CT 사진과 2,000cc 출혈, 상장간막 동맥과 정맥 손상. 마지막에 수술실로 들어간 시간 새벽 2시.

아, 조각들이 맞춰지는 느낌이다. 무슨 추리 소설도 아니고, 그래도 2,000cc 가까이 출혈과 새벽 2시 수술. 11년 전 수술 환자이니 강산이 한 번 변하고도 1년이 더 지났다. 내가 수술 당시에는 30대였지만 이제는 40대에 접어들다 보니 뇌 저장 용량에 한계가 다다른 것 같다. 100퍼센트 퍼즐이 다 맞춰지지는 않는다.

초보, 초짜 외과 전문의 시절에 어렵고 힘들게 수술, 치료한 환자였던 것은 확실하다. 모든 환자, 아픈 사람들은 중요하고 어렵겠지만, 가령 손가락뼈 하나, 발목뼈 하나 혹은 감기 등은 쉽게 "네! 기억납니다"라고 말하고 넘어갈 수 있다. 하지만 '2,000cc 출혈, 커다란 동맥과 정맥, 새벽 2시'는 참 어려운 조합이다. 지금도 그렇지만 새벽 2시와 2000cc 출혈이란 조합은 내 수명 일부를 갈아 넣어가면서 환자를 살렸던 순간임이 분명하다.

11년산 양주가 아니라 11년산 참기름과 들기름 선물이다. 이○○환자는 평생토록 자신을 살려준 의사로 나를 기억해 주고 있다. 선물에 담긴 기억은 2024년산 참깨가 아니라 이미 11년 전에 짜놓고 묵혀 놓은 11년산이나 다름없다.

내가 받는 것은 11년이 지나서도 환자 기억에 남은 의사라는 진정한 마음이었다. 그 마음을 잊지 않고, 11년 동안 간직하였다가 감사한 마음과 동시에 선물을 보내신 것에 내가 더 감사했다. 나의 기억 용량의 한계로 인해 내 머릿속 기억은 이미 지워졌지만, 그 환자, 이○○환자에게는 10년이 지나도 자신의 생명을 살려주었다는 감사한 마음이 참기름, 들기름처럼 찐득하게 남아 있나 보다!

03

새벽 2시,
동기가 건넨 믹스커피 한 잔

"네 덕분에 환자가 하루 넘겼다. 금방 좋아지겠지!"

믹스커피 한 잔을 건네주면서 전공의 동기인 친구가 말한다. 20여 년 전 전공의 시절, 새벽 2시의 기억이다. 중환자실 환자 옆 침대에 책을 놓고 꾸벅 졸고 있는 내가 안쓰러워서 진하게 커피믹스를 타 온 것이었다.

의사는 환자 곁에 있어야 의사다. 당직실에서 전화기 너머 들려오는 누군가 불러주는 수치와 모니터 화면에 보이는 환자 혈액검사, 엑스레이 사진만으로 환자를 살릴 수는 없다. 환자 옆에서 환자 숨소리, 눈빛 하나까지 보며 환자를 치료하고 있다. 때로는 환자 상태가 악화되어 소변량이 줄어들고 있는 상황에서, 어떻게든 소변 한 방울이라도 더 나오게 하려고 소변 줄을 쥐어짜 보기도 한다.

대학병원 환자에게는 담당 교수, 담당 전공의가 있다. 최근 부족한 전공의로 인해 담당 교수만 있는 것이 일반적이지만, 내가 수련 받던 시절에는 상태가 안 좋은 환자를 지키는 전공의가 있었는데, 나도 그런 역할을 했었다. 이처럼 전공의는 환자 곁을 떠나지 않았다.

지금은 그 역할을 전문의가 대신하고 있다. 어느 병원은 '호스피탈리스트'란 호칭으로 전문의를 채용해 이전에 전공의가 하는 일을 맡긴다. 시대가 바뀌고 점점 세분된 역할, 이름으로 병원 구성원들이 바뀌고 있다. 하지만 변하지 않는 한 가지는 '환자 바로 옆에 의사가 있어야 한다'는 것이다.

10년이 지나고, 20년이 지났지만 내 의사면허증에 새겨진 면허번호와 이름은 변하지 않았다. 그런데 환자를 대하는 마음은 점점 더 어려워지는 순간이 많이 찾아온다. 아마도 중환자, 중증외상 환자들이 더 많아지는 것이 원인일 수도 있겠지만, 환자를 대하는 마음만큼은 이 업을 계속하는 동안 절대 변하지 않아야 한다고 늘 다짐한다.

우리는 때로는 고전에서 인생의 해답을 찾고자 한다. 《손자병법》에서 우리가 잘못 알고 있는 대표적인 구절이 '지피지기 백전백승'이다. 상대를 알고 나를 알면 백번 싸워 백번 승리한다는 뜻이다. 무심코 들어서는 고개를 끄덕이게 될 수도 있지만, 실상은 와전된 말이다. 상대와 나를 모두 알면 백번 싸워도 위태롭지 않다는 '지피지기 백전불태知彼知己 百戰不殆'라는 말이 바른 문구다. '위태롭지 않다'는 말은 이기는 것이 아니라 상황이나 상태가 불안정하거나 위험하지 않고, 안정적이고 안전함을 의미한다.

중환자를 치료하는 상황에 이를 적용한다면 환자가 고비를 버티고 위태롭지 않으면 결국 환자는 살아날 수 있고, 이는 곧 환자가 이기며 살아나게 된다. 환자가 위태롭지 않기 위해서 가장 중요한 것은 바로 '주치의의 믿음과 도움'이다. 앞서 언급했듯 지금도 환자 침대 위에는 환자 이름과 동시에 주치의 이름이 적혀 있다. 이는 다시 말해 환자와 담당 의사는 한배를 탔다는 것을 의미한다. 정확히는 환자, 담당 의사, 전공의, 담당 간호사 모두 다 환자 치료에 같은 마음이 되어야 한다.

의사인 나에게도 병원에서 생기는 여러 가지 일들이 때로는 이해가 안 가거나, 전후 상황이 난처하고 곤란한 경우는 수없이 많이 일어난다. 그 와중에 그러한 일에 관해 보호자에게 설명하는 것은 때로는 피하고 싶고 너무 고통스럽기까지 하다. 하지만, 수년 전 한창 코로나19가 시작할 무렵, 어느 보호자의 이 한마디는 오히려 나를 감동하게 했다.

"어머니가 차라리 입원하신 상태에서 걸리신 게 다행이라고 생각합니다."

수화기 너머로 들려오는 환자의 아들 말을 듣는 순간, 말문이 막혔지만 나 혼자서 고개를 끄덕였다. 수화기를 들기 전 마음속으로 대본을 준비하고 있었다. '사전에 병원 차원에서 철저한 감염 관리를 하며 모든 의료진이 어머니를 잘 보살피고 치료했지만, 피치 못 하게 걸리게 되셨습니다.' 변명일지 모르지만, 보호자에게 나름 합리적인 설명을 하려 준비했는데, 아들의 대답에 오히려 말문이 막혔다. 화 낼지도 모른다고 예상했으나 정반대의 반응에 마음속으로 대답했다.

"그렇게 생각해 주셔서 감사합니다."

방금 그분의 말은 지난 두 달간 치료 과정에서 수없이 통화했던 대화에서 나오던 것과 같은 반응이었다.

* * *

"환자분께서 코로나19에 걸리셨습니다."

하루 전 병동 간호사를 통해 들었지만, 담당 주치의인 나에게 한 번 더 안타까운 사실을 전해 들은 아들의 대답은 오히려 나를 당황하게 했다. 앞서 말했듯, '입원하신 상태에서 걸리신 걸 다행으로 생각한다'라고 말한 것이 주치의인 나를 믿는 것인지, 아니면 코로나19를 가볍게 생각한 것인지는 정확히 알 수 없다. 하지만 아무튼 걱정하던 나에게 오히려 감사한 답변이었다.

그분의 어머니는 내가 치료했던 환자다. 80대 치매 노인으로, 시골 어디에선가 차에 몸이 깔려 심한 장기 손상과 출혈, 여러 부위 골절로 백 일도 훨씬 넘게 병원에서 치료받았다. 한 문장으로 환자와 환자 가족과의 첫 만남부터 수많은 생사의 고비를 넘겼던 순간을 설명할 수는 없으나, 아마도 환자는 저승사자를 여러 번 만나고 온 것이 분명하다.

환자 몸에 들어간 5리터의 수혈량이면 이미 이 조그만 노인 몸의 대부분의 피는 다른 이의 것으로 채워진 것과 같았다. 잘 버티고 다시 건강을 찾아 회복한 이유가 아직 저쪽 세상 순서가 안 된 것인지, 아니면 이곳 외상센터에 처음부터 빨리 내원해 잘 치료받는 덕분인지는 정확히 알 수 없다. 다만 아들과 딸, 모든 가족의 한결같은 사랑과 정성의 힘이 회복을 도왔다고 확신한다. 동시에 의료진들에 대한 사랑과 믿음도 당연히 더해진 덕분이다.

수많은 고비와 수술 문턱도 넘었지만, 아직 넘어야 할

고비가 여러 가지 남아 있는 시점에서 아주 고약한 불청객인 코로나19를 맞이했다. 마지막 큰 산을 마주한 것이다. 그 당시는 전 국민의 5분의 1이 걸린 시점이었다. 아무리 대학병원에서 방역을 철저히 한다 해도 80대 노인 환자가 안 걸리는 것이 이상했을 시점이다. 효자 아들을 비롯해 가족들의 간절한 정성이 할머니에게 찾아온 고약한 바이러스를 물리쳐버린 것인지, 그분은 다행히 건강을 회복하고 재활병원으로 옮기셨다.

매번 낭떠러지 끝, 출혈과 고통으로 생명의 끝자락에 선 암울한 환자, 그의 가족과의 만남 자체는 나 스스로에게도 고통이다. 하지만 태연하게, 담당 의료진을 믿어주면서 말해주는 보호자의 한마디는 나에게 되레 힘이 된다. 이런 상황에서 환자는 더 빠르게 잘 회복한다.

* * *

퇴원하는 한 베트남 청년에게 편지를 써주었다. 한 달여를 입원, 수술하고 고통스러운 치료 과정을 잘 견뎌주어, 어렵게 회복하고 퇴원하는 날이다. 퇴원하는 날 아침 마지막으로 회진하면서 청년은 오늘 집에 간다는 사실에 함박웃음을 짓고 있다. 그 모습이 너무 행복해 보였다.

"감. 사. 합. 니. 다."

한 글자 한 글자 또박또박 말하는 청년이지만, 한국어가 서툴러 그동안 의사소통은 구글 번역기, 파파고에 의존해서 간신히 설명하며 치료하였다. 그래도 항상 청년은 밝게 웃으며 인사를 건네면서 치료를 잘 따라주었다. 그 전날 미리 청년에게 줄 편지를 적어두었다. 우선 한글로 대략 내용을 적어 구글 번역기를 통해 베트남어로 적어주었다.

'환자분 수술한 내용은 이렇습니다. 소장 천공으로 소장 5센티미터 부분 절제 수술, 소장문합 수술을 하였습니다.

'수술 후 주의할 몇 가지 사항도 알려드립니다. 복부 수술 후 장 폐색, 장 유착이 발생할 가능성이 있습니다. 장 폐색 증상은 지속해서 구토, 복통이 있으며 가스가 안 나올 때 의심할 수 있습니다. 과일 감도 주의하세요. 변비를 유발할 수 있습니다. 가급적 감은 안 드시는 것이 좋습니다.'

평생 살면서 배에 길게 상처 자국이 남게 된다. 따라서 어떤 복부 수술을 받았는지를 정확히 알고 있어야 혹시나 모를 배가 아픈 상황에서 중요한 정보가 될 수 있다. 언제라도 베트남에 다시 갈 일이 있으니 이렇게 수술한 기록을 알고 있으라고 당부했다. 혹시나 베트남의 병원에 가게 되면 수술 기록을 정확하게 알려주라고 말하였다.

마지막 인사를 하면서 아직도 첫날, 배를 부여잡고 고통스러워하던 청년이 얼굴이 떠오른다. 하지만 지금은 너무 행복해 보이는 그를 보면서 편지를 슬그머니 내밀었다. 한 글자, 한 글자 청년에게 읽어주고 한 번 더 설명해 주었다. 베트남어로 쓴 편지를 보며 그는 연신 싱글벙글 웃었다. 마지막으로 악수를 청했다. 외상외과 의사와 베트남 청년으로서의 악수가 아니라, 한 달이라는 인연 동안, 서로가 서로에게 감사해 하는 두 사람 간의 악수였다.

헤밍웨이 소설 〈노인과 바다〉의 노인은 망망대해에서 홀로 배 안에서 떠다녔다. 두렵지만 노인은 마지막까지 자신 만의 믿음이 있었기에 그 바다에서 견딜 수 있었다. 회복이라는 소망은 반드시 이루어진다고 모두가 믿지만, 그 과정에서 수많은 장애물이 나타난다. 하지만 믿음으로 그것을 함께 이겨내고, 결국 목적지로 나갈 수 있다.

살다 보면 어느 순간 혼자 망망대해에 있는 느낌을 받기도 한다. 방향도 모르고 그렇다고 도움을 요청할 이 한 명 주위에 전혀 보이지 않기도 한다. 그러나 그 순간마다 정말 필요한 도움을 주는 누군가가 나타난다. 그 사람이 나 자신이거나 내가 그토록 찾는 사람일 수도 있다. 아니면 다른 보이지 않는 힘이 우리에게 전해질 수도 있다. 꼭 그것을 믿는 누군가에게는 말이다.

그런 존재가 우리에게는 항상 있다고 믿는다. 멀리서 찾는 것이 아닌 바로 내 옆에 있는 그가 될 수 있다. 그 방법은 사소한 말 한마디거나, 새벽 2시에 건네는 믹스커피 한 잔이 될 수도 있다. 나 또한 병원에서 환자, 보호자와 만나는 순간순간마다 나에게 환자와 보호자들이 그러한 존재가 되어준다. 석 달, 100일 넘게 나의 애간장을 태우던 환자가 퇴원하면서 밝게 웃으며 "살려주셔서 감사합니다"라는 인사 한마디도 그것이다. 누군가에게 받는 감사에 대해, 나 또한 내가 할 수 있는 실천을 통해 보답하고자 노력한다. 메스만이 꼭 그 방법이 아니라, 번역기를 통해 베트남어로 쓴 편지가 누군가에게 위로와 힘을 줄 수 있으리라 믿는다.

매일매일 서로 다투고 험담하는 내용의 뉴스로 세상은 시끄럽고 혼란스럽다. 하지만 바르게 바라보고, 따뜻한 시선을 가진 이들에게 세상은 아직 살만하다.

04

외상외과 의사는 오케스트라 지휘자와 닮아 있다

우연한 기회에 오케스트라 공연 티켓을 선물받았다. '지브리, 디즈니 애니메이션' 오케스트라 공연이었다. 집에서 차로 10분 거리에 큰 공연장이 있지만 음악에 큰 관심이 없기에 자주 가보지는 못하였다. 그래도 아주 가끔은 가려고 노력했지만, 지난 몇 년간 코로나19 때문에 그마저도 뜸하였다. 사실 애니메이션 주제가들이지만 실제 들어보고 아는 것은 채 절반이 안 되었다.

수많은 악기와 연주자, 가운데 지휘자까지 보기만 해도 멋져 보이는 공연이었다. 멀리서 보니 바이올린, 비올라, 첼로 정도만 정확히 아는 악기였지만 그 밖에도 수많은 악기, 연주자들이 지휘자 손과 몸짓에 맞춰 완벽한 화음을 내고 있었다.

역시나 공연 중간에 몰려드는 졸음을 참지 못하고 깜박 졸고 있는 나를 발견하였다. 전날 당직 근무에 밤늦은 시간과 새벽에 쪽잠을 자긴 했지만, 몸속에 부족한 수면은 제아무리 아름다운 오케스트라 공연이라고 해도 이겨내진 못했던 것이다. 몇 번 졸고 있는 나를 깨우는 것은 열심히 공연에 집중하는 관객들의 힘찬 박수 소리였다. 꾸벅 졸다가 모두 다 손뼉 치는 순간에 깜짝 놀라서 깨어 나도 덩달아 손뼉을 치곤했다.

몇 번인가 졸음이 밀려왔지만, 순간 지휘자의 모습에 빠져들어 모든 악기, 연주자들을 아우르고 지휘하는 자체에 나도 모르게 집중하였다. 사실 음악에 대해서는 잘 모르고, 지휘자의 뒷모습만 바라보는 상황이었지만 그 모습에 집중하다 보니, 나름 오케스트라 공연의 새로운 묘미가 조금씩 보이기 시작하였다.

마에스트로Maestro란 현대에서 거장의 반열에 오른 지휘자를 말한다. 그날 공연에서 내가 본 지휘자는 나의 눈에는 마에스트로라고 부르기에 충분하였다. 꾸벅 졸고 있던 나를 깨어나게 하는 멋진 지휘를 보여주었기 때문이다.

오케스트라를 구성하는 수많은 악기가 각기 다른 음색, 소리 크기를 내는 것에 더해서 연주자들 각각의 성향도 다르다. 그 많은 것들을 하나의 작품으로 만들어주는 것이 지휘자의 몫이다.

오케스트라의 연주자들은 사오십 명 즈음 되어 보였다. 한 악기에 적게는 두세 명, 바이올린 경우는 십여 명의 연주자가 하나의 소리를 맞춰내고 있었다. 그 많은 이들과 악기들이 하나의 아름다운 음악으로 탄생하는 가장 큰 역할은 바로 지휘자의 힘이다. 한가운데 서서 두 손을 벌려 손가락과 몸을 이용하여 다양한 악기의 음색을 하나로 모아서 멋진 연주를 선사한다니, 신선한 감동이었다.

* * *

한 중증외상 환자가 권역외상센터로 들어온다. 119 구급대원들의 사고 현장에서의 이송부터 초기 처치도 중요하다. 한 명의 중증외상 환자가 들어오는 순간 십여 명의 의료진, 이십여 개의 손이 일사불란하게 움직인다. 그 순간 나, 외상외과 의사의 입은 분주해진다. 바로 이 환자 치료 과정을 진두지휘하기 위함이다.

환자는 한 명이지만 중증외상, 생명이 위험한 상태이기에 여러 의료진의 동시다발적 처치가 필수다. 더불어 자칫 발생할 수 있는 초기 소생술 중 단 하나의 착오도 용납돼서는 안 된다. 외상팀 리더는 그 순간 단지 빠른 처치보다 팀원들 각자 역할에 따라 이 환자에 대한 최적의 치료를 각각 팀원들에게 지시함과 동시에 순간마다 어떤 처치, 검사, 수술해야 할지 즉각적으로 결정해야 한다.

이곳에서 나의 눈은 단 두 개이지만 시선은 앞뒤 좌우 모두를 바라보면서 일한다. 외상팀원 모두와 리더의 하나된 마음과 처치는 곧 중증외상 환자 생존율을 높이고 합병증 및 후유장해를 최소화할 수 있다.

권역외상센터는 하나의 오케스트라와도 같다. 그 안의 외상외과 의사는 지휘자다. 환자 처치를 머리부터 발끝까지 진두지휘한다. 부족하고 실수하는 처치가 있으면 소리를 지를 때도 있다. 반대로 잘한 처치에는 칭찬으로 함께하는 의료진들을 격려해 준다. 이렇듯 이런 처치는 평상시 수많은 연습과 사전 교육으로 단련한다. 단 한 번의 연습으로 이렇게 외상센터 의료진들이 함께 호흡을 맞출 수는 없다. 더불어 노력한 수많은 흔적의 결과일 따름이다. 물론 모든 것이 완벽할 수 없기에 다시 한번 더 리뷰하고 더 잘해내기 위해 늘 노력한다. 마치 오케스트라가 수차례의 연습을 통해 완벽한 하모니를 내려고 애쓰는 것처럼 말이다.

* * *

아직 권역외상센터의 기틀이 제대로 갖추지 않았던 시절의 일이다. 응급실에서 한 환자의 상태가 안 좋아 기도삽관, 즉 환자 입과 기도를 통해 숨을 쉬는 관을 넣는 시술을 하려고 준비하는 중이었다. 미리 약물을 투여해 환자의 움직임을 줄여주고 입, 기도를 통해 엠부백Ambu Bag을 짜주어 산소를 충분히 넣어주는 과정을 거친다. 하지만 마무리 산소를 힘껏 짜주어도 산소 포화도가 올라가지 않고 오히려 떨어지면서 세찬 알람 소리가 내 귀를 찌르고 있었다. 당황하고 놀라면서 어딘가 잘못된 것이 있는지 급하게 찾아보던 중 발견한 것은 산소 밸브를 열지 않은 상태의 벽에 달린 산소 공급 기구였다. 따라서 100퍼센트 산소가 아닌 공기 중의 21퍼센트 산소만이 들어가기에 그런 사태가 생긴 것이었다.

이를 본 순간, "다들 정신 차리세요!"라고 소리를 버럭 질렀다. 다행히 기도삽관도 잘 되었고 환자 상태는 무사히 잘 안정되었다. 산소 밸브 하나만으로 자칫 큰 사고가 날 뻔한 상황이었다. 당시 등에서는 식은땀이 한번 주르륵 흘러내렸다. 이렇듯 사소한 끈 하나가 풀리는 것 같은 실수만으로도 자칫 큰 재앙이 될 수 있다.

시간이 지나서 이런 에피소드는 하나의 추억으로 넘겨버릴 수 있지만, 절대 반복돼서는 안 되는 큰 실수였다. 당시는 권역외상센터가 본격적으로 시작하기 이전이었기에 모두가 다시 여러 준비 과정을 함께 점검하였다.

***

설날 즈음하여 고향 집에서 온 가족이 모여 만두를 빚는다. 미리 만두피를 만들 밀가루 반죽을 숙성하고 만두 속에 들어갈 재료를 준비한다. 숙주, 김치, 당면, 고기, 두부, 채소 등 갖은 재료를 익히고 자르며 다져서 맛깔스러운 만두 속에 들어갈 재료를 준비한다. 이런 준비의 과정은 대부분이 어머니의 몫이다. 수십 년간의 요리 실력을 닦으셨고 그만큼 베테랑 요리사의 솜씨를 자랑하신다.

이제 본격적으로 만두를 만드는 과정이다. 이제 내가 본격적인 역할을 할 시점이다. 숙성된 밀가루 반죽을 밀대로 밀어, 만두피를 하나씩 만드는 것이 나의 주된 역할이다. 만두피가 하나씩 만들어지면 온 가족이 둘러앉아 미리 만들어놓은 만두소를 넣고 각자의 취향대로 빚는다. 아이들은 제각기 동물 모양의 만두부터 왕만두까지 다양하게 만든다. 그 옆에서 살짝 시어머니 눈치를 보는 며느리와 딸은 내가 만든 만두피가 굳어버리기 전에 열심히 만들어낸다.

열 개도 넘는 손들이 함께 움직이니 어느 순간 만두 수십 개가 만들어진다. 쟁반 가득 만들어진 만두를 찜통에 찌는 과정은 다시 어머니의 몫이다. 이내 찜통에 다녀온 만두는 너무나 먹음직스럽게 바뀌어 빛을 보게 된다. 이어 각자, 자기가 빚은 만두라고 자랑하면서 들고 먹기 시작한다.

좋은 재료와 정성의 손맛, 갓 찌어낸 따뜻한 만두의 맛은 그 어떤 음식과 비교할 수 없다. 시중에 파는 냉동 만두도 맛있지만, 고향 집에서 직접 우리 손으로 빚은 만두 맛은 절대 따라오지 못한다. 밀대를 밀면서 팔이 쑤시고 각종 재료를 칼질하여 준비하는 수고로움도 있다. 하지만 갓 찌어낸 만두가 입에 들어가는 순간, 그동안의 노고는 자연스레 잊게 된다. 이는 곧 만두 만드는 과정에서 오케스트라의 지휘자 같은 능력을 어머니께서 발휘하셨고, 모두가 다 각자 자신의 역할을 잘 해낸 덕분이다.

* * *

작가이자 검사인 김웅의 《검사내전》에서 그는 '선배로부터 들은 작은 나사못에 관한 이야기'를 한다. 검사 조직과 그 안에서 억울함에 젖어 있던 저자는 선배로부터 검사를 '대한민국이란 거대한 여객선의 작은 나사못 같은 존재'라고 말했다. 커다란 배는 절대 혼자 어디로 가는 것이 아니라 배 깊숙한 곳 철판을 꼭 물고 있는 나사못 같은 존재가 모여 그 배를 지탱하기에 더 멀리 나갈 수 있다는 것이다.

또한, 사람들이 벤츠를 사는 것은 삼각 엠블럼 안에 보이지 않는 튼튼한 수천 개의 나사못이 있기 때문이고, 그 덕분에 더 벤츠답게 보인다는 말을 덧붙였다.

이처럼 우리 사회 곳곳에서, 혹은 커다란 배, 멋진 승용차에서도 눈에 보이는 엠블럼이 멋있어 보이는 것이 아니라, 보이지 않는 곳에서 묵묵히 자기 맡은 일을 하는 누군가가 있기에 그 존재가 더 빛난다. 내가 꼬박 졸면서 본 오케스트라 공연에서 세 번째 줄, 오른쪽에서 두 번째 연주자가 묵묵히 바이올린을 연주하는 것으로 인해 지휘자와 오케스트라 모두가 더 멋져 보였던 것처럼.

모든 지휘자가 마에스트로가 될 수 없기에 마찬가지로 외상외과 의사 모두 마에스트로 같은 거장은 될 수 없다. 다만 자기 자리에서 온 힘을 다하는 외상외과 의사가 되면 그것으로 충분하다.

지휘자는 오케스트라와 함께 연습하고 멋진 공연을 위해 준비한다. 마찬가지로 권역외상센터 내 외상외과 의사 또한 모든 의료진, 외상팀 모두 함께 언제 올지 모르는 단 한 명의 환자를 위해 오늘도 분주히 준비한다.

모든 지휘자가 마에스트로가 될 수 없기에 마찬가지로 외상외과 의사 모두 마에스트로 같은 거장은 될 수 없다. 다만 자기 자리에서 온 힘을 다하는 외상외과 의사가 되면 그것으로 충분하다.

05

우리 인생은 완벽이 아니라 완벽함을 찾아가는 과정이다

"시작하겠습니다. 메스 주세요!"

떨리지만 힘찬 목소리와 함께 메스를 쥐고 환자 배를 가르기 시작하자 복벽 층층이 차례로 열리며 배 안의 소장, 대장이 보이기 시작한다. 염증이 심한 충수돌기를 찾아 제거하는 충수돌기 절제 수술이다. 20년 전 기억이지만 바로 어제 한 것 같이 생생하게 모든 것이 떠오른다.

주임 교수님께서 나의 건너편에서 외과 의사가 되어 처음 집도하는 수술의 제1 보조 의사 역할을 해주신다. 처음의 그 함찬 목소리는 어느새 어디론가 사라진 채 수술은 점점 진행이 더뎌졌다. 보조 의사로서 수없이 많이 보던 것과는 전혀 다르게 집도의 자리에서 하는 수술 과정은 너무 어렵고 긴장의 연속이었다. 마취 후 개복, 충수돌기로 가는 혈관 결찰結紮, 충수돌기 절제, 다시 개복되어 있는 복벽을 봉합하는 과정으로 충수돌기절제술은 마무리된다. 익숙하고 유능한 외과 의사가 하면 이십여 분만에 끝나는 수술이, 첫 집도의 역할을 하는 전공의 1년 차는 한 시간 가까이 걸려 가까스로 끝냈다. 내 앞에서 묵묵히 제1 보조 의사를 해주시며 마지막까지 후배 외과 의사를 도와주시고 가르쳐 주셨던 외과 교수님 모습이 아직도 생생하다. 수술이 마무리되고 수술복 안 내 등은 식은땀으로 촉촉하게 젖어 있었다.

나는 지금 자신 있게 아픈 환자에게 치료의 손길을 내미는 외과 의사가 되었다. 자신 있다고 말은 하지만 아직도 예기치 않은 상황이나, 너무 어려운 수술이면 20년 전 처음 했던 수술처럼 초조하고 긴장되기는 마찬가지다. 아마도 외과 의사로서 메스를 놓는 순간까지 그 초조함은 계속되지 않을까 싶다. 그런 순간에는 첫 집도 수술 순간을 떠올리며 침착하게 내 바로 앞에서 기본부터 하나씩 가르쳐 주신 교수님 손길을 떠올린다.

* * *

몇 해 전 3월 초에 있던 일이었다. 새롭게 근무를 시작한 인턴 선생님이 채혈할 주사기를 들고 환자 옆에서 10여 분간 서성이고 있다. 인턴 선생님은 동맥혈을 채혈해야 하는데, 환자 좌우 손목을 번갈아 가며 동맥이 정상적으로 뛰는지를 만지기만 하고 정작 환자 팔에 주삿바늘을 꽂기는 주저하는 중이다. 마침 중환자실에 있던 나는 인턴 선생님에게 다가갔다. 내가 처음 집도하였던 순간, 난생처음으로 환자에게 채혈, 시술하였던 순간이 떠올랐다. 30분간 환자 손과 동시에 인턴 선생님 손을 잡아주며 방법에 관해 설명하고 시범을 보여준 끝에 인턴 선생님은 동맥혈 채혈에 성공하였다.

주사기 바늘에 환자의 빨간 혈액이 맺히는 순간, 동시에 인턴 선생님 얼굴에 살며시 미소가 번졌다. 당시 내 마음은 20여 년 전 내가 첫 충수절제술* 수술의 마지막 봉합을 하던 때, 앞에서 보조 의사를 해주시던 주임 교수님의 마음과도 같다. 지금도 나 자신이 여러 가지로 부족하다고 여기만, 내가 할 수 있는 것과 아는 지식은 누군가에게 큰 도움과 힘이 된다는 것을 알기에 당시 인턴 선생님 손을 힘껏 잡아주었다.

시작이 중요하다. 사람 몸과 생사를 다루는 의업은 특히 도제식 교육 안에서 현명한 멘토, 스승을 만나야 하고 그것을 슬기롭게 받아들이는 자세도 중요하다. 6년간 수업과 실습으로 배우고, 추가로 수련의 신분으로 4~5년을 더 배워야만 환자 몸에 메스를 가져갈 수 있는 외과 의사가 된다. 몇 년 후에는 내 면허번호 앞 선배 의사들보다 나의 뒤 후배 의사들이 많아지게 되었다. 현재 이 자리에 외과 의사인 내가 있게 해준 것은 나의 첫 집도를 보조해 주셨던 외과

충수절제술Appendectomy: 충수돌기란 맹장 끝에 달린 관 모양의 기관입니다. 충수돌기에 염증이 생긴 경우 제거하는 수술을 충수절제술이라고 말합니다.

교수님을 비롯하여 수많은 선배 의사분들의 덕분이다. 이제 나도 나의 뒤에 많은 후배 의사에게 도움을 줄 수 있는 위치가 되었다. 외과 의사의 완벽함, 유능한 외과 의사는 선배 의사의 도움으로 만들어진다고 굳게 믿는다.

인턴 선생님이 환자 눈에 펜라이트를 비추신다. 그런데 이 환자는 넘어져 무릎이 퉁퉁 부었고, 다리만 아프다고 소리 지르고 있는 모습이 누가 봐도 딱 다리 골절 환자다. 이 환자와 인턴 선생님에서 약 5미터 떨어진 곳에서 다른 일을 하던 내 시선에 인턴 선생님 손에 들린 펜라이트 불빛이 보였다.

몇 해 전 3월, 응급실에서 본 모습이다. 인턴 선생님이 초진이라고 하는 환자가 처음 응급실로 들어오면 진료하고 있다. 대부분 대학병원 응급실에서는 인턴 선생님이 초진, 즉 첫 진료를 시행한다. 환자를 처음 보는 간호사와 함께 진료하는 것이다. 간혹 환자가 심한 저혈압, 심정지 등이 있으면 동시다발적으로 모든 의료진이 함께 치료하기에 크게 우려할 일은 없다.

***

넘어져서 무릎, 골반 쪽 심하게 통증 호소하는 젊은 남성이 응급실로 왔다. 119 구급차를 타고 들어온 이 환자 진료 절차는 가장 먼저 응급실로 들어와 침대로 옮긴다. 기본적인 혈압 등 활력징후를 측정하고 인턴 선생님의 초진이 시작된다. 골절일 경우에 정형외과 선생님 진료를 최종적으로 본 후 치료 방향(깁스, 수술적 치료, 입원 등)을 결정한다. 인턴 선생님이 방금 말한 무릎 통증을 호소하는 환자의 진료를 시작한다.

"환자분 어디가 아프세요?"
"어떻게 다치셨나요?"
"환자분 제가 환자분 아픈 부위를 하나씩 만져보고 진찰 시작하겠습니다."
"머리는 다치지 않으셨나요? 의식 잃지는 않으셨죠?"

이때 갑자기 인턴 선생님이 펜라이트를 가지고 환자 눈을 비추기 시작한다. 이 모습을 멀리서 본 순간 아차 싶었다. 환자 본인이 느끼기에도 무릎 골절이라고 생각하는 상황에서 동공에 불빛을 비추는 것에 대한 거부감이 있을 지도 모른다는 우려가 먼저 들었고, 다음으로 뒤에 진료가 밀려 있는 환자들이 많아서 응급실 진료 지연에 대한 걱정도 들기 시작했다.

얼마 지나지 않아 이는 모두 나의 기우였다는 것을 알게 되었다. 12월의 인턴 선생님의 진료 시간보다 서너 배 걸렸지만, 인턴 선생님은 환자의 머리부터 가슴, 배 가장 아픈 다리까지 꼼꼼히 진료하고 검사를 처방하였다. 그 과정을 전자 차트에 꼼꼼히 기록하는 모습을 멀리서 지켜보았다. 내가 본 인턴 선생님은 뒤에서 기다리는 또 다른 환자 대기 시간을 조금 늘려주기는 하였지만, 학교와 실습, 책에서 배운 그대로 환자를 진찰하는 모습이다. 모두가 분주한 응급실에 최적화된 인턴 선생님은 빠른 시간에 꼭 필요한 부위만 진찰하고 다음 환자로 잽싸게 넘어가겠지만, 나에게 이 인턴 선생님이야말로 환자를 위하는 마음 만큼은 완벽한 의사의 모습 그 자체였다.

동공, 눈에 불을 비추는 것은 머리에 외상이 있거나 의식 상태 변화가 있는 환자에게서 동공 반사 유무로 상태를 평가하기 위함이다. 만약 동공반사가 양측이 다르거나 불빛을 비추어서 동공이 줄어들지 않을 때라면 뇌 손상을 의심해 볼 수 있는 응급상황이다. 인턴 선생님인 현 상황에서 몇 달 전 의사 국가고시 실기시험 상태임을 혼동하는 것으로 보인다. 실습 시험에서는 환자의 문진, 기본적인 신체 진찰을 머리부터 다리까지 위에서 아래로 순서대로 한다고 배웠고 그렇게 한다고 한다.

이 인턴 선생님은 너무 긴장한 나머지, 마치 시험 보는 자세로 환자의 모든 신체 부위를 진찰한 것이다. 그 순간, 응급실 입구에서 환자 분류를 담당하는 간호사는 곁눈질로 인턴 선생님을 나무라는 모습을 보였다. 살펴보니 응급실 입구에는 응급실 안으로 들어와서 초진을 기다리는 많은 환자가 대기하는 모습이 보여 이해가 되었다.

비록 그날 진료 흐름이 조금 지체되기는 하였지만 인턴 선생님의 꼼꼼한 진료 덕분에 환자는 참된 진료를 받았다. 본인 몸의 여기저기를 제대로 진료해 주는 의사선생님을 만난 것이다. 3분 진료가 아닌 그 몇 배 되는 진료를 세심하게 받고 정확한 진료, 검사, 치료의 과정으로 이어졌다. 그 모습을 멀리서 지켜보았기에 문득 내가 처음 면허를 받고 3월의 응급실 인턴 시절이 떠올랐다. 정말 머릿속이 하얘지는 상황이 매일 이어졌다. 하지만 그런 경험이 쌓이고 쌓여, 이를 조금씩 이겨냈기에 지금의 나도 있는 것이라고 여긴다.

* * *

"학생, 긴장하지 말고, 편하게 하세요!"

마지막 피부 봉합을 해보라고 한 학생에게 기회를 주었다. 내가 직접 하는 것보다 대여섯 배 시간이 더 걸리지만 말이다. 물론 학생은 이전에 학교에서 피부 모형에 여러 번 봉합하는 실습을 배우고 온 상태였다. 그러나 모형이 아닌 실제 심장이 뛰고 있는 환자의 피부를 직접 봉합한다는 사실에 긴장한 탓인지, 내가 건넨 니들 홀더를 잡는 순간부터 그는 손을 떨기 시작하였다.

수술실 침대 위에 누워있는 환자를 가운데 두고 집도의,

보조 의사인 의대 학생이 있다. 운전자 교통사고로 배가 극심하게 아프고 혈압이 떨어지는 환자가 왔다. 복부에 2리터에 가까운 출혈이 있었으나 신속한 수술로 출혈 부위를 잡고 환자는 큰 고비를 넘겼다.

수술은 이제 마무리 단계다. 아직 정식 의사면허가 없지만, 의대생은 학생의 신분으로 수술에 참여한다. 배우는 입장인지라 실상은 수술에서 간단한 기구를 잡아주는 역할을 하지만, 긴장하고 집중하는 정도는 수술실 안에서 가장 최고일 것이다. 혈압이 뚝뚝 떨어지는 환자 복부 정중앙을 개복한 후 뱃속 출혈 부위를 잡고, 이제 다시 단단히 복벽을 층층이 봉합한다. 수술이 잘 마무리되면서 처음에 긴장했던 수술실 안 분위기도 안정화되고 있다.

마치 프로야구 첫 데뷔 전에서 볼을 남발하는 신인 선수를 보는 것 같았다. 땀을 삐질 흘리며 어떻게든 포수 미트 한가운데 공을 집어넣으려 하였지만, 자꾸 볼만 거듭 집어넣는 상황과 흡사하였다. 투수는 볼을 정확히 스트라이크 존에 넣어야 하고, 니들홀더를 잡은 손은 정밀하게 피부를 맞춰 봉합해야 한다.

생각보다 사람의 피부는 질기다. 특히 복부 피부는 굵은 바늘을 사용해 봉합하더라도 순간 힘을 세게 주어야 날카로운 바늘이 피부를 통과한다. 봉합하기 위해서 반드시 지켜야 할 원칙이 있다. 즉, 피부 봉합 부위는 무균 상태를 유지하며 조직 손상을 최소화하고 피부끼리 정확히 맞추며, 피부에 걸리는 장력과 피하조직 노출도 최대한 줄여야 한다. 물론 100퍼센트 이 모든 것을 모든 봉합에서 실행하기는 어렵다. 다만 이 환자는 한두 시간 전에 복부 안쪽 출혈 부위를 잡는 수술을 위해 일부러 날카로운 메스로 피부를 절개창으로 만들어두었다. 이미 깨끗하게 만들어진 피부 절개 부위를 다시 맞추는 과정이기에 조금은 수월한 봉합이 된다. 게다가 내가 이미 위, 아래 두 부위를 봉합해 놓아서 양측 피부는 잘 맞춰진 상태였다.

버티컬 매트리스 봉합Vertical Mattress Suture을 통해 환자의 마지막 피부를 꿰맸다. 그러기 위해서는 바늘이 총 네 번 피부를 뚫어야 한다. 처음 외부에서 바늘이 피부를 뚫고 피부 아래 지방층으로 들어간 다음, 이어서 반대편 지방층을 통과하여 피부 밖으로 바늘이 나간다.

다시 이 과정을 반복한 후 마지막으로 봉합사 매듭을 만든다. 말은 쉽게 하지만 실제로 기구를 사용해 바늘이 피부를 뚫는 과정을 반복하는 것은 처음 하는 이들에게는 쉽지 않다. 나는 20년 가까이 니들홀더를 손에 잡고 푸는 것을 수없이 했기에 자연스럽고 정확히 봉합하는 데에는 자신이 있다.

하지만 내 앞에 있는 의대생은 처음 하는 피부 봉합이기에 손뿐 아니라 심장도 콩닥콩닥 뛰는 상황일 것이 분명하다. 마지막 봉합을 마치고 학생이 내쉬는 안도의 한숨이 내 귀에 작게 들렸다. 그 학생은 분명 그날의 경험을 잊지 못할 것이다. 이를 계기로, 나는 그 학생이 외과 의사가 되려는 꿈을 갖기를 바라는 마음이 살짝 들었다.

세상에 완벽한 사람은 없다. 그런데도 누구나 모두 다 완벽한 사람을 원하고 있다는 자체는 모순이다. 20여 년 전 처음 수술을 집도한 나도 지금까지 수천 명의 환자 몸에 메스를 가져가면서 완벽보다 그 순간에 충실하려고 노력하였다. 3월의 인턴 선생님은 진료 자체도 부자연스럽고 응급실 흐름에 잘 적응하지는 못하였지만, 기본에 집중하는 모습이었다. 그날 수술실에서 처음 환자 몸에 봉합을 한 학생도 완벽히 아닌 떨리는 마음이 드러났었다. 하지만 그러한 경험을 한 학생은 그날 기억을 통해 또 한 움큼 성장하여 지금쯤 어딘가에서 본인 역할을 충실히 하는 의사로 자리 잡았을 것이다.

나 또한 지금도 배우고 공부하는 중이다. 누군가에게 도움이 되기 위함이고 나 자신이 지금의 역할에 충실하기 위함이다. 중·고등학생 시절, 그 어려운 미적분 같은 수학을 쉽게 풀었으나 지금은 바라보는 것 자체만으로도 어렵게 느껴진다. 하지만 수학을 대했던 그 진지한 자세만큼은 잊히지 않았다.

우리 인생은 완벽이 아니라 완벽함을 찾아가는 과정이다. 저마다 맞는 완벽을 찾아가는 길에서 본인 삶의 길을 만들어간다. 나 또한 매 순간 완벽보다 내 앞에 있는 환자에게 최선의 길이 무엇인가에 대해 생각하면서 환자를 대한다. 이러한 마음가짐을 잃지 않는 것이야말로 이들을 살아나는 길이라고 늘 굳게 믿고 있다.

06

포기하지 않았기에
느끼는 희열

"포기하지 않으셨잖아요!"

 그 환자의 담당 간호사는 나를 보면서 이렇게 말한다. 순간 움찔하였다. 머릿속에서 미리 마지막으로 보호자 설명, 사망진단서 서류를 잠시 고민 중이었기에, 옆에 있던 간호사의 한마디가 내 머리를 한 대 쿵 때리는 것 같아 정신이 번쩍 났다.

 어제 나와 함께 환자에 대해 고민하고 처치하던 간호사는 내가 한 행동과 생각을 모두 다 알고 있었나 보다. 어제도 이 환자에게 무언가를 해주려고 한참 동안 환자 머리, 가슴, 배를 만져보고 또 만져보며 다시 고민했었다. 아주 멀리 떨어진 진료실 모니터를 통해 환자의 혈액검사 수치, 엑스레이만 보면 혼자 한숨을 쉴 수밖에 없다. 그렇지만 이럴 때일수록 환자 옆으로 다가가야 한다. 다시 이빨을 지그시 깨물고 환자가 있는 중환자실로 향한다.

이미 이 환자의 각종 검사 기록은 내 머릿속에 들어있고 이제 환자의 몸을 온 마음을 다해 최대한 다시 살펴봐야 한다. 머리부터, 몸 여기저기에 꽂힌 관들이 잘 들어가 있는지, 환자 몸과 연결된 기계는 잘 작동하고 있는지도 점검한다. 몸도 여기저기 만져본다. 전신에 부종이 있는지, 상처 소독 상태도 다시 확인한다.

전날 새롭게 꽂은 가슴에 관도 잘 배액이 되고 있는지 살짝 눌러보고 짜본다. 수액, 약물이 내가 심사숙고해서 미리 처방해 놓은 대로 들어가고 있는지도, 환자에게서 실시간으로 나오는 소변량도 직접 소변 주머니를 통해 확인한다. 소변 줄을 통해 나오는 소변은 양도 중요하지만, 소변 색도 봐야 한다. 마지막으로 환자를 더 살펴보자는 심정으로 초음파 기계를 끌고 왔다. 중환자실 한쪽 공간에 있는 초음파 기계를 가져오면서 그날따라 초음파에 달린 바퀴가 더디게 굴러가는 것처럼 느껴졌다. 초음파를 환자 몸에 가져다 댔다. 나는 영상의학과 전문의가 아니기에 초음파를 통해 내부 구조를 정확히 알 수는 없다. 다만 복부, 흉부에 체액, 물이 고인 것, 큰 장기들을 대략적으로는 볼 수 있다. 이리저리 다시 초음파를 가져다 대고, 다시 환자 흉부 엑스레이 사진도 또 보고, 마음속으로 결정하였다.

"그래 마지막으로 흉관 삽입하자!"

흉수(흉막과 폐 사이 공간에 물이 고인 것) 양이 아주 많지는 않지만, 흉관을 넣어 조금이라도 도움이 될 수 있다면 환자에게 해주는 것이 맞다고 생각한다. 최악의 상황이다. 도무지 이런저런 모든 방법을 동원해도 환자의 산소 수치가 안 오른다. '애간장이 타들어 간다'는 표현이 떠오른다. 뚝뚝 떨어지는 산소포화도를 가리키는 숫자를 보고 있으면 더욱 그렇다. 어떻게 해야 할지 도무지 방법을 더는 모르겠다.

산소포화도는 숫자 99, 100을 가리켜야 정상인데, 앞자리 숫자가 8과 9를 번갈아가며 보여준다. 더 이상 환자 몸에 불어넣을 산소도 없기에 내 마음속으로 환자에게 산소를 불어 넣을 수밖에 없다. 마음속으로 다시 간절히 환자를 쳐다볼 뿐이다.

이런 순간에는 다시 고민에 빠진다. 도무지 어디부터 잘못되었고 우리가 놓친 치료 과정은 무엇인지 알 수 없다. 항상 환자가 거쳐 가는 치료 과정은 일직선으로 곧게 가는 것이 아니다. 수많은 돌발 상황과 변수가 많다. 환자, 개인 몸도 저마다 다르기에 그러한 경우도 고려해야 한다. 때로는 오래전 꿈인 공학도가 되어 기계를 다루는 직업을 갖지 않는 것이 살짝 후회가 된다. 물론 간혹 예기치 않은 상황에서 기계들도 오작동하겠지만 사람 몸은 도무지 예측할 수 없다. 그래서 단지 진심으로 이 환자를 대할 뿐이다.

다시 보호자들을 만날 시간이 되었다. 내가 보호자들 모두를 호출할 수밖에 없는 상황이다. 면담실 안 보호자들이 눈물을 흘린다. 나를 포함한 모든 사람이 면담실 가운데 모니터를 보고 모여 있다. 나는 모니터 왼쪽에, 보호자 네 명은 우측에 자리 잡았다. 모니터에는 환자의 폐 사진, 엑스레이가 보인다. 처음부터 차례대로 최근 하얗게 변해만 가는 암담한 사진이 마지막이다.

순서대로 처음 상태, 그동안 치료 과정, 마지막으로 이렇게까지 안 좋아진 폐 상태를 설명하였다. 내 설명은 바로 옆 가족의 눈에 눈물을 보고 순간 멈추었다. 나의 설명을 들으시고, 모니터를 살펴본 가족분들은 더 이상 질문도 하지 않았다. 십여 분 전 면담실에 들어오면서 이빨을 살짝 깨물었다. 보호자들에게 지금 상태를 냉정하게, 최악의 상태를 더 강조하며 말하려고 하였지만, 이내 그 눈물을 보고 마음이 바뀌고 마지막 말도 바뀌었다.

"온 힘을 다해 치료하겠습니다."

내 말에 더 이상의 대화는 이어지지 않았다. 보호자들은 그저 말없이 고개만 끄덕였다. 방금 내가 한 말은 어제 이 환자 담당 간호사로부터 내가 들은 말과 같다.

"포기하지 않으셨잖아요?"

중환자실 면회 시간이 끝날 즈음에 환자의 딸이 조용히 면담을 요청한다. 몇 분간 침묵이 흐른 후 어렵게 입술을 뗀 딸은 어렵게 말을 시작한다.

"아빠…. 살 수 있을까요?"
"병원비도 부담되고, 투석하는 엄마 병원비는 계속 나가고…."
"아빠가 중환자실에서 저렇게 계속 인공호흡기에, 살아날 가능성이 없으시면…."

뒤따라오는 말은 이미 예상할 수 있었다. 내 앞에 있는 딸 머릿속, 입안 가득 찬 단어가 보인다.

'포기'

***

사흘 만에 그분의 딸이 문병을 왔다. 며칠 전 다녀간 손녀의 엄마이자 할아버지 큰딸이다. 입에 달린 관을 통해 인공호흡기를 통해 넘어오는 산소를 머금으며 거칠게 숨 쉬는 할아버지를 가운데 두고 따님과 할아버지를 번갈아 보았다. 오늘 더 심해진 엑스레이 사진을 보여주며 지금까지 치료에 대한 과정, 현재 심각한 폐렴에 관해 설명한다.

지난 면회와 똑같은 내 말투와 설명을 듣는 딸 표정은 점차 어둡게 변해간다. 고개만 끄덕이며 면담실에서 더 이야기하고 싶다고 말한다. 할아버지 폐의 상태는 계속 악화되어 뿌연 안개처럼 보이기 시작한다. 인공호흡기 숫자를 바꾸어보고 더 센 항생제로 바꾸어도 주치의인 내가 보기에 점점 좋지 않은 상황으로 진행되는 중이다.

그 사이 할머니는 다리 골절 수술 후 요양병원으로 전원을 가셨다. 할머니와 할아버지가 있는 두 병원을 오가셔야 하기에 중환자실 면회 시간에 보호자들의 발걸음은 더 뜸해졌다. 가끔 오는 보호자들은 근심에 더 쌓인 얼굴에 그림자가 더 드리워져 있다.

6년간 밤낮으로 의과대학에서 책과 씨름하며 공부하고 십여 년간 병원에서 스승님들께 배웠어도 이 상황에 대한 모범답안은 어느 책에도 없고 누가 알려주지도 않았다. 내가 가진 면허증이 과연 이런 상황에 쓸 수 있는 것인지 의문이었다. 딸은 살짝 떨리는 내 입술을 보았는지 고개만 푹 숙이고 있다. 몇 초인지, 몇 분인지 모르는 시간이 침묵으로 흘렀다. 나도 모르게 내 입이 움직였다.

"딱, 일주일, 아니 열흘만 더 열심히 노력해 보겠습니다."

딸은 내 입에서 나온 말을 믿었는지, 아니면 내 말이 거짓인지 알면서도 더는 말없이 고개를 끄덕이며 떠났다. 딸이 떠난 후 다시 거친 숨을 몰아쉬고 있는 할아버지를 가만히 바라보았다. 내가 이 병원 소유주였더라면 어떻게라도 병원비를 감면해 드리겠지만, 나도 월급 받는 입장인지라 그런 생각은 바로 접고 그보다는 치료 방향을 처음부터 다시 고민하였다. 옆에 함께 치료하는 중환자실 간호사에게 차마 방금 딸이 했던 말을 전하지는 못하고, '우리 열심히 할아버지 가래 한 번 더 빼 드리고 정성껏 치료해 보자'고만 전한다.

갑자기 며칠 전 면회시간 일이 떠올랐다. 맞벌이로 다들 바쁜 딸들을 대신하여 할아버지가 업어 키워준 손녀가 면회를 왔다. 손녀의 어린 시절 추억을 함께한 할아버지를 보며 손녀는 할아버지 손을 꼭 잡고 눈물을 흘렸다. 할아버지를 바라보며 손녀는 조용히 말하였다.

"할아버지, 나 시험 볼 때까지 꼭 살아 계셔야 해요."

손녀 말을 옆에서 듣고 있던 당시 내 머릿속은 복잡하였다. '돌아가시더라도 나에게 중요한 간호사 국가고시가 있어 그다음에 돌아가시라는 의미일까? 아니면 어서 빨리 나으시라는 뜻일까?

손녀가 다녀간 지 한참 지나 딸이 와서 한 말을 다시 되새겨보니 그제야 그날 손녀가 한 말이 무슨 뜻인지 알 수 있을 것 같다. 손녀와 오늘 말한 딸 말을 더하면 이미 가족들 모두 마음속에 결론을 내렸다는 무서운 상상이 되었다. 어찌 보면 가족 모두가 사랑이 아닌 경제적 논리로 함께 살길을 찾았다는 사실에 내 가슴이 먹먹해졌다.

딸과 내가 약속 아닌 약속을 한 지 딱 일주일 되는 날. 내 입으로 약속한 열흘이라는 시간에 얼마 남지 않은 시점이다. 그 사이 병원비는 차곡차곡 올라가고 있다. 사정도 모르는 원무과 직원은 가족에게 병원비를 중간 정산하라고 연락하였을지도 모른다. 그러나 딸과 나 둘 사이의 약속을 할아버지가 어떻게 아서서 힘을 내신 것인지, 할아버지의 폐렴은 지난 며칠 사이 빠르게 회복되었다. 곧 인공호흡기를 떼어내는 연습을 하고, 수일 내로 일반 병실로 옮길 수 있을 정도가 되었다.

하지만 며칠째 중환자실 면회를 아무도 오지 않고 있다. 병원비를 마련하고 각자 일상에 바빠 할아버지의 병원 면회는 하루 이틀 미루는 듯하였다.

지난주 나에게 숙제와 짐을 떠넘겨준 딸 번호를 눌렀다. 한참 지나서 딸이 전화를 받았다. 다른 때라면 반갑게 아빠 상태가 어떤지 먼저 물어보곤 하셨다. 그런데 이번에는 말이 없다. 전화기 너머 누군가 우는 목소리가 들렸다. 그래도 내가 해야 할 반가운 말을 전했다.

"할아버지 폐렴이 호전되고 있습니다. 조만간 인공호흡기도 떼어내고 일반 병실로 옮길 예정입니다."

울음소리가 멈추고 전화 수화기 뒤로 기뻐하는 딸의 목소리가 들렸다.

"그래요? 내일 당장 가겠습니다!"

잠시 수 초간 흐느낌 소리가 들려왔다.
"… 엊그제 엄마가 갑자기 돌아가셨습니다. 오늘이 엄마 발인입니다."

할머니는 할아버지가 있는 병원에서 다리 수술을 받으셨고 요양병원으로 전원 하셨다. 하지만 요양병원에서 갑작스러운 심장마비로 이미 이 세상 분이 아니다. 그런데 나는 아무것도 모른 채 할아버지 상태가 호전되었다고 너무나 기쁜 마음에 전화를 드렸던 것이다. 내가 했던 거짓 약속이 사실이 되어 감사할 따름이었다. 하지만 순간 내 머릿속은 복잡해졌다. 하지만 따님은 갑자기 할아버지가 호전된 상태라는 소식에 목소리가 밝아지셨다.

 회진은 병실에서 환자 진료 과정이라 말하지만, 나에게는 회복된 환자를 보며 치료 과정 중 힘들었던 순간을 지워버리는 시간이다. 고통에 몸부림치던 환자, 근심과 걱정으로 눈물 가득한 보호자의 얼굴은 사라지고 방긋 웃는 환자를 보고 스스로 칭찬의 손뼉을 쳐준다. 오늘 회진은 인공호흡기에 간신히 의존하며 헐떡거리던 할아버지를 회상하며 병실에 들어간다.

 할아버지 옆에 딸과 손녀가 있다. 손녀와 할아버지 얼굴을 번갈아 보니 모두 얼굴에 행복이라고 쓰여 있다. 내 머릿속 기억이 맞는다면 손녀딸이 정확히 한 달 전 중환자실에서 죽음의 낭떠러지에 발을 거치고 있던 할아버지에게 "할아버지, 나 시험 볼 때까지 살아야 해" 하고 말했다. 간호사 국가고시에 합격하고 다음 달 정식으로 간호사로서 환자를 돌보게 된 손녀. 이제 둘은 중환자실이 아닌 일반병실에서 마주하고 있다. 서로 눈빛도 마주치고, 손도 잡을 수 있게 되었다.

한 달 넘게 할아버지 목에 구멍 뚫어서 호흡 창구 기능을 대신해 주던 기관지절개관 흔적이 남아 있는 상처가 생각났다. 그날은 소독하지 않아도 되었지만, 예비 간호사인 손녀가 생각나 드레싱 준비물을 챙겨갔다. 상처는 깨끗하게 이미 아물어가고 있었다. 손녀는 정성스럽게 할아버지 상처에 소독하고 반창고를 붙여드렸다.

"할아버지는 좋으시겠어요. 할아버지께서 업어 키운 손녀가 이렇게 잘 커서 상처 소독도 해주어서."

손녀와 할아버지의 흐뭇한 미소, 그 모습을 바라보는 딸. 나도 그 옆에서 지그시 바라보며 오늘 회진을 통해 위안받는다. 내 머릿속에 지난달, 중환자실에서 떨어지지 않는 입술 사이로 말하려던 '포기'라는 한 마디를 이제 머릿속 지우개로 싹싹 지워버렸다.

누군가 '포기는 배추 셀 때만 쓰는 말'이라고 했다. 배추

셀 때 한 포기, 두 포기 세고 살면서는 절대 포기라는 말을 쓰지 말자는 역설적인 의미다. 흔히 포기는 절대 하지 말아야 한다고들 생각한다. 그러나 현실에서는 때로 본인 한계를 부정하고 무리한 도전이 오히려 화를 부를 수도 있다. 상태에 따른 적절한 도전과 때로는 과감하게 중단하는 용기도 필요하다.

20여 년간 병원에서 환자들을 진찰하면서 '내 과욕으로 환자들에게 무리한 치료를 하고 있다'는 마음이 들기도 했다. 반대로 간절히 살고자 하는 환자, 보호자 의지를 꺾고 내가 섣불리 미리 포기한 것은 아닌가 싶을 때도 있다. 세상만사가 모두 마음대로 되지 않기도 하지만, 말로 설명하지 못하는 기적은 얼마든지 일어난다. 실제로 마음속에 미리 써두었던 사망진단서가 어느 순간 허망한 가정이 되기도 했고, 환자가 정말 살아 돌아온다는 것도 경험하였다.

***

처음 풀코스 마라톤에 도전하였다. 십여 년 이상 조금씩 러닝을 하였지만 언젠가 꼭 하고 싶은 풀코스를 도전하고 싶었다. 역시나 끊임없는 병원 당직 근무에 준비되지 않았던 체력이 먼저 걱정되었다. 그래도 한번 마음먹은 일인지라 없는 시간을 쪼개어 준비하였다. 기록보다 '꼭 완주를 하리라'는 다짐으로 출발하였다. 42.195킬로미터라는 거리에 대한 두려움보다는 결국 내가 포기하지 않는 마음이 훨씬 컸기에 풀코스 완주자가 되었다. 완주 메달은 덤일뿐이고, 무엇보다 서울 한복판을 가로지르고 한강 다리를 두 다리로 뛰어 건너는 그 성취감은 인생을 살아갈 또 다른 힘으로 다가왔다. 포기하지 않았기에 느끼는 희열이었고, 결과를 나 스스로 만들어낸 것이었다.

마찬가지로 내 앞에 있는 생과 사의 갈림 길에 놓였던 환자들 또한 끝까지 회복을 포기하지 않는 환자 자신의 마음가짐이 가장 중요하다. 이에 더해 의료진의 노력과 의지가 합쳐졌기에 살아나는 것이다.

누군가 '포기는 배추 셀 때만 쓰는 말'이라고 했다. 배추셀 때 한 포기, 두 포기 세고 인생에 절대 포기라는 말을 쓰지 말자는 역설적인 의미다. 흔히 포기는 절대 하지 말아야 한다는 말을 자주 한다. 그러나 현실에서는 때로 본인 한계를 부정하고 무리한 도전이 오히려 화를 부를 수도 있다. 상대에 따른 적절한 도전과 때로는 과감하게 중단하는 용기도 필요하다.

07

우울의 반대말은 바로 '살아있다는 것'

무거운 눈꺼풀을 간신히 올렸다. 우리 집 포근한 침대면 좋겠지만, 역시나 딱딱한 병원 당직실 침대가 나를 지탱하고 있다. 잠을 잤다기보다 딱 1시간만 눈을 감았다 뜬 것이 정확한 표현이다. 눈꺼풀뿐 아니라 온몸이 천근만근이다. 나를 더 슬프게 하는 것은 아직도 내 코를 자극하는 불쾌한 냄새가 남아 있다는 사실이다.

몇 시간 전, 수술한 그 환자의 뱃속에서 장이 터져서 나던 술과 대변 냄새가 합쳐진 오묘하게 기분 나쁜 냄새. 머릿속에서는 아직도 그 환자 뱃속에 손을 넣고 한 수술이 생생하다. 여기저기 혈관이 터져 나오는 피와 그 비릿한 냄새가 너무 강렬하였지만, 수술 당시는 미처 그 지독한 냄새를 인지하지 못하였다. 환자 혈압이 떨어지는 순간에는 내 후각세포는 잠시 멈추어 있었다. 그 순간만큼은 오로지 이 환자를 살리기 위한 수술에 집중했기 때문이다.

1년 만에 맛보는 참으로 나를 슬프게 하는 상황, 그런 불쾌한 느낌이다. 매일 이런 기분이라면 당장이라도 이곳 권역외상센터를 박차고 나갔을 것이다. 전달 새벽 시간에 택배 승하차 트럭과 벽 사이에 끼인 환자를 수술할 당시에는 전혀 이런 기분이 아니었다. 나도 하루가 멀다고 시키는 그 택배를 위해 새벽 시간에 고생해 주시는 분을 치료, 수술한다는 것에 오히려 정신이 바짝 들었었다.

몸은 천근, 마음은 이만 근인 나를 이끌고 방금 수술한 그 환자를 보러 중환자실로 가야 한다. 생각해 보면, 그 환자는 어제저녁, 밤늦게까지 술을 마시고 운전대를 잡은 것이 분명하다. 그나마 혼자 운전대를 잡고 사고가 난 것이 다행이다. 아마도 시속 100킬로미터를 훌쩍 넘는 속도로 신나게 달리다가 혼자 가드레일에 정면충돌하였던 것 같다. 그 충격이 전부 환자 복부, 배 속 장기로 전달되어 장이 터지고 혈관들이 잘려 나갔다. 피가 나는 혈관들을 하나씩 잡고, 터진 장들을 꿰매며 서로 연결해 준다. 술이 깨어나면 이 환자는 아픈 배를 부여잡고 자신이 왜 이곳에 있는지, 배가 왜 아픈지 그 이유는 모를 것이 분명하다.

다행히 환자 상태가 안정되었다는 것을 확인하고 중환자실을 나서는 순간, 단톡방에 사진 알림이 울린다. 고등학교 동기들 단톡방에 여행가 있는 친구 사진이 보인다. 너무나 푸르고 투명한 바다 사진이다. 순간 당장이라도 그 바다에 뛰어들고 싶어진다. 그러나 현실은 너무나도 다르다. 아직도 내 콧속 후각상피는 알코올과 대변이 섞여 있는 야릇한 냄새에 찌들어 있다. 그 순간 나는 우울증 환자처럼 변한다. 왜 여기서 이런 일을 하고 있는 것일까?

외상외과 의사의 역할은 그 범위가 매우 광범위하다. 맡은 환자에 대해 모든 것들을 다 해야 한다. 단지 다치고 피 나는 환자의 수술뿐만 아니라 환자의 모든 것들을 함께 해야 하고 치료한다. 때로는 환자와 보호자 마음까지 헤아리고 상담해야 한다. 환자 본인 치료도 중요하지만, 그 환자의 가족도 함께 신경 쓰고 아픈 마음도 함께 보듬어야 하는 것이다.

최근 병원 내 진료는 각각 전문 과목, 더 나아가 세부 전문 과목만 집중해서 보는 경향이 있다. 외과 전문의인 나 또한 내 분야가 아닌 경우 다른 과 전문의에게 자문한다. 그것을 '협진'이라고 칭한다. 내가 협진을 구하는 과 중 정신건강의학과의 비중도 상당히 높다. 그것은 바로 마음의 문제가 원인이 되어 부러지고, 피가 나는 이들을 내가 치료하기 때문이다.

권역외상센터에서는 365일 24시간 교통사고, 추락 등 다발성 골절, 출혈 등을 동반한 생명의 위험이 큰 중증외상 환자에 대한 치료를 담당한다. 여기서 대표적인 환자 발생 원인이 교통사고와 추락인데, 그중 추락은 두 가지 얼굴을 가지고 있다. 자신이 원하지 않았던 추락, 반대로 자신이 선택하여 추락하는 경우다.

저마다 다른 고통과 우울 등 심경의 변화로 추락이란 선택을 하는 환자들도, 권역외상센터를 통해 입원하는 많은 중증외상 환자 중 일부를 차지한다. 이 경우에는 환자도 물론이지만 보호자도 함께 괴로운 상황이기에 동시에 마음의 치료도 해야 한다. 대부분은 응급실로 오는 초기에는 의료진들은 전혀 그러한 사실을 모르고, 오로지 피가 나고 부러진, 여기저기 보이는 환자의 환부만 집중하여 치료한다. 더불어 이후에는 모든 병을 치료할 때 그 병이 발생한 원인부터 함께 치료하는 것이 중요하듯이, 이러한 환자들이 왜 그렇게 다치게 된 이유도 같이 고려하고 진료해야 한다. 안타깝지만 그런 것을 소홀히 하는 경우 간혹 같은 이유로 다시 다치는 환자도 생기기 때문이다.

* * *

지난여름, 한 달 간격으로 차례대로 중학생, 고등학생, 대학생 환자를 치료하였다. 뼈가 부러지고 피가 나는 상황도 모두 같았다. 그렇게 다친 이유도, 각각 환자마다 입장은 다르지만, 본인 의지로 인한 것이었다. 세 환자 모두 입원 기간 중 정신건강의학과 선생님께 협진 도움을 받았다. 판박이처럼 모두 환자 옆을 지켜주는 것은 그들의 어머니

몫이었다. 응급실과 중환자실을 거쳐 죽음 문턱을 이겨내고 어머니와 주치의인 나, 환자가 함께 치료하는 과정을 이어갔다.

세 환자 모두 피가 나는 부위가 멈춰가고, 산산이 부러진 뼈들을 맞추는 수술을 한 후 안정을 찾아갔다. 의학적인 도움으로 지혈, 골절 수술을 하였지만 마음의 안정을 위한 노력은 의학만으로는 안 된다. 너무나 다정하게 병실에 있는 각각 세 환자, 세 모녀를 번갈아 보았지만, 그런 선택을 하게 된 이유를 전혀 모르겠다.

너무 불안하고 고통스러웠던 첫 환자의 모습은 점차 안정을 찾아갔고, 뼈와 살이 아물어 가는 것처럼, 환자 마음도 편안해지자 회진하러 가면 밝게 웃어주는 모습이 점점 많아졌다.

어느 날 환자 보호자 어머니께서 회진을 마무리하며 나가는 나를 조용히 따라오면서 전하였다.

"교수님, 진심으로 감사드립니다!

○○아이가 교수님을 진심으로 믿고, 의지합니다."

"교수님은 꼭 건강하셔야 합니다!"

환자가, 보호자에게 내가 몸과 마음이 건강하게 살아야 하는 이유를 알려준다. 동시에 나의 건강도 진심으로 걱정해 주면서 감사함을 전한다. 그 순간은 보호자인 환자 어머니가 내 마음을 치료해 주는 느낌이다.

* * *

24시간째 병원 건물 안에 있다. 당직 근무를 하는 온 종일, 세 번 식사해야 퇴근하는 다음 날 오전 시간이 된다는 사실에 이제 익숙하다. 세 번의 식사를 정시에 병원 구내식당에서 할 수 있다는 것은 나에게는 일상의 평온함과도 같다. 심각한 상태인 중증 외상 환자들이 밀려오지 않고, 입원해 있는 환자들 상태가 너무나 평온하였다는 것을 의미하니까 말이다. 매번 그렇지만 마지막 세 번째 식판에 밥을 먹어야 집에 갈 수 있다. 정확히는 집에 가기 위한 힘을 충전하기 위한 식사라고 할까?

의무감과 내 몸이 살기 위해 식판을 들었지만, 오늘은 식판에 담긴 반찬을 보며 기분 좋게 식사를 시작한다. 내가 좋아하는 반찬이 나왔기 때문이다. 짭조름하고 매콤한 깻잎과 시원한 북엇국이 그것이다. 피곤함에 찌든 내 몸을 풀어주는 맛이다. 북엇국 한 입에 개운하게 피로가 사라지는 느낌이다. 전날 심폐소생술을 하느라 땀을 흠뻑 흘려 나트륨이 빠져나간 것을, 맛있고 짭조름한 깻잎이 보충해 준다. 역시나 맛있는 음식은 입과 동시에 마음까지 행복하게 해 준다. 어제 늦은 밤까지 환자들, 보호자들에 둘러싸여 고생하였던 기억이 동시에 사라지는 느낌이다.

우리는 어느 유명 의사에게 진료, 상담을 받거나 명의가 처방한 약봉지를 받아야만 위로가 된다고 여긴다. 하지만 나를 알아주고 위로, 격려해 주는 말 한마디만으로 더 큰 행복을 얻을 수 있다. 내가 좋아하는 음악, 맛있는 음식이 그러한 위로가 되기도 한다.

문유석 저자의 《개인주의자 선언》에서는 드라마 주인공인 장금이를 언급하며, 우리 사회에 꼭 필요한 '상대방 마음을 알아주는 것'에 관해 설명한다. 장금이는 능력이 뛰어난 것이 아니라 쉬지 않고 가는 자체를 격려하며 믿고 알아주는 한상궁 마마의 말을 전하였다. 누군가 단 한 사람이라도 애정을 듬뿍 담아 믿고 격려해 주며 알아주는 사람이 있었다는 것 자체로 세상은 행복하게 살만하다고 하였다.

어느 정신건강의학과 선생님은 글에서 '우울함의 반대는 행복이 아니다'라고 말하였다. 우울함의 반대는 '살아있다는 것'이라고 표현하였다. '오늘 살아있다'는 자체가 행복이다. 이왕이면 애정을 가지고 상대방의 노력과 마음을 알아주고 격려해 주는 그런 마음이 필요하다.

백일 넘게 수많은 수술을 하고 나를 힘들게 하였던 환자가 퇴원하였다. 그 환자, 그리고 가족분들과도 기쁘게 감사 인사를 주고받았다. 그날 퇴근하면서 너무 가벼운 발걸음을 내디디며 나 혼잣말로 속삭였다.

"나는 오늘도 살아 있구나. 그것도 아주 행복하게!"

우리는 어느 유명 의사에게 진료, 상담을 받거나 명의가 처방한 약봉지를 받아야만 위로가 된다고 여긴다. 하지만 나를 알아주고 위로, 격려해 주는 말 한 마디만으로 더 큰 행복을 얻을 수 있다. 내가 좋아하는 음악, 맛있는 음식이 그 위로가 되기도 한다.

에필로그

한 명이라도 더 살리고 싶은
외상외과 의사의 간절한 소망을 담아

"대학 두 곳을 다니다가 다시 수능 봤습니다."

학생은 자신 있게 말한다. 병원 실습을 나온 제자이자 후배 의대생과 이야기하던 중 나온 말이다. '왜 의대, 의사라는 직업을 선택하였냐'는 질문에 잠시 침묵했지만, 자연스럽게 '경제적인 이유가 가장 크다'고 솔직히 말하였다. 앞서 다닌 두 대학보다 미래에 더 경제적으로 나을 것 같아 선택하였다고 말이다. 두 곳의 대학, 군대까지 다녀 온 30대 초반 의대생 청년의 솔직한 대답에, 이해가 가면서도 한편으로는 고구마를 먹은 것처럼 속이 꽉 막힌 느낌이 드는 것은 어쩔 수 없었다.

30여 년 전 내가 대학, 의대라는 곳을 선택하였을 시점이 다시금 떠올랐다. 전혀 다른 전공을 고민하고 결정하려는 찰나에 '의대를 꼭 가겠다'는 친구의 한마디가 내 인생을 바꾸었다. '어차피 공대에 가서도 석·박사까지 6~7년 힘든 과정이라는데 의대 6년과 비슷하지 않을까?' 의과대학 6년과 수련 과정, 군대까지 총 14년이 지난 후 전문의가 되어 사실은 친구의 말에 속았었다는 것을 알았다.

어린 시절, 법률 지식이 부족하여 억울한 사람들을 도우려는 변호사가 되려는 꿈이 있었지만, 법의 도움보다 아픔으로 인해 의사의 손길이 필요한 이들이 더 많으리라 생각했다. 아파서 힘들어하는 누군가에게 도움을 줄 수 있다는 직업이 의사라고 여겨져서 열아홉 살에 과감히 의대를 선택하였다. 외과 스승님이신 교수님께서 본인도 외과를 선택한 이유에 대해 '환자를 위해 많은 것을 해주기 때문'이라고 자신 있게 말씀하셨다. 나 또한 20여 년 외과 의사로 살아오면서 누군가의 인생과 그 가족에게 진심 어린 도움을 줄 수 있다는 것을 매일매일 깨달으면서 살아오고 있다.

만약 의료 파행 사태가 벌어지지 않았다면 매년 삼천여 명의 의사가 새롭게 배출된다. 나도 20여 년 전 그렇게 의사 면허를 받고 환자를 치료할 위치에 서게 되었다. 누군가는 OECD 데이터를 가지고 '아직도 의사 수가 부족하다'고 호들갑이지만, 우리나라에 의사 수는 절대적으로 부족하지 않다고 여겨진다. 하지만 누구나 다 아는 것처럼 꼭 필요하지만 힘들고 워라벨을 보장받지 못한 자리를 지키는 의사는 부족한 상황이다. 이를 알면서도 낙수이론이라는 말도 안 되는 정치 논리는 묵묵히 자리를 지키는 외상외과 의사들을 비롯한 소위 필수과 의사들을 체념하게 한다.

세상 사람들은 외상외과 의사가 드라마에 나오는 백강혁, 김사부 같은 이들만 있는 줄로만 착각한다. 묵묵히 자기 자리를 지키면서 환자를 한 명이라도 더 살리려 하는 외상외과 의사들의 존재를 알면서도 전혀 관심을 두지 않는다. 이 책을 통해 비록 연예인 같은 의사는 아니지만, 자기 손을 거쳐간 중증외상 환자 한 명, 한 명을 가슴에 간직하고, 소소한 에세이를 쓰는 외상외과 의사도 있다는 것을 기억해 주면 좋겠다.

책을 쓰려고 마음먹고 탈고하기까지 대통령이 두 번이나 바뀌었다. 이 시기 대부분은 글을 쓰는 게 아니라 '나는 누구이며 왜 외상외과 의사라는 직업을 가지고 있는가'에 대한 스스로 답을 찾는 시간이었다. 그 과정에서도 매일 수없이 많은 환자가 내 손을 거쳐 갔다. 다시 건강을 되찾아 가족과 함께 집으로 향했던 환자들도 있지만, 영영 사랑하는 가족, 그리고 세상과 이별하는 이들도 있었다.

의학 논문을 작성하는 과정은 환자에 대한 데이터를 모두 모아서 새로운 결과나 이론을 도출해서 발표하는 것이다. 객관화된 숫자만이 논문에는 실릴 수 있고 모두가 그것을 믿게 된다. 하지만 이 책은 숫자만으로 보이는 환자들이 아니라, 환자들의 마음과 눈물이 내 가슴과 머리를 한번 거친 결과물이다. 어느 중증외상 환자 인생의 마침표를 기록한 것이 아니라, 한 명이라도 더 살리고 싶은 외상외과 의사의 간절한 소망을 담담히 담아냈다. 아울러 이 책이 세상에 나온 것을 계기로 또 다른 외상외과 후배, 그리고 제자가 나오는 마중물이 되길 바란다.

'책을 쓴다는 것'은 글을 통해 독자들과 만남을 기다리고 준비하는 과정이라고 한다. 그런데 책이 마무리되는 시점에서 이 책의 첫 번째 독자라고 생각하는 '사랑하는 나의 엄마가 갑작스러운 병환으로 세상을 떠나셨다. '세상이 무너진다'는 느낌이 어떤 것인지 처음 알게 되었다. 그 순간 이 책이 과연 세상에 나와도 되는지도 의문시되었다.

 하지만, 이 책을 쓰는 동안 엄마에 대한 사랑과 감사의 마음은 충분히 엄마에게 전해졌으리라고 믿고 있다. 그리고 '누군가의 엄마 혹은 가족이 읽는다'는 생각으로 차분하게 마무리하였다. 하늘에 계신 엄마도 내 등 뒤나, 머리 위 혹은 어디선가에서 흐뭇하고 행복하게 지켜봐 주시고, 이 책을 읽으실 것이라 믿는다.

 "엄마, 사랑합니다. 나를 성장하게 한 것은 당신입니다!"

나를 성장하게 한 것은
오로지 사람이었다

1판 1쇄 펴낸날 2025년 12월 3일

지은이 문윤수
펴낸이 나성원
펴낸곳 나비의활주로

책임편집 유지은
디자인 BIG WAVE

전자우편 butterflyrun@naver.com
출판등록 제2010-000138호
상표등록 제40-1362154호
ISBN 979-11-93110-87-4 03810

※ 이 책은 저작권법에 따라 보호받는 저작물이므로 무단 전재와 무단 복제를 금지하며,
 이 책의 내용을 전부 또는 일부를 이용하려면 반드시 저작권자와
 도서출판 나비의활주로의 서면 동의를 받아야 합니다.
※ 잘못된 책은 바꿔 드립니다.
※ 책값은 뒤표지에 있습니다.